本书受国家级一流本科专业建设点——重庆工商大学国际经济与贸易专业资助

跨境电商理论与实训

王美英　主编

西南财经大学出版社
中国·成都

图书在版编目(CIP)数据

跨境电商理论与实训 / 王美英主编.—成都:西南财经大学出版社,
2022.11
ISBN 978-7-5504-5582-5

Ⅰ.①跨…　Ⅱ.①王…　Ⅲ.①电子商务—研究　Ⅳ.①F713.36

中国版本图书馆 CIP 数据核字(2022)第 194536 号

跨境电商理论与实训

KUAJING DIANSHANG LILUN YU SHIXUN

王美英　主编

责任编辑:陈何真璐
责任校对:金欣蕾
封面设计:墨创文化
责任印制:朱曼丽

出版发行	西南财经大学出版社(四川省成都市光华村街 55 号)
网　　址	http://cbs.swufe.edu.cn
电子邮件	bookcj@swufe.edu.cn
邮政编码	610074
电　　话	028-87353785
照　　排	四川胜翔数码印务设计有限公司
印　　刷	郫县犀浦印刷厂
成品尺寸	185mm×260mm
印　　张	18.5
字　　数	429 千字
版　　次	2022 年 11 月第 1 版
印　　次	2022 年 11 月第 1 次印刷
书　　号	ISBN 978-7-5504-5582-5
定　　价	46.00 元

1. 版权所有,翻印必究。
2. 如有印刷、装订等差错,可向本社营销部调换。
3. 本书封底无本社数码防伪标识,不得销售。

前 言

随着互联网时代的到来，跨境电商出现蓬勃发展之势。跨境电商作为拓展海外营销渠道、提升品牌国际形象和增强核心竞争力的有效途径，得到了世界各国政府和企业的关注，并在全球范围异军突起，改变着外贸企业传统经营方式，也深刻影响着我国对外贸易产业链布局。

与此同时，在国家改革开放、各行各业蓬勃发展的背景下，大学毕业生的就业问题广受社会关注。大学生就业难的主要原因在于毕业生们往往缺乏市场所需的工作知识与技能，且缺乏高效透明的了解行业的通道，导致其无法在岗位中实际应用所学知识，在迈入社会后极易迷茫，与社会脱节。这些现象警示着高校的教学应更贴切当下和未来社会对人才的需求，将高校人才培养计划与市场接轨，让市场上真实的交易场景能全面地呈现在学生面前，将基础知识的学习与真实场景的训练有机地结合起来，建立学生在学习和实践两个环节的有机的循环机制，真正培养出符合市场需求的国际性综合人才。

本教材正是在上述要求的指导下，由多年从事相关课程教学工作、具有深厚专业教学经验的教师编写而成。编者基于目前部分高校跨境电商实验课程指导教材缺乏的现状，从实际教学需要出发，针对学生在实验过程中的困惑及疑问编写了本教材，并力求使教材符合学生的实际需求，应用性较强。

本书的编写和出版，得到了重庆工商大学经济学院中心和西南财经大学出版社的支持和帮助，在此表示感谢。书中参考和借鉴了许多国内外学者的论述，一并致谢。

限于编者的水平，加之相关法律法规日益更新，书中不当和疏漏之处在所难免，敬请读者批评指正。

编者

2022 年 7 月

目 录

第一部分　理论

第二部分　实训

第一部分　理论

第 1 章　跨境电商概述

1.1　跨境电商的概念

跨境电商是跨境电子商务的简称，是指分属不同关境的交易主体，通过电子商务平台达成商品或信息交易、进行支付结算，并通过跨境物流送达商品，从而完成交易的一种国际商业活动。跨境电商是“商务+技术+全球化”的产物，相对于电子商务多了一层国际性的特点，然而其归根结底是电子商务的一种跨境流动方式。

狭义上的跨境电商一般是指跨境网络零售，包括了 B2C 和 C2C 等最终面向消费者的交易模式。而广义上的跨境电商除狭义范围之外，还包括位于不同关境的企业之间运用电子商务来实现交易的跨境贸易行为。本书中的跨境电商，指的是广义的跨境电商。

1.2　跨境电商与电子商务的关系

1.2.1　跨境电商与电子商务的联系

第一，跨境电商本质上是电子商务的一种特殊表现形式，是交易主体分属不同国家或关境的一种国际经济贸易形式。无论是境内企业通过出口型跨境电商把商品销售到境外，还是境内消费者通过进口型跨境电商购买境外的商品，它们的本质都是将互联网作为媒介，将买卖双方的交易信息进行整合、匹配、交换，然后线上支付、运输，进而完成从线上到线下的交易过程。这一过程各环节都没有超出电子商务的范畴，都是在开放的网络环境下，通过浏览器或者服务器等工具，买卖双方不需要通过见面而进行的各种贸易活动。

第二，跨境电商起源于传统电子商务。从时间上看，跨境电商的出现要晚于传统电子商务。我国设立首批跨境电商服务试点是在 2012 年 12 月，而我国自 1990 年开始，就将电子商务的发展列入“八五”国家科技攻关项目。国内的电子商务企业如阿里巴巴、淘宝网等也在 20 世纪 90 年代后期就开始进入人们的生活。从交易主体看，跨境电商主要的交易主体来自传统电商。跨境电商的买方，往往先是传统电商的使用者，这些人掌握了网上购物技巧，有着丰富的网上购物经历，对跨境电商更易接受与操作；跨境电商的卖方，往往先是传统电商的竞争者，例如天猫国际、聚美极速免税店等国内电商，易贝（eBay）、亚马逊（Amazon）等国外电商，都是起步于国内市场并在占领国内市场之后再将业务延伸到跨境电商领域。

1.2.2 跨境电商与传统电子商务的区别

首先，交易双方的主体不同。跨境电商的买卖双方要分别处于不同国家、关境，有国籍或地域的限制。而在传统电子商务中，买卖双方往往都处在同一国家和关境，不涉及关税问题。

其次，跨境电商与传统电商的监管方式不同。例如保税进口就是跨境电商的一个主要进口方式，跨境电商商品要经由海外正规渠道采购，并进行预申报备案，全程在海关、检验检疫部门的监管下，提前将商品存储在海关特殊监管区域，待消费者完成订单支付和纳税、货物清关后直接从海关特殊监管区域配送到消费者手中。

最后，两者的运作流程不同。传统电子商务的业务流程可以总结为消费者下单支付，电商处理信息并联系物流发货，商品经物流到达消费者。而跨境电商的业务流程相对更复杂，多了国际物流、出入境、报关清关和国际结算业务等流程。

1.3 跨境电商与对外贸易的关系

1.3.1 跨境电商与对外贸易的联系

第一，跨境电商是对外贸易的一种新形式。跨境电商实际上是买卖双方借助互联网实现资金流和商品流的反方向流动，开启了国际贸易电子化的新模式。第二，跨境电商的发展与对外贸易的整体发展相互促进。作为对外贸易的一部分，跨境电商的规模受限于对外贸易的整体规模，只有把蛋糕做大，跨境电商才能在竞争激烈的对外贸易中占得更大的份额；跨境电商的发展依赖于对外贸易的整体发展，只有对外贸易的商品种类日益丰富，跨境电商的商品内容才能不断扩充。与此同时，跨境电商的飞速发展也是对外贸易发展的巨大引擎，能为对外贸易提供充满活力的新动力。两者是相互促进，共同发展的关系。

1.3.2 跨境电商与传统对外贸易的区别

跨境电商相比于传统的对外贸易，显著的区别在于，充分借助了互联网电子商务平台。跨境电商具有4个特点：①简洁化，跨境电商可以借助社交工具将买卖双方放到同一平台进行直接交流，缩短了交易时间和物流时间，使得交易更加简洁。②批量小，相比于传统贸易，跨境电商的订单金额较低、单次货物较少。③高频度，由于批量小，操作简单，成本较低，跨境电商交易的频率非常高，也不局限在企业和企业之间，单个的消费者也可以成为一个独立的交易主体。④数字化，随着网络信息技术的深化，数字化产品在交易中所占的比重明显增加。

由于以上特点，跨境电商在与传统贸易比较中具备了3个优势：①成本低，互联网技术的运用，让买卖双方直接面对面，消除了层层分级的中间商，减少了交易环节。

②速度快，不断发展的现代物流可以迅速接收并处理跨境电商平台上的订单信息，在一到两周内将商品送到消费者手中。③操作简单，跨境电商和普通网购的操作相似，随着互联网的普及，海外购物或销售将成为一种普遍的现象。

1.4　跨境电商的特征

跨境电商是依托互联网发展起来的，也是互联网与对外贸易结合的产物。跨境电商主要具有 6 个方面的特征。

1.4.1　全球性

网络是一个没有边界的媒介体，具有全球性和非中心化的特征。依附于网络发生的跨境电商也因此具有了全球性和非中心化的特性。电子商务与传统的交易方式相比，一个重要特点在于电子商务是一种无边界交易。互联网用户不需要考虑跨越国界就可以把产品尤其是高附加值产品和服务提交到市场。网络的全球性特征带来的积极影响是信息最大程度的共享，消极影响是用户必须面临因文化、政治和法律的不同而产生的风险。

跨境电商的这一特点对各国（地区）的税收监管提出了挑战。美国财政部在其财政报告中指出，对基于全球化的网络建立起来的电子商务活动进行课税是困难重重的，因为电子商务是基于虚拟的电脑空间展开的，不受传统交易方式下地理因素的限制。比如，一家很小的爱尔兰在线公司，通过一个可供世界各地的消费者点击观看的网页，就可以通过互联网销售其产品和服务。这种远程交易的发展，给税收当局征税制造了许多困难。由于税收权力只能严格地在一国或一地区范围内实施，网络的这种特性为税务机关对超越一国或一地区的在线交易行使税收管辖权带来了困难。

1.4.2　多边性

传统的对外贸易模式主要涉及两个国家或地区之间的双边贸易，而跨境电商使交易过程中的信息流、物流、资金流等由传统的双边模式逐渐向多边模式演进，新型的网状结构替代传统双边贸易的线状结构。跨境电商可通过甲国（地区）的交易平台、乙国（地区）的物流运输平台及丙国（地区）的支付平台，实现各国家或地区间的直接贸易。

1.4.3　无纸化、无形性

电子商务主要采取无纸化操作的方式，这是以电子商务形式进行交易的主要特征。在电子商务中，计算机通信记录取代了一系列的纸面交易文件。用户通过网络发送或接收电子信息。由于电子信息以比特的形式存在和传送，整个信息发送和接收过程实现了无纸化。

无纸化带来的积极影响是使信息传递摆脱了纸张的限制，但由于传统法律的许多规范是以“有纸交易”为出发点的，因此无纸化也带来了法律方面的难题。电子商务以数字合同、数字时间替代了传统贸易中的书面合同、结算票据，削弱了税务当局获取跨境纳税人经营状况和财务信息的能力，且电子商务所采用的其他保密措施也将增加税务机关掌握纳税人财务信息的难度。在某些交易无据可查的情形下，跨境纳税人的申报额将会大大降低，应纳税所得额和所征税款都将少于实际所达到的数量，从而引起征税国（地区）国际税收流失。

传统贸易从订购合同到买卖票据，都是依靠书面完成的，是有形的商品买卖交易。而电子商务贸易的飞速发展大大促进了数字化产品和服务的发展进程。进行跨境电商交易的买卖双方通过电子邮件和电子商务平台发送或接收买卖信息，不仅节约了资源，而且使信息传递和货物买卖的效率大大提高。

同时，跨境电商突破了以往的实物交易的传统模式，网络数据、音像视频等数字化商品和服务也进一步丰富了商品交易的种类。

1.4.4 隐蔽性

在网络的世界里，用户可根据需要隐蔽自己的真实身份和相关信息。用户享有的自由远远大于所需承担的责任，更有甚者利用网络的信息不对称性逃避责任。事实上，即使在美国这种跨境电商相对成熟的发达国家，利用网络逃避责任的问题也很突出，尤其是在纳税环节。在跨境电商交易中，交易人的身份及地理位置等信息很难被获取。相应地，税务机关就无法对纳税人的交易情况和应纳税额进行核实，这给相关监管和税务部门的审计和核实环节造成了很大的麻烦。

1.4.5 时效性

传统交易模式下，信息的发送、接收均受到地理位置的限制，二者间存在着较大的时间差。电子商务打破时空的束缚，将信息迅速地从一方传递到另一方，几乎在一方发送完成的同时另一方就能收取到信息，而某些数字化产品的交易更是可即时完成。加之跨境电商去除了两个关境批发商、代理商及零售商的中介环节，实现了直接由一个关境生产商通过跨境电商平台到达另一个关境消费者的直接交易，减少了烦琐的贸易手续，更具时效性。

1.4.6 快速演进

跨境电商交易是依托互联网的网络设施和相应的软件协议进行的，而数字化的产品千变万化，技术也正以前所未有的速度在快速地演进，因此跨境电商的发展也具有快速演进的特征。

1.5　跨境电商的分类

1.5.1　按照交易主体分类

按照交易主体划分，跨境电商主要涉及了B2B（企业到企业）的电子商务模式、B2C（企业到个人）的电子商务模式、C2C（个人到个人）的电子商务模式等。

跨境B2B模式在整体跨境电商行业中尤为重要，扮演着支柱型产业的角色。且跨境B2B平台的交易规模始终占据着整体跨境电商市场交易规模的90%以上。B2B电子商务是电子商务的一种模式，是business-to-business的缩写，商业对商业，或者说是企业间的电子商务。该种模式下，企业与企业之间通过互联网进行产品、服务及信息的交换。跨境B2B是指分属不同关境的企业通过电商平台达成交易、进行支付结算，并通过跨境物流送达商品、完成交易的一种国际商业活动。我国具有代表性的B2B平台有阿里巴巴国际站、敦煌网。

B2C电子商务指的是企业针对消费者个人开展的电子商务活动的总称，是business-to-consumer的缩写。如企业为个人提供在线医疗咨询、在线商品购买服务等。跨境B2C是指企业直接面向其他关境的消费个人开展在线销售活动和提供服务，通过电商平台达成交易、进行支付结算，并通过跨境物流送达商品、完成交易的一种国际商业活动。B2C平台中具有代表性的有速卖通、京东全球购、网易考拉海购、洋码头等。

C2C即customer-to-customer，C2C电子商务是个人与个人之间的电子商务。跨境C2C是指分属不同关境的个人卖方对个人买方开展在线销售活动和提供服务，由个人卖家通过第三方电商平台发布产品和服务信息，个人买方进行筛选，最终通过电商平台达成交易、进行支付结算，并通过跨境物流送达商品、完成交易的一种国际商业活动。我国C2C平台中具有代表性的有美丽说、海蜜等。

1.5.2　按照平台经营商品品类分类

按照跨境电商经营商品的品类进行划分，可将跨境电商分为垂直型跨境电商与综合型跨境电商两类。

垂直型跨境电商专注于某些特定的领域或某种特定的需求，提供该领域或该需求全部的深度信息与服务。综合型跨境电商是一个与垂直型跨境电商相对应的概念，它不像垂直型跨境电商那样专注于某些特定的领域或某种特定的需求，所展示和销售的商品种类繁多，涉及多种行业。

1.5.3　按照开发与运营主体分类

按照跨境电商的开发与运营主体进行划分，可将跨境电商分为第三方平台跨境电商（或称为“平台型跨境电商”）和自营型跨境电商两类。

平台型跨境电商开发和运营第三方电子商务网站，吸引商品卖家入驻平台，由卖家负责商品的物流与客服并对买家负责，平台型跨境电商并不亲自参与商品的购买与销售，只负责提供商品交易的媒介或场所。

平台型跨境电商的主要特征表现在三个方面：一是跨境电商平台并不参与商品购买、销售等相应的交易环节；二是由境外品牌商、制造商、经销商、网店店主等入驻该跨境电商平台，从事商品展示、销售等活动；三是商家云集，商品种类丰富。平台型跨境电商的优势和劣势均比较鲜明。其优势包括：商品货源广泛而充足；商品种类繁多；平台规模较大，网站流量较大。其劣势包括：跨境物流、海关、商检等环节缺乏自有稳定渠道，服务质量不高；商品质量保障水平较低，容易出现各种类型的商品质量问题，导致消费者信任度偏低。

自营型跨境电商是一个与平台型跨境电商相对应的概念，自营型跨境电商不仅开发和运营电子商务网站，而且自己负责商品的采购、销售、客服与物流，同时对买家负责。

自营型跨境电商的主要特征表现在两个方面：一是运营主体开发和运营跨境电商平台，并作为商品购买主体从海外采购商品与备货；二是运营主体的业务涉及从商品供应、销售到售后的整条供应链。自营型跨境电商的主要优势包括：电商平台与商品都是自营的，运营主体的掌控能力较强；商品质量保障水平高，商家信誉度好，消费者信任度高；货源较为稳定；跨境物流、海关与商检等环节资源稳定；跨境支付便捷。自营型跨境电商的主要劣势包括：整体运营成本高；资源需求多；运营风险高；资金压力大；商品滞销、退换货等问题显著。

此外，还有一种类似自营模式的自建电商。自建电商是指生产制造企业通过电子商务平台直接针对境外市场消费者进行出口电子商务贸易。目前，越来越多的中小出口制造企业、贸易商自建电商网站，独立运营，代表企业包括中国本土品牌智能手机及周边产品的自建电商商户 Antelife、浙江义乌外贸饰品零售网店 Gofavor、遥控飞机出口网店 Hobby-Wing、充气游乐设施贸易公司 Funcity 等。

1.5.4 按照商品流动方向分类

跨境电商的商品流动跨越了国家或地区的地理空间范畴。按照商品流动方向，跨境电商可分为跨境进口电商、跨境出口电商两类。我国跨境电商交易仍以跨境出口为主，其中又以跨境 B2B 出口为主要形式。

第 2 章　我国跨境电商的发展

2.1　我国跨境电商的产生背景

2.1.1　传统外贸行业下行压力大

2008 年的次贷危机波及全球，我国经济也遭受影响，人民币汇率在多年被低估之后连续升值的压力及我国劳动力成本的持续上升，使得我国传统外贸行业遭受巨大打击。金融危机下的全球经济低迷使国际市场需求紧缩，我国很多外贸企业尤其是缺乏竞争力的中小外贸企业纷纷倒闭，我国进出口贸易总额增速明显下降，尤其是 2015 年和 2016 年，成为中国改革开放以来首次连续两年进出口双降的年份。与此同时，跨境电商却进入了高速发展时期，传统进口与出口均出现负增长与高速增长的跨境电商形成显著反差。中国经济增速放缓的压力，使得我们不得不在经济“新常态”下进行结构调整，这就给跨境电商的发展带来了巨大的机遇。

2.1.2　“互联网+”行动计划推动电子商务迅猛发展

“新常态”经济形势下，传统制造业面临着巨大的生存和发展的压力，急需寻找新的增长点，培育竞争新优势。随着信息时代的到来，外贸的发展也搭上了信息化的列车。2015 年，李克强在政府工作报告中提出，制订“互联网+”行动计划，推动移动互联网、云计算、大数据、物联网等与现代制造业结合，促进电子商务、工业互联网和互联网金融健康发展，引导互联网企业拓展国际市场。“互联网+”随后迅速成为炙手可热的商业模式，成为众多危机产业和危机企业的转型方向。国内电子商务由互联网与零售业相结合而产生，而跨境电商则由互联网与外贸行业结合而成。

2.1.3　传统制造业与跨境电商深度融合

随着“互联网+”的不断深入，传统制造业与跨境电商深度融合的新业态模式日益成为制造业企业开拓国际市场、树立国际品牌和形象的重要渠道。跨境电商就其字面意义来理解是指，跨国界或地区的交易主体，通过互联网平台来进行贸易的一种商业模式。这种交易通过买方在互联网平台完成下单和支付，并依靠跨境物流来完成。受当前国内和国际经济形势的影响，传统制造业企业融资困难，同时，受恶性竞争和行业集中度的影响，国内制造业企业难以走出国门。在国际竞争中，中国诸多企业还仅仅停留在国际代工（OEM）模式上，缺失大宗商品定价权，仍处于“微笑曲线”的中部区域。发展跨境电商，能够促进我国制造业企业价值链显著提升，降低企业采购和销售的成本，有利于促进制造业结构升级和转变发展方式，成为企业走向全球市场的一条“高速公路”。从制造业本身的发展趋势看，跨境电子商务有利于中国制造业更加高效地与全球消费者对接，建立起自己的营销渠道，培育自身品牌，使中国制造向“微笑曲线”两端走。

受国内电子商务竞争白热化和传统外贸持续走低的影响，我国各相关企业纷纷在跨境电商领域进行拓展。商务部统计显示，截至2013年年底，我国各类跨境平台企业已超过5 000家，通过平台开展跨境电商业务的外贸企业超过20万家。在传统外贸增速放缓的情况下，跨境电商以其新理念、新模式成为促进我国对外贸易发展的新引擎。蓬勃发展的跨境电商无疑为我国制造业企业增强核心竞争力，促进制造业实现转型升级，实现“中国制造2025”提供了新的机遇。

跨境电商对于我国传统制造业企业来说是机遇也是挑战。一方面制造业跨境电商得到了国家在战略、政策上的大力支持；另一方面传统模式的中国制造走出去，面临的不仅仅是信任、物流、文化等方面的考验，更大的考验来自如何将中国制造转化为中国品牌。同时，制造业跨境电商企业还面临着企业内部资源优化配置、业务流程重组及外部跨境电商资源短缺的困扰。传统制造业企业发展跨境电子商务是自身转变业务模式、实现产业升级的重大契机，虽然发展过程中会遇到很多内外部的困难，但是只要传统制造业企业认清电子商务的发展方向，确立专业化、品牌化和垂直化的发展目标，定能在跨境电商中闯出一番天地。

2.2 我国跨境电商的发展历程

2.2.1 我国跨境电商发展的三个阶段

1999年，阿里巴巴实现用互联网连接中国供应商与海外买家后，中国对外出口贸易就实现了互联网化。在此之后，我国跨境电商的发展共经历了三个阶段，实现从信息服务到在线交易、全产业链服务的跨境电商产业转型。

2.2.1.1 跨境电商1.0阶段（1999—2003年）

跨境电商1.0阶段的主要商业模式是网上展示、线下交易的外贸信息服务模式。跨境电商1.0阶段，第三方平台主要的功能是为企业信息以及产品提供网络展示平台，并不在网络上涉及任何交易环节。此时的盈利模式主要是通过向进行信息展示的企业收取会员费（如年服务费）。在跨境电商1.0阶段，也逐渐衍生出竞价推广、咨询服务等为供应商提供一条龙的信息流增值服务。

阿里巴巴国际站平台以及环球资源网为跨境电商1.0阶段中的典型代表平台。其中，阿里巴巴成立于1999年，以网络信息服务为主，线下会议交易为辅，是中国最大的外贸信息黄页平台之一。环球资源网于1971年成立，前身为Asian Source，是亚洲较早的贸易市场资讯提供者，并于2000年4月28日在纳斯达克证券交易所上市。

在跨境电商 1.0 阶段，第三方平台虽然通过互联网解决了中国贸易信息面向世界买家的难题，但是依然无法完成在线交易，对于外贸电商产业链的整合仅完成信息流整合环节。

2.2.1.2　跨境电商 2.0 阶段（2004—2012 年）

2004 年，随着敦煌网的上线，跨境电商 2.0 阶段来临。在这个阶段，跨境电商平台开始摆脱纯信息黄页的展示行为，将线下交易、支付、物流等流程实现电子化，逐步实现在线交易。

跨境电商 2.0 更能体现电子商务的本质，即借助于电子商务平台，通过服务、资源整合有效打通上下游供应链。这一阶段的跨境电商包括 B2B（平台对企业小额交易）平台模式、B2C（平台对用户）平台模式两种模式。跨境电商 2.0 阶段，B2B 平台模式为跨境电商主流模式，通过直接对接中小企业商户实现产业链的进一步缩短，提升商品销售利润空间。2011 年，敦煌网宣布实现盈利，2012 年持续盈利。

在跨境电商 2.0 阶段，第三方平台实现了营收的多元化，同时实现后向收费模式，将“会员收费”改为以收取交易佣金为主，即按成交效果来收取百分点佣金，同时还通过平台上营销推广、支付服务、物流服务等获得增值收益。

2.2.1.3　跨境电商 3.0 阶段（2013 年至今）

2013 年成为跨境电商重要转型年，跨境电商全产业链都出现了商业模式的变化。随着跨境电商的转型，跨境电商 3.0 大时代随之到来。

跨境电商 3.0 阶段具有大型工厂上线、B 类买家成规模、中大额订单比例提升、大型服务商加入和移动用户量爆发五方面特征。与此同时，跨境电商 3.0 服务全面升级，平台承载能力更强，全产业链服务在线化也是 3.0 时代的重要特征。

在跨境电商 3.0 阶段，用户群体由草根创业公司向工厂、外贸公司转变，且具有极强的生产、设计、管理能力。平台销售产品由二手货源向一手货源好产品转变。

这一阶段的主要卖家群体正处于从传统外贸业务向跨境电商业务艰难转型期，生产模式由大生产线向柔性制造转变，对代运营和产业链配套服务需求较高。同时，3.0 阶段的主要平台模式也向 M2B 模式转变，批发商买家的中大额订单成为平台主要订单。

跨境电商行业可以快速发展到 3.0 阶段，主要有三个方面的原因。

第一，中央及各地政府高度重视。在中央及各地政府的大力推动下，跨境电商行业的规范和优惠政策也相继出台。如《关于跨境贸易电子商务进出境货物、物品有关监管事宜的公告》《关于进一步促进电子商务健康快速发展有关工作的通知》《关于促进电子商务健康快速发展有关工作的通知》《关于开展国家电子商务示范城市创建工作的指导意见》等多项与跨境电商相关政策的出台，在规范跨境电商行业市场的同时，也让跨境电商企业开展跨境电商业务得到了保障。

第二，在海外市场，B2B 在线采购已占据半壁江山。2013 年，埃森哲的调研发现，在采购商方面，50%的美国企业会把它们一半的采购贸易放在互联网上来进行。其中，59%的采购商以在线采购为主，27%的采购商月平均在线采购 5 000 美元，50%的供货商努力让买家从线下转移到线上，以提升利润和竞争力。

第三，移动电商的快速发展也促成了跨境电商3.0阶段的快速到来。2013年，智能手机用户占全球人口的22%，首次超过个人电脑用户比例。移动电商的快速发展得益于大屏智能手机和Wi-Fi网络环境的改善，用户的移动购物体验获得较大优化，用户的移动购物习惯逐渐形成。同时，电商企业在移动端的积极推广和价格战促销等活动都进一步促进移动购物市场交易规模大幅增长。方便、快捷的移动跨境电商也为传统规模型外贸企业带来了新的商机。

2.2.2 我国跨境电商的政策利好

2014年7月，《关于跨境贸易电子商务进出境货物、物品有关监管事宜的公告》和《关于增列海关监管方式代码的公告》，即大众熟悉的56号和57号文件由海关总署先后发布，从政策层面认可了行业内部通行的保税模式。此举被认为明确了对跨境电商的监管框架。这两个文件涉及海关、商检、物流、支付等环节，刺激了跨境电商的发展，跨境电商的形式也不再拘泥于海淘与个人代购，逐渐实现了规模化、企业化。

2015年4月，国务院出台的降低进口产品关税的税制改革及恢复增设口岸免税店的相关举措，表明了政府促进消费回流的决心。2015年6月，为引导外贸企业正确利用电商开展业务，国务院印发了《关于促进跨境电子商务快速健康发展的指导意见》，进一步完善跨境电商进出口货物管理模式，优化海关出入境清关工作流程，有利于建立一体化服务平台，提高跨境贸易各环节的效率。2015年11月30日，韩国国会批准了《中韩自贸协定》，同年12月20日这份协定正式生效，促进了中韩两国实现部分进出口商品零关税。

2016年4月7日，海关总署发布了2016年第26号文，即《关于跨境电子商务零售进出口商品有关监管事宜的公告》。公告从适用范围、企业管理、通关管理、税收征管、物流监控、退货管理、其他事项共计7个大项21条小项对跨境电子商务做出明文规定。该公告自2016年4月8日起施行，同时废止海关总署2014年第56号文。

2016年10月1日，人民币作为除英镑、欧元、日元和美元之外的第五种货币加入特别提款权货币篮。这意味着人民币已成为全球主要储备货币。人民币成为全球主要储备货币，使跨境结算更加便利。除此以外，我国政府还在杭州等地设立跨境电商区域性试验基地，探究跨境电商的发展模式与对策，取得了一系列宝贵的经验。这些都是相当明显的政策红利信号。

2018年，《中华人民共和国电子商务法》（以下简称《电子商务法》）正式通过，对电商平台进行法律监督和指导，完善监管流程和制度，促进行业走向程式化、规范化。《电子商务法》在促进和规范跨境电子商务发展方面，主要包括四点内容：一是国家鼓励促进跨境电子商务的发展；二是国家推动建立适应跨境电子商务活动需要的监督管理体系，提高通关效率，保障贸易安全，促进贸易便利化；三是国家推进跨境电子商务活动通关、税收、检验检疫等环节的电子化；四是推动建立国家之间跨境电子商务交流合作等。

2022年6月，为贯彻落实《国务院办公厅关于加快发展外贸新业态新模式的意见》和《国务院办公厅关于推动外贸保稳提质的意见》，人民银行印发《关于支持外贸新业态跨境人民币结算的通知》（自 2022 年 7 月 21 日起实施），支持银行和支付机构更好地服务外贸新业态发展。该通知主要内容包括：一是加大对外贸新业态的支持力度，完善跨境电商等外贸新业态跨境人民币业务相关政策；二是将支付机构跨境业务办理范围由货物贸易、服务贸易拓宽至经常项下；三是明确银行、支付机构等相关业务主体展业和备案要求；四是明确业务真实性审核、反洗钱、反恐怖融资、反逃税以及数据报送等要求，压实银行与支付机构展业责任，防控业务风险。人民银行将稳步推进《关于支持外贸新业态跨境人民币结算的通知》的落地实施，为外贸新业态市场主体提供良好的配套金融服务，切实发挥跨境人民币业务服务实体经济、推动外贸新业态高质量发展的积极作用，支持和引导外贸新业态新模式健康持续创新发展，助力稳定宏观经济大盘。

2.2.3　跨境零售业的高速发展

在政策利好的大环境下，国内外电商瞄准中国百姓对海外产品的巨大需求，纷纷斥巨资投入跨境零售业务。诸如亚马逊以及国内的天猫国际、洋码头等，都开始加入对这一市场的争夺。这些平台不仅提供进口业务，也提供出口业务。以天猫国际为例，天猫国际在跨境这方面通过和自贸区的合作，在各地保税物流中心建立了各自的跨境物流仓。据中国跨境电商网监测显示，2014 年“双 11”，天猫国际一半以上的国际商品是以保税模式进入国内消费者手中，是跨境的一次重要尝试。具体而言，就是货品从海外进入，免税存放保税仓，消费者下单后，产品直接从保税仓发出，商家不用单独向消费者终端发货，而是可以批量运输，从而节约人力、物流等成本。最重要的是，以保税模式进入仓库的货物，可以以个人物品清关，无须再缴纳增值税，并且节省了大量的等待时间。

2014 年 4 月，中国海关总署出台新政规定，所有境外快递企业必须使用 EMS 清关派送包裹，不得按照进境邮递物品办理手续。这就意味着代购人通过第三方海外转运公司进行托运的包裹，很多须按照贸易货物通关，需要补缴税款，这使得代购商品的价格优势大受影响。此外，新政还对进境物品完税价格进行了调整，化妆品完税价格上涨，电子产品下调。而完税价格越高，需要缴纳的税费就越高。由此可见，政府对海外代购的监管力度在日益加强。今后，代购产品避税的难度将大大提高，其价格优势将逐渐消减。在日趋规范化的大环境下，代购产业亟须转型以求进一步的发展。

2017 年 8 月 1 日，互联网+智库中国电子商务研究中心发布了《2016—2017 年度中国跨境进口电商发展报告》。报告重点调查、跟踪了天猫国际、京东全球购、淘宝全球购、国美海外购、苏宁易购海外购、唯品国际、亚马逊海外购、1 号店全球进口、中粮我买网全球购、拼多多全球购、美图妈妈大电商平台下的跨境进口电商部分，同时也调研、跟踪了网易考拉海购、小红书、聚美优品、洋码头、蜜芽、宝贝格子、达令、丰趣海淘、云猴网、冰帆海淘等独立运营的跨境进口电商平台。报告显示，2016 年，中国跨境进口电商交易规模为 12 000 亿元，这意味着中国跨境进口电商交易规模首度跨入“万亿时代”。中国电子商务研究中心主任曹磊据此指出，2013 年后，跨境进口电商平台逐渐出现，跨境网购用户也逐年增加，我国跨境进口电商市场规模增速迅猛；

2015 年，由于进口税收政策的规范以及部分进口商品关税的降低，跨境进口电商爆发式增长。2016 年，跨境进口电商在激烈竞争中不断提升用户体验，不断扩展平台商品种类，完善售后服务，未来中国跨境进口电商市场的交易额会继续以增长的趋势向前发展。同时，随着国家政策对跨境进口电商的不断支持，跨境进口电商会变得越来越普及。报告还披露了 2016 年中国跨境进口电商平台市场份额排名数据。2016 年，在主流的跨境进口电商平台中，按整体交易额计算，网易考拉海购排名第 1，占 21.4%的份额；天猫国际名列第 2，占 17.7%的份额；唯品国际位于第 3，占 16.1%的份额；排名第 4 的是京东全球购，市场占比 15.2%；排名第 5 的是聚美极速免税店，占 13.6%的份额；排名第 6、第 7 的平台依次是小红书和洋码头，分别占 6.4%以及 5.3%的份额；其他的跨境进口电商平台（包括宝贝格子、蜜芽、宝宝树等）占总市场份额的 4.3%。中国电子商务研究中心网络零售部助理分析师余思敏认为，中国跨境进口电商平台在行业洗牌下，渐渐显示出不同层次的阵营，大致可以划分为 3 个梯队。第 1 梯队为网易考拉海购、天猫国际、唯品国际以及京东全球购，占整个市场 70.4%的份额；第 2 梯队为聚美极速免税店、小红书以及洋码头；第 3 梯队为宝贝格子、蜜芽、宝宝树等平台。可以看出，位于第 1 梯队的都是相对规模较大的平台旗下的跨境进口电商，“寡头效应”初步显现；第 2 梯队是一些综合性的电商平台；而第 3 梯队的大多是母婴类产品平台。

2018 年，我国跨境零售进一步发展，跨境电商零售进出口交易额突破 1 000 亿元；2019 年，我国跨境电商零售进出口交易额达到 1 862.1 亿元，年均增速 49.5%。从我国跨境电商进出口市场采购数据来看，2020 年我国跨境电商进出口 1.69 万亿元，增长 31.1%。其中，出口 1.12 万亿元，增长 40.1%；进口 0.57 万亿元，增长 16.5%。跨境电商发展给我国进出口贸易带来了积极推动作用。在我国跨境电商快速发展的背景下，作为跨境电商交易主要对象的商贸流通业也取得了显著成效，批发和零售业由 2011 年的 43 734.5 亿元增长至 2020 年的 95 686.1 亿元，交通运输、仓储和邮政业由 2011 年的 21 842 亿元增长至 41 561.7 亿元，住宿和餐饮业由 2011 年的 8 565.4 亿元增长至 2020 年的 15 970.7 亿元。虽然受到新冠肺炎疫情影响，我国交通运输、仓储和邮政业以及住宿和餐饮业相比于 2019 年出现了一定程度的小幅下降，但近年我国商贸流通业整体上仍然处于快速增长态势。

2.3 我国中小外贸企业开展跨境电商业务的必要性

2.3.1 跨境电商有助于我国中小外贸企业拓展贸易市场

一直以来，我国中小外贸企业由于资金、技术、发展规模等因素的限制，普遍面临市场规模较小、销售渠道窄的问题，在市场竞争中处于劣势地位。而跨境电商是一种无边界交易，同时具有全球性和及时性的特点，能有效地推动贸易自由化的发展。这就意味着不同于传统商圈，跨境电商能打破传统贸易中由时间、地理因素导致的信息传递渠道的限制，也可以在一定程度上消除价格及渠道垄断的贸易壁垒，通过互联网构建不同国家和地区产品信息集聚的平台，突破传统意义上贸易渠道的限制，使我国中小外贸企业可将生产的产品直接面向整个国际市场，并能够直观高效地完成对产品和服务的展示与营销活动。由此可见，跨境电商可以使我国的产品直接抵达全球消费者，十分有助于我国中小外贸企业扩大销售渠道，拓展贸易市场。

2.3.2　跨境电商有助于我国中小外贸企业降低运营成本

跨境电商有助于我国中小外贸企业降低各方运营成本，增加利润率。2008 年金融危机之后，出于对资金风险的规避，国外进口商不再倾向于长期采购、大额交易的贸易模式，取而代之的是采用多批次采买且每次采购数量较小的弹性碎片化采购模式。在此背景下，我国中小外贸企业的生产模式也逐渐向弹性化靠拢。一方面，弹性化的生产销售方式可实现资金的快速回流；另一方面，弹性化生产方式有助于减轻我国中小外贸企业库存压力，使其在产品的运输、储存、人工等各方面降低成本，获得更多利润。

跨境电子商务与传统国际贸易方式相比，有着不同的贸易主体，在很大程度上改变了我国对外贸易的贸易链。传统外贸流程中，供应链各个环节独立经营、自主核算，再加上信息的不完全性，导致大部分利润分散在供应链的各个环节。而随着跨境电商的发展，原来在贸易商、批发商等环节被挤压的成本很大程度上被转移出来成为中小外贸企业的利润，从经济学的角度看，这也是一种成本的降低。

2.3.3　跨境电商有助于我国中小外贸企业转型升级

随着国家“互联网+”行动计划的实施，跨境电商作为一种新的对外贸易模式得到不断的发展。这种对外贸易模式缩短了产品从工厂到国外消费者的距离，重塑了价值链，促使中小外贸企业从多个角度不断进行转型升级。

第一，促使中小外贸企业生产方式向弹性化转型。跨境电商这种新型对外贸易模式的特点在于更适应多批次小额订单为主的交易方式。现阶段，我国出口型中小外贸企业面对的市场是富有弹性的，弹性的目标市场就代表消费需求的多样化和市场规律的变动化，因此中小外贸企业原有的大批量模板化生产方式需要做出调整改变。而中小外贸企业的生产规模相对较小，经营和决策权往往集中在少数人手中，改变原有生产模式的成本较低，所以为了规避库存风险，追求更多的利润，中小外贸企业倾向于跟随跨境电商发展的趋势，满足消费者需求的多样化，逐步将生产方式向弹性化转变。这样一来可以减少中小外贸企业库存产品所需的存储成本，二来使资金的流转速度得到更快的提升。

第二，促使中小外贸企业产品向生产定制化转型。随着跨境电子商务的发展和消费者自我需求理念的回归，产品的“个性化”“独特性”和“订制性”逐渐成为新的发展趋势。与此同时，不同于大型的生产企业，我国中小外贸企业普遍性地受到资金、技术、人才等各方面的制约，往往只生产某一特定类型的产品，通过不断提升产品质量来获得市场认可。跨境电商能够利用信息技术的多渠道与客户进行充分沟通，了解客户的消费偏好和消费趋势，根据客户对产品的独特需求进行产品设计与生产。这就为我国中小外贸企业通过互联网发掘消费者的特定需求，发挥工匠精神，生产小而美的定制化商品提供了发育的土壤，促使更多的中小外贸企业向产品生产定制化不断转型升级。

第三，促进我国中小外贸企业产业结构转型升级。目前我国的中小外贸企业大部分进行以加工贸易等为主的一般商品贸易，位于“微笑曲线”的制造环节，盈利空间比较小。而跨境电商的出现，使我国中小外贸企业可以直接面向国外消费者，了解消费者的特性需求并对其进行跟踪服务，这在无形中就使中小外贸企业的位置移动到“微笑曲线”的后端。与此同时，企业在不断增强对需求特征的把握能力时，就能提前感知消费市场对某种产品的需求，从而进行设计与研发，拓展了“微笑曲线”的前端，通过创新获取新的利润模式，这就改变了产业链的结构。

2.4 我国发展跨境电商的意义

2.4.1 打造新的经济增长点

跨境电商是互联网时代的产物，是“互联网+外贸”的具体体现，必将成为新的经济增长热点。由于信息技术的快速发展，规模不再是外贸的决定性因素，多批次、小批量外贸订单需求正逐渐代替传统外贸大额交易，为促进外贸稳定和便利化注入了新的动力。随着相关政策性红利的不断释放，在移动互联网、智能物流等相关技术快速发展的背景下，围绕跨境电商产业将诞生新的庞大经济链，带动国内产业转型升级，并催生出一系列新的经济增长点。

2.4.2 提升我国对外开放水平

跨境电商是全球化时代的产物，是在世界市场范围内配置资源的重要载体，发展跨境电商必将提升我国全方位对外开放水平。跨境电商平台进一步破除全球大市场障碍，推动无国界商业流通。对企业而言，跨境电商加快了各国（地区）企业的全球化运营进程，有助于企业树立全球化的品牌定位，形成数字化的销售网络。这大大降低了生产者与全球消费者的交易成本，企业可以直接与全球供应商和消费者互动交易，特别是降低了广大中小企业“零距离”加入全球大市场的成本，更多企业享受到全球化红利，有助于推动更加平等和普惠的全球贸易。

2.4.3 提升国内消费者福利水平

跨境电商是消费时代的产物，回应了国内消费人群追求更高质量生活的需求，必将提升消费者福利水平。跨境电商进口以扁平化的线上交易模式减少了多个中间环节，使得海外产品的价格下降。海外产品提供商直接面对国内消费者，能够提供更多符合消费者偏好的商品。

第 3 章　跨境电商平台介绍

3.1　亚马逊

亚马逊公司（Amazon）是美国最大的一家网络电子商务公司，位于华盛顿州的西雅图，是网络上最早开始经营电子商务的公司之一。提起亚马逊，很多人立马联想到“网上书店”，的确，在 1995 年，它由杰夫·贝佐斯成立，一开始叫 Cadabra，性质是网络书店。然而具有远见的贝佐斯看到了网络的潜力和特色：当实体的大型书店提供 20 万本书时，网络书店能够提供比 20 万本书更多的选择给读者。贝佐斯认为和实体店相比，网络零售很重要的一个优势在于能给消费者提供更为丰富的商品选择。因此，扩充网站品类，打造综合电商以形成规模效益成为亚马逊的战略考虑。1997 年 5 月，亚马逊上市，尚未完全在图书网络零售市场中树立绝对优势地位的亚马逊就开始布局商品品类扩张。1995 年 7 月，贝佐斯将 Cadabra 以地球上孕育最多种生物的亚马逊河重新命名。一开始，亚马逊只经营网络的书籍销售业务，现在则扩展到相当广的范围。亚马逊及其他销售商为客户提供数百万种独特的全新、翻新及二手商品，如图书、影视、音乐和游戏、数码下载、电子产品和电脑、家居园艺用品、玩具、婴幼儿用品、食品、服饰、鞋类和珠宝、健康和个人护理用品、体育及户外用品、玩具、汽车及工业产品等。1998 年 6 月，亚马逊的音乐商店正式上线。此后，通过品类扩张和国际扩张，到 2000 年的时候，亚马逊的宣传口号已经改为“最大的网络零售商”。2004 年 8 月亚马逊全资收购卓越网，使亚马逊全球领先的网上零售专长与卓越网深厚的中国市场经验相结合，进一步提升客户体验，并促进中国电子商务的成长。2021 年 8 月 2 日，2021 年《财富》世界 500 强排行榜发布，亚马逊排名第三。图 3-1 为亚马逊网站主页。

3.1.1　盈利模式

亚马逊平台有自营和开放两种体系。自营体系下商品的营业收入是平台主要的盈利来源。开放体系下入驻亚马逊平台的商家需要缴纳一定的平台费用和物流仓储费用，作为平台盈利的补充。亚马逊有独立的仓储和物流配送系统，大大提高了物流服务质量。

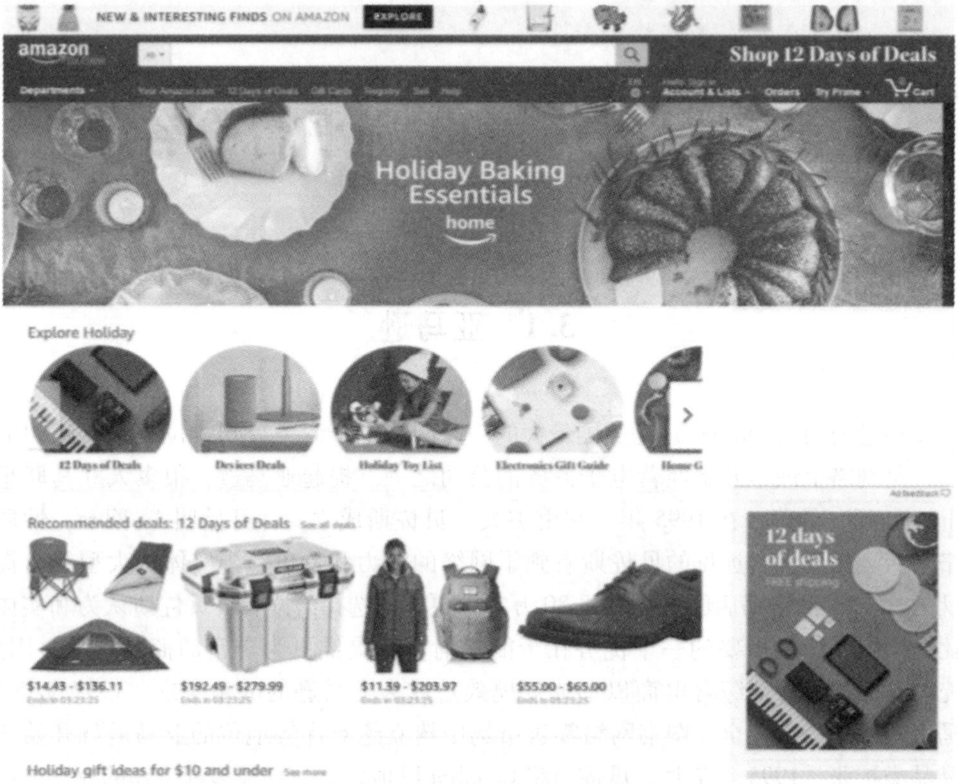

图 3-1 亚马逊网站主页

亚马逊在财务管理上不遗余力地削减成本：减少各项开支、裁减人员；使用先进便捷的订单处理系统降低错误率，整合送货和节约库存成本。亚马逊通过降低物流成本来获得更大的销售收益，再将之回馈于消费者，以此来争取更多的顾客，形成有效的良性循环。当然这对亚马逊的成本控制能力和物流系统都提出了很高的要求。

此外，亚马逊在节流的同时也积极寻找新的利润增长点，比如为其他商户在网上出售新旧商品和与众多商家合作，向亚马逊的客户出售这些商家的品牌产品，从中收取佣金。

3.1.2 物流配送模式

亚马逊开展跨境电商服务时，一般采用海外直邮和海外购的方式，帮助消费者简化了海淘的流程，让消费者能够以本地化的商品购买和支付方式进行消费。同时，亚马逊帮助消费者解决了商品清关的问题，在商品跨境运输时，亚马逊采用“多退少不补”的政策预先代付关税。高效的物流配送服务，保证了众多国家的亚马逊平台的消费者极高的体验。亚马逊中国采用“进口直采”的选品保障方式，通过本地备货为消费者提供充足的货源，并通过完善物流自提点，满足了消费者自身的实际需求，构建了灵活的配送选择方案。

3.1.3　品牌推广体系

亚马逊和国外知名品牌商之间构建了稳定的合作关系。亚马逊中国能够向国内消费者提供高质量的产品，同时亚马逊“海外购”商店的商品基本采用亚马逊美国网店，具有品质保障。亚马逊在品牌合作上，延伸了美国商品品牌的维护体系，保障了中国消费者的利益。

亚马逊专门设置了一个 gift（礼物）页面，为大人和小孩都准备了各式各样的礼物。这实际上是价值活动中促销策略的营业推广活动。它通过向各个年龄层的顾客提供购物券或者精美小礼品的方法吸引顾客长期购买对应商店的商品。亚马逊还为长期购买其商品的顾客给予优惠，这也是一种营业推广的措施，也属于一种公共关系活动。

3.1.4　资金支付体系

消费者在亚马逊平台购物时可选择的支付方式包括信用卡和借记卡。亚马逊支持 VISA（维萨）、Master Card（万事达卡）、Discover Card（发现卡）、JCB（日本信用卡株式会社）、中国银联等。对于国际市场的消费者而言，VISA、Master Card 信用卡适用程度更高。

3.2　eBay

eBay 于 1995 年 9 月 4 日由皮埃尔·奥米迪亚创立于美国加利福尼亚州圣荷西。人们可以在 eBay 上通过网络出售商品。2014 年 2 月 20 日，eBay 宣布收购 3D 虚拟试衣公司 PhiSix。2017 年 6 月 6 日，《2017 年 BrandZ 最具价值全球品牌 100 强》公布，eBay 名列第 86 位。图 3-2 为 eBay 网站主页。

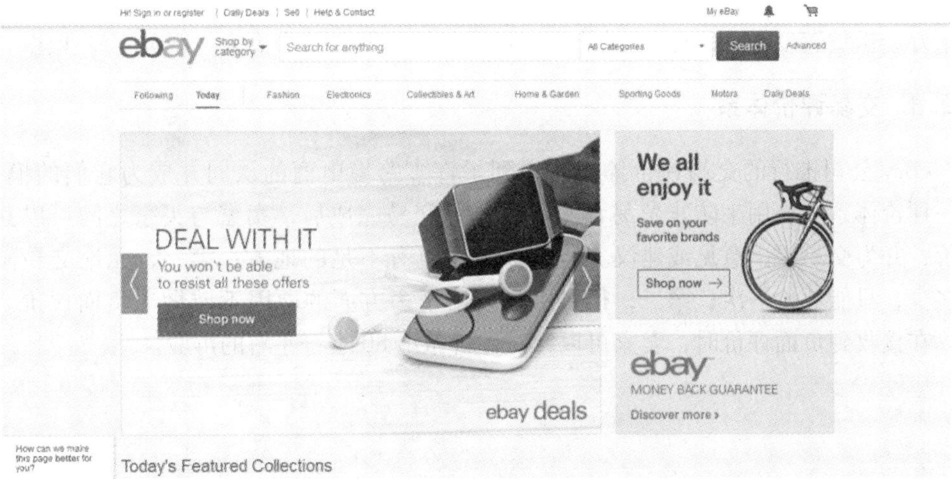

图 3-2　eBay 网站主页

3.2.1 盈利模式

eBay 实现了欧美发达消费市场和新兴经济体市场的全覆盖，并为中国出口企业、商家提供出口电商网上零售服务。中国卖家通过 eBay 推广策略打造自有品牌，提升品牌在世界的认可度。同时 eBay 帮助买卖双方削减中间环节，创造价格优势，降低运营成本。eBay 对入驻其平台的进行跨境电商贸易的商家收取两项费用：一项是刊登费（费用为 0.25~800 美元），即商家在 eBay 上刊登物品所收取的费用；另一项是成交费（成交价的 7%~13%），即当商家的物品成功售出时 eBay 会收取一定比例的成交费和佣金。

高效的规模效应意味着交易额度的增加，而其中的交易费用就是 eBay 的盈利模式所在。此外，由于 eBay 另外拥有 PayPal（贝宝），所以 eBay 也从此处产生利益。eBay 和 PayPal 分别类似于国内的淘宝和支付宝，一个用于开店，一个用于收付款。

3.2.2 物流模式

eBay 物流除国内业务外，还有大量国际业务。eBay 自身没有物流公司，而是采取物流联盟的方式，依托自身购物平台的信息资源，寻求与外部物流公司的合作。为 eBay 提供物流服务的企业有美国邮政、FedEx（联邦快递）、UPS（联合包裹服务公司）、DHL（中外运敦豪）等，它们多为国际知名物流公司。

在美国，在 eBay 网站出售商品的美国公司一般都通过美国邮政和 UPS 发货。这两家物流公司提供的优惠和服务主要有：提供折扣运费、免费上门取件、跟踪和发货确认。eBay 已经实现和第三方物流信息平台的整合，实现物流的网上发货、跟踪和确认，并且能够自动计算运费。随着公司海外业务日益增多，2000 年，eBay 与诸如 UPS 以及 FedEx 等快递服务公司开展商务合作。2009 年，eBay 公司与 DHL 建立合作关系。DHL 有着覆盖全球 220 个国家和地区的广泛网络的优势。

由于 eBay 选择的第三方物流一般是国际知名的物流公司，其网络覆盖面广，服务质量好，送货速度快，因此 eBay 给卖家提供的物流服务效率更高，服务更专业化。

3.2.3 交易评价体系

eBay 公司推行的交易评价体系，得到了许多跨境电商的认同并成为它们的模板。这一评价体系主要用来防止贸易诈骗。在订单交易完成后，卖家与买家之间可以互相评价，并为交易提出意见或建议。但是该体系也有不足的地方：第一，无论交易额度是多少，只能评价一次；第二，很多用户会出于多方面的原因不敢做出负面评价。对此，在接收到负面评价时，卖家可以针对评价做出 80 字符左右的辩驳。

3.3　速卖通

速卖通是阿里巴巴集团旗下的 B2C 公司，于 2010 年正式上线运行。速卖通最初的定位是帮助国外消费者连接国内中小企业和商品批发商，从而解决小额对外贸易交易问题，为消费者和企业提供更为便捷的服务。目前，全球速卖通是国内最大的跨境电商企业平台，从买家数量到实际业务订单的形成，均具有极大的市场空间，其中不乏大量的传统贸易市场和新兴市场。

速卖通通过战略合作，建立了大流量入口，平台商家商品交易量增长较快。伴随着速卖通的快速发展，更多的个人消费者通过速卖通平台进行产品的采购，批发买家被个人消费者所取代。为了提升平台的服务质量，速卖通逐步扩展商品种类，同时更多的天猫卖家也逐步申请速卖通店铺，将产品销往海内外。为了满足平台消费者的需求，速卖通不断升级转型，在俄罗斯和印度等新兴市场有着较大的市场份额。目前，平台有超过 28 类大产品品类，在产品物流上主要采用国际快递。速卖通平台的主营产品为服装衣帽、3C 电子产品及配件和玩具等；同时，速卖通遵守各个国家（地区）的产品交易规范，被严禁交易的产品均不在其平台服务产品之列。此外，考虑到跨国运输距离和时间的限制，速卖通平台建设了海外仓储中心，解决了货物缺损等问题。图 3-3为速卖通网站主页。

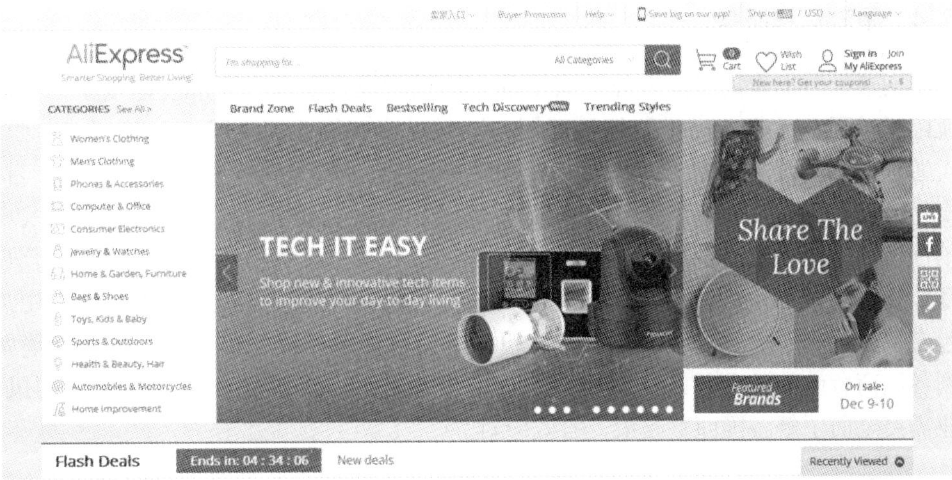

图 3-3　速卖通网站主页

3.3.1　产品策略

为了提升全球产品供应的质量，速卖通对线上产品重点把控。当前，速卖通平台主要的商家大部分来自深圳、广州、义乌等地。速卖通严格审核线上商家开店的资质，并严格把控线上产品的质量，保证了速卖通在全球的信誉。在速卖通平台上，服饰、手机通信、美妆及健康产品是前三大卖家占比最高的行业。

3.3.2 盈利模式

在国际贸易市场中，速卖通自身定位较为清晰，即主要经营小规模、小批次的货物，并提供运输服务。在速卖通平台运作过程中，由国内卖家和国际物流企业配合进行产品跨境配送，消费者将消费金额支付到第三方支付平台，商品到达并无商品损坏后打款到卖家。速卖通平台主要的收入是平台消费者和卖家的交易佣金（对于每笔交易收取5%的佣金）。另外，速卖通还为卖家提供增值服务，例如SEO优化、关键字推荐、广告等收费服务。

3.3.3 营销推广

跨境电商市场的健康、快速发展依托于市场交易双方的对等和充分的信息，交易过程中不存在信息盲区等问题。在速卖通跨境电商交易平台上，买家一般通过搜索引擎进行目标商品的搜索，借助于平台热销产品的提示从而了解当前最新的产品销售动态，对行业热卖品、主要经营商家等信息可以一目了然地掌握。速卖通在促销推广方面采用站外和站内两种形式。站外形式以速卖通在西方主流的社交平台——Facebook上组织的活动为例。速卖通参与西方节日礼庆，因地制宜地组织了雪橇抢红包活动，为速卖通平台带来了较大的流量，消费者的产品消费额也提升了。在国外，电商购物模式还在培养中，消费者对于平台和商家的信任仍需要通过促销推广的方式来建立。

3.3.4 物流运作服务

速卖通平台上聚集了国内外的大量的中小型卖家，卖家自身市场体量小，在跨境物流配送过程中承担着高昂的配送费用，同时也没有能力建立跨境物流网络。因此，速卖通在为国内外卖家提供销售网络的同时，也完善了跨境产品物流配送体系。目前，速卖通已携手TNT、FedEx、DHL、国际e邮宝开展线上发货，通过海外仓库，实现了快销性产品的快速流通，从而满足跨境电商业务需求。跨境物流都要通过海关，且关键环节在目的国（地区）海关，企业需要进行货物申报管理，在货物申报过程中，一般包含备案管理、清单管理、核放单管理、报关单管理和报检单管理。由于跨境贸易受到各国商贸政策的严重影响，清关过程中很容易出现“没收”和“退件”的风险，企业需要全面了解各国商贸政策，有效应对。

3.3.5 支付方式

在速卖通上进行商品交易的流程明确，从卖家注册认证、完成开店考试、发布商品、商品通过审核并成功上线，买家搜索商品并进行比较，与卖家在线沟通后下单，确认交易详情，买家付款，速卖通平台审核款项，之后卖家准时发货，买家按时收货，最后卖家再收款。一系列的流程阐述明确，每一个流程都是关键所在。在支付这一环节，速卖通平台支持买家使用VISA、MasterCard等信用卡支付或者第三方支付公司。买家不确认收货的情况下，系统会按照收货超时时间，核对物流已投递之后放款，卖家同样可收到货款。卖家一般可在交易完成后最多 5 个工作日内收到货款。速卖通的交易资金流转方式和国内电商平台的资金流转方式类同，速卖通使用 ESCROW 作为信用中介，使消费者和商家进行交易对接，从而完成交易。为了降低平台用户的交易风险，ESCROW 引进了多种支付方式便捷了消费者的购物体验，ESCROW 仅仅收取订单的 3%~5%的交易手续费作为佣金。国内电商平台的成熟化，让速卖通在国外电商平台的运营过程中有了可借鉴的经验。国内主流的银行为速卖通提供安全、便捷的支付服务，方便速卖通在国际商品交易中进行结汇和信用卡交易，银行和速卖通之间构成双赢关系。当前速卖通平台在现金支付体系上更为安全、便捷，国内外消费者和卖家能够快捷地完成转汇和结汇，不再为交易现金支付而发愁。

3.4　敦煌网

敦煌网（DHgate. com）成立于 2004 年，致力于帮助中国中小企业通过电子商务平台走向全球市场。作为国内首个为中小企业提供 B2B 网上交易平台的网站，敦煌网充分考虑跨境交易的特性，将新兴的电子商务和传统的全球贸易融为一体，为对外贸易的操作提供安全稳定的资金流、及时有效的信息流、简便快捷的物流等服务，是跨境贸易领域一项重大的革新，掀开了我国对外贸易领域新的篇章。图 3-4 为敦煌网主页。

图 3-4　敦煌网主页

敦煌网定位于扶持国内中小供应商向外直接供货的新型全天候电子商务交易平台，其在一定程度上增强了我国出口型中小企业的竞争力，带动相关行业及地区的经济发展。中国信息产业部电子商务机构管理认证中心已将敦煌网列为示范推广单位，国家发改委、中小企业国际合作协会、中小企业对外协调中心也同其建立了战略合作关系。

敦煌网主要提供交易支持、海外营销、在线物流、在线支付、金融服务、增值服务等平台资源整合业务。其中，交易支持产品上传、商品搜索、一站通、数据分析等，商户注册流程快捷安全。海外营销主要通过整合多种营销方式，吸引海外采购商访问、了解敦煌网上的中国商品。把海外客户带到中国企业面前是敦煌网的核心价值之一。

3.4.1 营销推广

敦煌网整合线上与展会等线下资源，形成一个综合的营销方式为客户服务。敦煌网的客户关系是一种更加自由的长期深入的伙伴关系。一般卖家初次注册时，敦煌网会为其提供专业的培训服务、语言翻译服务，老卖家可参加卖家大会，优秀卖家可到公司参观交流。买家方面，敦煌网设有 VIP Club（贵宾俱乐部），对 VIP 买家进行专口的运营，并且通过电子邮件营销的方式为其推荐好的产品，管理用户关系。除此之外，敦煌网还有年终和节日的买家回馈活动，加强买家与平台的沟通和交流。敦煌网的分销方式主要包括和知名国际电商平台合作、电子邮件营销、社交网站营销等。例如，敦煌网和亚马逊结成合作伙伴进行网站的接口分享，和谷歌合作进行海外的品牌代言及搜索引擎的优化，通过电子邮件营销来开拓市场和维系用户关系，在海外市场通过运营 Facebook、YouTube 等社交软件来做网络营销，联络海外中小企业协会、欧美各行业商会等进行推广。

3.4.2 产品策略

敦煌网将中小企业作为目标市场，因而在选择主营产品时其涉及的领域主要是外贸综合类、小额批发类及零售类。敦煌网利用电子商务网站递送具有中国特色的并且海外顾客在当地买不到的商品给国外消费者，巧妙地避开了国外主要市场，集中资源开发其他潜力市场。

3.4.3 盈利模式

敦煌网作为第二代 B2B 跨境电商平台，其盈利模式和第一代平台有本质的区别。第一代 B2B 跨境电商平台主要靠注册会员收取会员费的方式盈利，而第二代平台则是可免费注册的，并不收取会员费，而主要是以交易成交后收取的佣金作为收入。敦煌网的盈利主要来自交易佣金，其次还包括收取增值服务费用、基于产品曝光系统的广告费、金融服务费用。

交易佣金是向买方收取的，是在卖方价格基础上加上一定比例的佣金，买家面对的价格就是在卖家价格的基础上加上佣金形成的。敦煌网的佣金率按照成交额的大小分为不同的情况：当交易金额大于等于 8 000 美元时，按照 3.5%的费率收取佣金；当交易金额小于 8 000 美元且大于 200 美元时，按照 4.5%的费率收取佣金；当交易金额小于等于 200 美元时，采用浮动佣金机制。平台将自动计算出佣金价格。敦煌网突破性地采取佣金制，开创了“为成功付费”的在线交易模式。

金融服务费用主要是卖家在平台上享受融资服务的费用。平台为卖家提供提前放款、在线贷款、建行敦煌“e 保通”融资产品，融资产品在使用中产生的开通费和手续费成为敦煌网这部分的收入来源。

敦煌网的广告费用收入是融合在营销系统中的。敦煌网的产品营销系统是整合敦煌网买家平台上的所有曝光资源，为卖家提供的提高产品曝光率的营销工具，拥有丰富多彩的产品曝光展示形式和灵活多变的计费方式，可满足广大卖家对各种产品的营销需求。曝光广告的费用都是通过购买敦煌币来支付的，主要通过竞价排名广告、定价广告、展示计划 3 种方式来实现曝光。

3.4.4　支付及金融服务

根据不同的用户需求，敦煌网为全球客户提供近 30 种安全有效的在线支付服务，包括国际支付与本地化支付方式，其中国际支付主要有 VIAS、MasterCard、西联汇款、Moneybookers 等，本地化支付方式有新加坡 NETS、英国 Mastro、法国 Carte Bleue、德国 Giropay、俄罗斯 WebMoney、荷兰 iDeal、澳大利亚 Bpay 等。建行敦煌“e 保通”是中国建设银行与敦煌网联合推出的为敦煌网商户提供的网络融资服务，敦煌网平台上的商户无须实物抵押、无须第三方担保，凭借在敦煌网交易的实时记录和积累的信用就可以申请“e 保通”贷款。

3.4.5　物流模式

敦煌网整合了全球著名的物流公司，如 EMS、UPS、DHL、FedEx、TNT 等供客户和商户选择使用，商户可以一键发货，并且使用敦煌网的折扣价格。敦煌网同时对各物流平台的使用情况进行监控，合理增减物流供应商。2013 年 11 月 26 日，浙江省义乌市政府和敦煌网联合打造的“义乌全球网货中心”（Virtual Warehouse）正式上线。这被认为是区域政府和跨境电商平台合作，通过“帮、扶、带”的方式推动当地企业实现转型，建立线上线下打通的全球渠道的一个创举。2013 年，网货中心模式推进到广东东莞、浙江宁波等货源地。

3.5　兰亭集势

兰亭集势（LightinTheBox）成立于 2007 年，现为我国典型的跨境 B2C 出口平台。该网站最初以销售定制婚纱礼服起家，2010 年收购酷派网后进行品类扩充，目前销售产品大品类已达 14 种。兰亭集势于 2013 年 6 月在美国纽交所挂牌上市。兰亭集势的运营模式与国内电商品牌京东较为相似，主要包括两部分，一部分是兰亭集势自营，另一部分是平台卖家。兰亭集势自营是指其作为跨境零售商，在网站平台上销售从供货商处订购的商品，自行负责商品页面展示、定价、促销活动等。兰亭集势与供应商签订供销合同，根据销售情况及时补货，并定期结算采购货款。供应商需保证商品质量和及时到货至国内指定库房即可。平台卖家是指外贸企业依托兰亭集势平台，自主建设网上店铺、自主上新、自定售价、自制促销策略等。为降低平台卖家的准入门槛，兰亭集势负责平台卖家的海外运营和客户服务，商家履行订单时，只需发货至兰亭仓库，将货物送到消费者手中由平台代运营。兰亭集势负责代收货款，扣除 15%的佣金和 3%的交易手续费后与卖家结算。因此兰亭集势的盈利主要分为两部分，即商品进销差价与佣金收入。图 3-5 为兰亭集势网站主页。

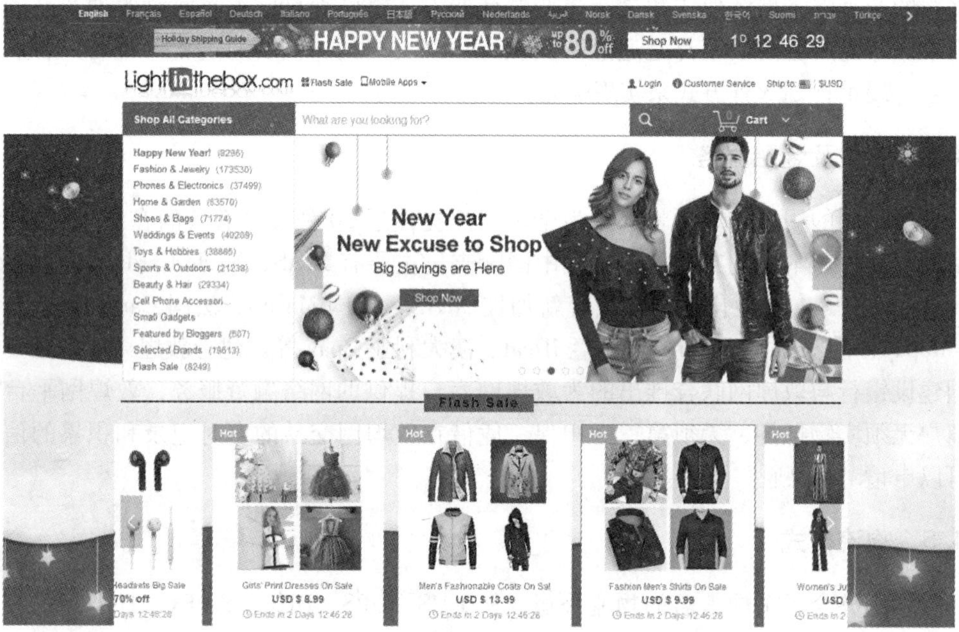

图 3-5　兰亭集势网站主页

3.5.1　产品策略

在产品选择方面，公司以婚纱礼服为主，其他产品为辅。兰亭集势曾经是中国跨境电商的巨头，在 2007 年成立之初，就瞄准中国制造业的优势，同时紧扣发达国家的消费者自古以来都有结婚必须穿婚纱的习俗。发达国家婚纱制造成本高昂，美国婚纱的平均价格为 1 166 美元。兰亭集势的创始人因为窥探到了这样的商机，所以选择以中国制造的婚纱作为兰亭集势网站的主打产品。在供应商选择方面，兰亭集势选择来自江苏虎丘的供货商，因为该地的婚纱厂的劳动力工艺熟练且价格低廉，生产成本较低。兰亭集势大部分服装类产品的价位仅为发达国家的 30%。总的来说，兰亭集势选择以婚纱礼服作为主打产品，其制造工艺的低成本为公司开拓海外市场提供了很大的优势。

3.5.2　营销策略

兰亭集势积极探索本地化运营，在欧洲、北美等地建立仓储，并设立海外办公室，在目标市场当地雇佣员工并建立客服中心，与当地品牌开展合作，提升市场知名度。通过精准的网络营销技术，兰亭集势充分利用搜索工具、社交媒体、本地网盟、门户头条、移动 APP 等进行网络营销，持续引入流量。在社会化营销方面，兰亭集势考虑到社交媒体在商品推广中的影响力，利用Facebook、Twitter等营销工具扩大其知名度和影响力。

近年来，公司公开招聘中间加盟代理商，代理商可以将兰亭集势产品的相关信息放置于自己的网站上进行销售，而兰亭集势主要负责第一时间提供货源和物流费用，代理商可以根据其不同销售额度区间获得相应的代理提成。通过加盟代理商，兰亭集势可以扩大客户群体，同时避免总公司对消费者投入过多精力和时间。此外，公司鼓励员工人人创业，提倡他们用自己的名义和账号在其他网站进行兰亭集势的产品销售，提高员工的个人销售业绩。

3.5.3 供应链管理模式

在供应链管理方面，兰亭集势一方面通过自身采购货物的方式，使其平台使用商转换为产品供应商，缩短流通环节，增加了毛利率；另一方面，针对定制产品与供应商直接合作，直接参与生产和管理流程。这样不但能够提高生产效率，改进产品质量，而且能保证订单的履行率，减低库存滞销品的风险。这种自营式供应链模式，其库存周转速度约为亚马逊的2倍，唯品会的4倍，因此奠定了兰亭集势在海外市场的优势地位。

货物供给是保证兰亭集势正常运营的关键。针对婚纱礼服这类定制商品，兰亭集势主要选择苏州虎丘的生产商。这些生产商主要是采取小作坊模式进行生产，其生产和管理水平无国际贸易标准。因此，为了提高生产商的自身管理能力以及在低成本生产的情况下把控好产品质量，公司直接组织经验丰富的专家团队进入生产基地，指导工厂的生产线工作。这些专家团队帮助这些生产商提高领导管理能力并且协助他们制定长期可持续发展的战略，把控原材料的选择，使得这些传统的中国生产商能够在较短时间内适应跨境电商需求，从而提高生产商的生产效率以及改进产品的质量，最终达到个性商品订制要求和标准品批量生产的目的。为了控制产品成本以及保证生产商的长期供应能力，兰亭集势选择与供应商签订1年的供应协议。针对某些定制类的服饰，兰亭集势接到订单后第一时间向生产商提交，在专家团队的帮助下，这些生产商可以具备快速生产能力，只需14天便可完成生产并将货物送往海外。针对其他产品，兰亭集势同样成立专门的质量检测组，对生产商的生产流程以及最终产品质量进行检测，一旦发现超过一定比例不合规范标准的产品就会采取较严格的惩罚措施，以保障产品质量。为了缩短货物物流时间和节省公司会计成本，兰亭集势与部分供应商签订提前备货协议。兰亭集势只是负责货物储存管理，货物并不计入兰亭集势的库存中，只有在消费者下单的情况下，这些货物才计入兰亭集势的库存中，这样有效控制了公司的货源成本。兰亭集势也可以结合商品销量，要求供应商无条件增加或者减少提前备货数量。在这个过程中，兰亭集势只是负责提供储存空间和支付供应商的物流费用，其他任何费用均不用计入会计成本当中。兰亭集势所采取的这种供应链模式同样存在问题。第一，供应链条难以控制。作为一家B2C跨境电商企业，兰亭集势将传统的“工厂—出口商—进口商—批发商—零售商—消费者”外贸模式简化为“工厂—消费者”。从表面上看，兰亭集势把中间环节全部省略了，货物从工厂出来后直接面对消费者，消费者能够以最低的价格获得商品，兰亭集势能够以廉价的优势获取客户。但事实上省去的这些环节，从采购到质检到包装，所有的风险都要由兰亭集势来承担，而且这其中所需要的费用也不少，例如公司专门成立了一个由 125 名员工组成的质量控制部门，额外地增加了公司的开支。第二，兰亭集势单独定价，容易使公司与供应商的矛盾激化。因为定价资格在兰亭集势手中，其从源头不断控制成本，尽可能地压低收购价格，最终引起部分供应商的不满。

3.5.4 物流模式

兰亭集势主要采取与第三方跨境物流合作的物流模式。目前，兰亭集势支持的跨境物流服务包括 EMS、中国邮政、DHL、FedEx、TNT 和 UPS。同时，它也在积极探索新的物流模式。2015 年 1 月，兰亭集势启动了物流开放平台——“兰亭智通”，将其和自营 B2C 业务、第三方开放平台业务并列成为兰亭集势的三大战略阵地。兰亭智通的设立拓宽了兰亭集势的物流渠道，一方面让更多跨境物流企业和代理商在平台上找到卖家，另一方面也让出口卖家参与到跨境电商中。这种模式能够缩短物流运送时间，提高客户使用体验，从而提高用户黏性。

3.5.5 支付方式

通过与第三方在线支付平台和全球各大信用卡、借记卡公司以及其他支付商的合作，兰亭集势为客户提供了一系列丰富的支付方式选择。海外客户可以使用全球范围内发行的大部分信用卡和借记卡，以及 PayPal 等第三方支付平台的金融工具进行在线支付，也可以通过西联汇款或电汇完成订单交易。兰亭集势则在每一笔交易之后，按一定比例向这些支付服务提供商支付手续费。对于不同的国家的消费者，兰亭集势也提供该国流行的网络支付方式。兰亭集势还与许多国家（尤其是欧洲国家）的当地支付机构合作，如 American Express（美国运通）、JCB 信用卡、法国银联机构等，使不同地区的消费者的购买过程更加便捷，从而进一步提升客户体验。

兰亭集势是 B2C 出口跨境电商中的佼佼者，但其在发展过程中仍面临着巨大的困难。其一，连年亏损迫使其不得不转变经营管理方式，将原组织架构转变为事业部制，以此降低营业费用，提高员工贡献效率。其二，增收遇到瓶颈，继婚纱服饰后，缺乏强有力的热销卖点打动国外消费者，品牌策略不强，营销成本居高不下。其三，跨境电商行业淘汰赛开始，亚马逊、阿里巴巴等资金实力雄厚的国际巨头参与竞争，进一步压缩了兰亭集势的利润空间。未来的低价竞争将转战为品牌竞争与服务竞争。

3.6 大龙网

3.6.1 企业介绍

大龙网成立于 2010 年 3 月，是国家商务部首批跨境电商试点企业之一，是 1 500

万家中国制造企业成为全球品牌商、全球供应商、全球跨境电商的孵化台。在经营B2C 模式 4 年后，大龙网掌舵人冯剑锋带领团队将大龙网转为 B2B 模式。大龙网在跨境产业互联的大通道上，提供跨境金融服务和平台增值运营服务，是目前国内最大的中国制造走出去的跨境电商 B2B 商机服务平台及跨境实业互联服务平台。图 3-6 为大龙网网站主页。

图 3-6　大龙网网站主页

为抓住“一带一路”新兴经济体和发展中国家约 44 亿人口、总量约 21 万亿美元的巨大市场快速发展所带来的无限机遇，大龙网集团在“互联网+”的时代背景下，借势国家接连出台一系列政策推动跨境出口的机遇，聚焦出口企业探寻全新海外市场所遭遇的种种障碍，借助“一带一路”政策优势和全球资源，用大数据和跨境供应链金融产品整合资源，同时在国内寻找细分行业合适的产能圈落地合作，与国内产能圈领袖企业形成产业园、跨境产业小镇等平台公司，两个平台互联互通。同时，大龙网以共享经济模式聚合目标市场国家有实力的合作伙伴，为中国出口企业打造覆盖整个目标市场国家的分销网络，并推出全新的 FBO（Fulfillment by OSell，即跨境全程订单履行）服务，以一站式整体出口解决方案助力中国制造实现一步跨境。

目前大龙网集团在俄罗斯莫斯科、波兰华沙、越南胡志明、阿联酋迪拜、印度新德里、加拿大多伦多、德国杜伊斯堡、印尼雅加达、柬埔寨金边、巴西圣保罗等城市设立了海外本土化服务办公室和中国品牌样品体验中心，在各地组建了本土化的海外团队，聚集了海外本土的品牌、营销、运营、物流以及渠道建设等方面的优秀人才，整合了全球本土化资源。同时，大龙网集团在重庆、深圳、上海、北京、广州、苏州、徐州、杭州、台州、合肥、贵州、绵阳、青岛、洛阳、焦作、西安、梧州等全国多个城市设立了分公司。

3.6.2 经营策略

大龙网一开始做的是B2C模式的跨境电商，但随着国内外各种跨境电商平台的迅速发展壮大，大龙网在前期用户资源上的匮乏使其不具备与国内巨头速卖通和海外大鳄亚马逊、eBay等竞争的实力，于是大龙网开始转型做跨境B2B。然而，B2B跨境电商在当时并不完善，与传统外贸的差别不大，运作方式就是大龙网负责为国内各企业提供各种海外市场信息，促成国内企业与国外销售商的对接。在物流、支付、清算等环节，大龙网没有任何优势可言，相关工作主要还是依靠企业自己来做。这也导致大龙网在各种B2C和B2B跨境电商中犹豫徘徊。到了2015年，B2C模式的跨境电商遭遇了前所未有的寒流，主要海外市场目标国和地区都开始对来自中国的出口产品和出口企业加大贸易保护力度。自此，大龙网开始明确自己的B2B定位，并且将其进一步发展，即在国内供应商和海外消费者之间加上国外销售商，从而解决了消费者买了东西没有地方换、出现问题没有人员管的核心难题。

大龙网自我定位为国内外中小微企业的服务者，将卖家思维转变为服务者思维，致力于撮合国内卖家与国外买家成交。大龙网以中国工厂直采为特点，吸引了大批国外中小采购商。大龙网自主研发的跨境贸易社交APP“约商”可实现发布商机、筛选商家、询盘、下单、结算等功能。

除此之外，大龙网的一大特色运营模式就是O2O（Online to Offline，线上对线下），以“两国双园”为立足点。“两国”指我国与目标市场国双向建设，“双园”是指国内产业园与海外跨境贸易园无缝对接。具体来说，就是在国内产业聚合区搭建龙工厂产业圈，吸引我国企业入驻；在海外贸易园，凭借智能大卖场与品牌贸易基地扩展海外销售渠道，建立合作伙伴关系。大龙网O2O商业模式背后的逻辑是，以信息服务为基础的线上关系是“弱关系”，线下体验店中实实在在的货品展示才能使买卖双方之间逐渐缔结“强关系”，不断加深交易互信。商业信任是达成交易的前提与保障，大龙网深谙此道，期望以O2O模式降低交易中的信用风险。

大龙网的足迹已经遍布若干发达国家与发展中国家，目前已经在德国、俄罗斯、波兰、越南、印尼、柬埔寨、巴西等国家和地区开展业务。通过落地本土化策略，大龙网搭建起本土办公团队与样品体验基地，脚踏实地开展海外业务。

第 4 章　跨境电商运营

4.1　跨境电商的营销推广

4.1.1　营销模式分类

跨境电商的营销要通过一定的平台才能完成。目前，我国在外贸出口方面较为知名的电子商务平台有阿里巴巴国际站、速卖通、敦煌网、大龙网等。代购、零散性的海淘是进口跨境电商的传统形态；近两年，以往的代购等被跨境电商代替，跨境电商拥有自己的营销模式。具体来说，跨境电商有以下 4 种营销模式。

4.1.1.1　大平台营销

这种营销模式一般都具有完整的支付及物流渠道，可以引进不同的商家入驻，例如天猫、顺丰、阿里巴巴等。这些不同的电商平台是否适合跨境电商，需要在未来的发展中逐渐印证。大平台之间的营销主要在物流、信息流、资金流等方面博弈。

4.1.1.2　分销联盟

分销联盟是一种链接销售模式，在国外电商网站比较常见。分销联盟一般由具体的机构整合电商的资源，制定统一的接口，然后对接入者开放。一般情况下，如果在外链接入平台上产生接入性的销售，商家就可以给接入者提供一定的返点。例如 55 海淘及美国的 shop. com 都是以这种模式进行营销的。这种营销模式发挥了资金优势，商品的选择性较大，发货速度快，但对货源的控制能力较弱。这种营销模式一般以返利的方式吸引广大顾客。

4.1.1.3　M2B2C 模式

M2B2C 模式一般要求营销主体具有建立国际物流管道的能力，对于具体的商品货源能依靠自己的力量去谈判。这种营销模式进入的门槛较高，例如洋码头等。这种模式在国外的影响较大，一般主要通过 IT、物流、售前及售后服务管理，整合商品资源，为顾客提供较好的购物服务，使其获得较好的购物体验。国内的电商一般都会涉及这样的营销模式。这种营销模式的货源较为稳定，可控性及整合货源、物流的能力较强，销售的整体利润较高。但相对来说，其货源的扩展较慢，且难度较大。

4.1.1.4　海外转运模式

跨境电商中有众多的海外转运公司加入，从而形成了一种海外转运公司营销模式。

海外转运模式具有较强的跨境物流能力，接近货源是其最大的优势。这种营销模式以天然的货源及价格优势占领跨境电商市场，但其涉及的品牌较少，不能全面进入市场。

跨境电商的营销模式是其发展的重要支撑，不同的营销模式以其不同的特点、优势在跨境电商中占据一席之地。在不同的客户群体、批发商、渠道商等不断发展、改革的背景下，这 4 种营销模式将引领跨境电商在未来更好地发展。

4.1.2 营销策略

跨境电商的快速发展，在一定程度上形成了不同的营销模式。在具体的贸易环境下，采用恰当的营销模式，有助于跨境电商企业的稳定健康发展。跨境电商企业面对不同的商业环境及客户群体，只有优化营销策略，才能获得更好的发展。

4.1.2.1 树立正确的品牌意识

在跨境电商的营销过程中，跨境电商企业一定要树立良好的品牌意识，通过不断提高运营团队的整体素质来推广品牌，提升电商企业驾驭品牌的能力。当下，我国的跨境电商企业将其重点转移到营销方面，力求运用多元化的营销方式来推动贸易发展，但在品牌营销以及海外扩展接洽方面存在问题，导致营销环节相对处于劣势。因此，跨境电商在其发展过程中，要树立正确的品牌意识，着力打造以品牌、服务、消费者为中心的营销理念，为客户提供优质的品牌服务，提高企业自身的形象，扩大企业在市场上的影响力。

4.1.2.2 灵活选择物流公司及支付系统

选择可靠的物流公司和支付系统是跨境电商企业在发展中面临的最大的两个难题，因此为了促进跨境电商企业的发展以及自主品牌的打造必须选择良好可靠的物流公司，不断完善支付系统。在营销过程中，跨境电商企业要注意针对不同的国家，对其网络消费市场进行分析，在营销对象所在的区域选择具有影响力的物流公司，寻找完善的支付系统进行合作；在选择海外运输公司时要考虑其运输量的大小及是否具备较高的安全性；尽量灵活选取服务商，力求为消费者提供便利的网络消费方式，确保消费渠道的畅通。知名物流公司具有优质的服务，它们可以使消费者在最短的时间内收到货物，而且还可以使其感受到跨境电商企业良好的服务，感受到品牌的魅力。对于货物数量大，而且不是很急的消费者就可以使用国际海运公司进行运送，对于比较急切的且包裹很小的货物就可以选择贝邮宝或者是海购丰运等快递公司进行运送。跨境电商企业灵活运用物流，才能满足不同消费者的收货需求，从而提高消费者的满意度。为了使交易更加便捷，跨境电商企业要不断完善自身的支付系统，比如说支持信用卡以及第三方支付等多种支付形式，满足不同消费者的支付需求。

4.1.2.3 建设并打造高素质、高质量的品牌营销团队

跨境电商企业的健康持续发展离不开自主品牌。跨境电商企业要提高驾驭自主品牌的能力，提高团队的素质是必不可少的。对于营销团队，跨境电商企业要有意识地进行建设，打造高质量的品牌性营销团队。具体来说，跨境电商企业可以通过营销培

训、电子商务交流会等方式对其营销团队成员进行培训，在这样的过程中提高团队成员在品牌营销方面的能力和素质。就目前的情况来说，我国的很多跨境电商企业所拥有的团队都只是在平台操作以及产品销售上有很强的能力，但是在品牌营销、销售渠道等方面的处理能力却较差。跨境电商企业要实现自主品牌营销就必须从自身发展的实际现状出发，在主要的消费地区和国家注册，并在发展中不断积累线上营销的口碑，然后在此基础上对境外市场进行细致划分，与境外当地的电商进行合作，从而贴近当地的消费者，促进自身品牌的本土化，进而提高自身的经济效益和销售业绩。

4.1.2.4　扩大与境外电商之间的合作

跨境电商企业与本土电商企业之间的竞争由来已久，其竞争力也相对较强。不同国家和地区的风俗习惯、语言文化存在较大的差异，因此，在跨境电商的发展过程中，合理消除种种差异就要求跨境电商企业积极寻求与境外当地电商企业的合作，减少文化、语言等方面的差异，在当地建立仓储点以及物流仓库，从而实现线上接单快速发货的目标，让买家可以快速收货，促进跨境销售的本土化。

4.1.2.5　建设优越的用户体验平台

跨境电商以网络为载体进行交易，而网络是一个极具人性化的场所，可以为消费者提供更多自由选择的空间，带来不一样的体验。在跨境电商的网络营销中，企业也更加重视深入了解消费者的消费习惯和消费需求，建设优良的用户体验平台，完善用户的个性化服务，以此推动企业自身的发展。

4.1.2.6　改变经营理念

与传统的外贸不同，跨境电商企业所面临的消费者具有不同的采购特点，即次数多、数量少、收货时间短，并且每个消费者对电商企业提供的产品以及服务质量都可以直接进行反馈，他们的反馈会形成电商企业跨境销售的口碑，这些不断积累起来的口碑就会直接影响跨境电商企业以后的销售活动。做跨境电商的企业很多都是传统的外贸企业，在转型之前交货期都比较长（一般是半个多月甚至几个月），而且成交的金额很大（往往都是几千到数万美元），在转型之后，很多企业仍然按照传统外贸的思维来经营，难以改变原有的方式，如此一来就很难满足境外消费者的需求了。因此，跨境电商企业在经营发展中要不断地改变自己的经营理念，为更多的小买家提供合适的服务，满足他们的需求。跨境电商企业还要注重在平台上专业经营自己的品牌，从而有效地避免与众多的产品混在一起。跨境电商企业在开跨境店铺的时候，或者是建立自己的 B2C 网站时都要专业化经营自己的品牌，专业化才是打造自己品牌的途径，而不是将所有的产品都混在一起进行销售。此外，跨境电商企业要在深入分析自己品牌的产品的基础上对所有的境外市场进行细分，从而将不同的产品投放到不同的市场，以满足不同的需求。比如说某品牌的手电筒，在销售的时候根据不同市场上消费者的不同需求来打造自己的品牌。比如，海洋附近的国家有很多潜水爱好者，因此在宣传产品的时候就应该侧重于其防水性能；对于内陆国家的消费者则主要宣传产品防震耐摔的性能。

4.1.3 自主品牌研发营销的意义

4.1.3.1 利用跨境电商企业自主品牌营销，提升价格优势

在跨境电商浪潮席卷而来的同时，跨境电商企业也要面临战略调整的挑战和压力，要想尽办法拓展跨境电商企业的海外市场，要通过加强与国内外大品牌企业的合作，带动跨境电商企业自主品牌的研发和建立，解决跨境电商企业战略调整的困扰，更好地提升跨境电商企业平台的质量和水平。同时，跨境电商企业自主品牌的研发与营销，可以给跨境企业带来较大的价格优势，节约跨境电商企业用于广告推销、销售环节的成本，从而较好地帮助跨境电商企业降低营销总体成本，更好地增加经济效益。跨境电商企业自主品牌的建立和营销，可以减少中间环节的费用，不仅使跨境电商企业保有自身的利益，而且可以使终端的消费者享受到更多的价格优惠，从而使跨境电商企业更具有开拓海外市场的潜力。

4.1.3.2 利用跨境电商企业自主品牌营销，提升海外市场份额

跨境电商企业在拓展海外市场的过程中，单纯依赖于“价格战”的营销策略还略显单薄，还要创新自身的生产技术，实现对自主品牌的研发和营销，增大产品营销定价的自由度，使终端消费者享受到更多的优惠，较好地培养海外终端消费者的忠诚度和信任度，获得终端消费者的更多青睐和喜爱。同时，为了更好地实现跨境电商自主品牌的营销，还要以创新的研发技术为支撑，要采用新技术、新方法，实现对传统产品的改良和优化，更好地提升跨境电商企业自主品牌的形象，提升跨境电商企业的海外市场竞争力。

4.1.3.3 利用跨境电商企业自主品牌营销，实现自身的战略调整

随着跨境电商浪潮的不断涌入，企业要想获得自身的长远持续发展，还要关注自身的战略调整和经营方式的转型，要转变原有的经营理念和模式，由传统的双边贸易转变为多边贸易，并逐渐联结各个生产链，形成一种自主品牌产品的营销网络，并通过在线消费需求分析，促进跨境电商企业的经营方式的转型，增加跨境电商企业自主品牌产品的附加值。

4.2 跨境电商支付

我国跨境电商发展的前期，通关物流与相关的结算方式是在线交易的主要结算形式，比如传统的邮政汇款或是银行转账。最近几年，伴随电子商务的发展，出现了大批包裹海外仓转运模式，同时第三方支付平台不断完善发展，信用卡支付、邮政汇款、银行转账多种支付方式也在不断创新发展中。在国家政策的支持下，我国跨境电商发展保持快速增长态势。

跨境支付作为跨境电子商务资金流动的主要形式，承担着保障交易资金安全、保

护买卖双方合法权益的责任。跨境支付大体分为收、支两条线，收款线是指国内卖家通过跨境支付机构回笼销售商品或服务货款的收结汇业务；支出线是指国内买家通过跨境支付机构支付购买境外商品或服务货款的购付汇业务。全球商品市场基本处于买方市场时代，买方对于跨境支付方式的选择有较大自主权，相对而言卖方话语权较小。大多数第三方跨境支付机构向卖方收取佣金、账户管理费、提现费等费用。跨境支付方式主要分为线上与线下。线上支付包括各种第三方电子账户支付、国际信用卡、银行转账等多种方式，线上支付受到额度管制，适用小额跨境电子商务零售。另一种是线下支付，如电汇、信用证等，大多适用于大额跨境电子商务交易。

在进口跨境电商业务中，当境内买家下单并通过第三方支付机构支付货款后，由我国第三方支付机构代客户申请将人民币兑换为外币向境外商户支付。在出口跨境电商业务中，我国第三方支付机构主要负责将外汇结算成人民币付给境内商户。在跨境电商进口业务中，我国第三方支付机构能够积极发挥主动性，支持用户使用人民币进行跨境购物结算，在一定程度上推进了人民币国际化发展。我国早期跨境电商的出口业务中，由于我国缺乏覆盖面广、影响力强的第三方支付机构，外贸商户经常使用 PayPal、Payoneer、WebMoney 等支付平台进行收款，存在佣金居高不下、资金周转慢、交易纠纷难以解决等问题。2013 年 9 月，国家外汇管理局开始陆续发放跨境支付牌照，拥有普通支付牌照的企业都具有申请资格，允许拥有跨境支付牌照机构为跨境电商交易双方提供外汇资金收付以及结售汇服务。截至 2016 年年底，已有 28 家企业获得跨境支付牌照。截至 2022 年 7 月，已经有 43 家支付机构开展跨境支付业务。

我国跨境支付平台主要为两类：一类是以电商平台为依托的自有支付品牌如支付宝，另一类是独立的第三方支付机构如快钱。无论是何种类型的跨境支付平台，都是以支付圈覆盖达到一定程度为基础。跨境支付的竞争舞台不止在国内，我国跨境支付企业应积极参与国际竞争。

4.2.1 跨境电商主要支付方式

4.2.1.1 跨境购汇支付方式

跨境购汇支付主要的方式为借助第三方支付工具统一购汇支付。这种支付方式是指第三方支付机构为境内持卡人的境外网上消费提供人民币支付、外币结算的服务。具体可以分为两类：一类是代理购汇支付，以支付宝公司的境外收单业务为典型；另一类是线下统一购汇支付，以好易联最为典型。

4.2.1.2 跨境收汇支付方式

（1）借助第三方支付工具收款结汇。这种支付方式是指利用第三方支付机构为境内电商的外币收入提供人民币结算服务，即第三方支付机构收到买方支付的外币货款后，集中、统一到银行办理结汇，再付款给国内卖家。但这种提现服务可能导致没有真实贸易背景的资金流入，造成管理上的漏洞。

（2）通过汇款到国内银行，以结汇或个人名义拆分结汇流入。此种资金流入方式可分为两类：一类是比较有实力的公司采取在境内外设立分公司，通过两地公司间资金转移，实现资金汇入境内银行，集中结汇后，分别支付给境内各个生产商或供货商；另一类是规模较小的个体老板，通过在境外亲戚或朋友收汇后汇入境内。

4.2.2 第三方支付平台

目前，国际网上跨境支付的主要形式为通过第三方支付平台进行资金的清算。国内第三方支付机构主要通过与银行合作开展跨境网上支付服务，提供与银行支付结算系统接口的交易支付平台。这种方法是目前比较安全通用的结汇渠道，以下重点介绍 PayPal 和国际支付宝两种第三方支付平台。

4.2.2.1 PayPal

PayPal（中国称贝宝）是美国 eBay 公司的全资子公司，是全球最大的第三方支付平台。PayPal 目前是小额跨境贸易中最主流的付款方式。PayPal 在买家付款后，立刻显示 PayPal 余额，另外可以解除买家付款收不到货的担忧。用户只需要一个邮箱便能注册 PayPal，且开户免费。PayPal 较高的知名度得益于它是美国 eBay 公司旗下的支付平台，其用户遍布全球；背靠 eBay 大集团，资金风险低。

4.2.2.2 国际支付宝

阿里巴巴国际支付宝是一种第三方支付担保服务，而不是一种支付工具。国际支付宝由阿里巴巴与支付宝联合开发，旨在保护国际在线交易中买卖双方的交易安全。目前国际支付支持的支付方式有信用卡、T/T 银行汇款。它的风控体系可以防止用户在交易中遭受信用卡盗刷。

4.2.3 我国跨境电商支付存在的问题

现阶段我国中小外贸企业使用第三方支付平台时面临许多痛点。

首先，中小外贸企业面临账户安全性问题。据调查显示，超过九成开展跨境出口业务的中小外贸企业从业者担心网络支付的安全性。网络支付的特点决定了第三方支付平台的安全门户可能遭到不法分子的攻击，从而泄漏客户的交易信息，甚至窃取客户的资金。

其次，中小外贸企业使用海外第三方支付平台的费率较高、资金周转较慢。目前，我国中小外贸企业在开展海外业务时，往往倾向于选择欧美企业的支付平台，如 PayPal、Payoneer 等。一般中小外贸企业开展跨境零售的利润空间为 5%~10%，但是交易费率都在 2.5%~3%，这大大挤占了我国中小外贸企业的利润空间。同时，由于我国金融支付体系不同于欧美的金融支付体系，因此当资金在两个支付体系之间进行流转时，就需要更多的时间与成本。而且，根据国家外汇管理局的规定，单笔服务贸易的付款金额不得超出 3 万美元（目前有少数省份将限额提升到 5 万美元），否则需要开具税务凭证。而第三方跨境支付机构是对多个中小外贸企业贸易款项的集合，往往所涉款项较大，因此需要办理额外的手续，使中小外贸企业的收汇时间拉长，不利于其资金的流转。

再次，由于跨境电商交易的虚拟性与匿名性，中小外贸企业并不能了解境外消费者的个人信息资料及信用状况，可能会发生中小外贸企业已经将商品发出，而对方以各种理由拒绝付款的情况，给企业造成一定的经济损失。

最后，相关法律缺失，监管力度不够。跨境支付是一个繁杂的体系，涉及跨境电商最重要的几个环节，但目前我国仍然没有细化的对于跨境支付的法律体系。同时，就目前来讲，我国对第三方支付机构的监管只停留在国内层面，而无法对机构境外的运作环节进行规范约束，也不可能对消费者群体进行跟踪监测，这也使我国中小外贸企业在资金回收上面临一定的风险。

4.2.4　多角度、全方位把控跨境支付风险

伴随着跨境电商的迅速发展，中国目前已逐步开放第三方支付平台开展跨境支付业务的权利。针对现阶段我国中小外贸企业开展跨境电商面临的支付问题，主要可采取以下措施。

首先，要建立和完善网络安全体系。保障网络交易安全，是开展跨境电商的先决条件。我国自有第三方支付机构应构建一套包含支付安全、客户信息安全的网络支付安全体系，在交易的各个节点加以监测，并建立 24 小时全天候预警机制，保障交易资金的安全性并减少其他网络风险，打造安全的跨境电商支付环境。同时，还可以利用网络安全体系进行客户管理，通过数据的收集分析功能，对客户的喜好进行智能分析，在保证客户信息安全的同时，选择性地为客户提供其他服务。

其次，针对境外第三方支付机构成本较高的问题，政府可规范和支持国内第三方支付平台的发展，如支付宝、财付通等。具体来说，政府应鼓励国内自有第三方支付机构与国际清算银行合作，在保证资金安全的同时，不断降低其交易费率的百分点，甚至在未来实现零费率。这就减少了我国中小外贸企业跨境电商交易的成本，使它们能获得更多的利润。

最后，加强对第三方跨境支付企业机构的监管力度。中国人民银行、国家税务局、国家外汇管理局等部门应联合行动，出台跨境第三方支付机构管理条例，让跨境第三方支付能有章可循，有法可依。对于第三方跨境支付平台的监管可从以下角度入手：一是平台要不断采取措施来确保交易资金的安全性，第三方支付机构不可随意将企业与消费者的交易金额挪作他用或者进行冻结；二是要能够对第三方支付机构实施实时监控，以便能够及时追踪到不符合常规模式的交易数据。若经证实，第三方跨境支付机构存在违规操作，就对其进行严厉惩罚，情节严重者直接取消其从业资格。

4.3　跨境电商物流

4.3.1　跨境电商物流发展现状

跨境电商物流将本国商品从国内交易转移至跨境贸易，穿越了电子商务时间上和空间上的障碍，有效地确保了跨境贸易的顺利进行。跨境电商物流的发展历程可区分

为 3 个阶段：兴起阶段、发展阶段和成熟阶段。

兴起阶段为 20 世纪 50 年代初至 20 世纪 80 年代初。该阶段正处于二战结束后期，百废待兴，国际经济贸易越来越频繁，货物交易量日渐增长，原有的运输方式已无法满足当时社会对运送质量的需求。鉴于此，少数国家发展了独特的标准化物流体系，如国际多式联运，整个运输流程仅由一方承运主体实施，一定程度上促进了货物运输的畅通无阻。物流运输超越了国界，然而当时的人们并没有意识到物流的国际化趋势。

发展阶段为 20 世纪 80 年代至 90 年代初。此时的国际市场已然从卖方主导转变为买方主导。在激烈的国际竞争中，发达国家的企业率先意识到发展跨境物流的重要性，只有改善物流管理，降低商品成本，占领海外市场，才能在竞争中脱颖而出。这一阶段国际物流的自动化、机械化水平明显提升，但是物流发展核心区仍局限在欧美资本主义国家。

20 世纪 90 年代至今为成熟阶段。在这一阶段，各国政府普遍接受并认同国际物流的重要性，国际社会一致达成贸易无国界的共识。物流全球化和经济全球化相辅相成，并肩发展。因此，国际贸易与物流业的发展是紧密相连的，二者相互影响、相互制约。

国际物流的发展趋势不可逆转。因此，构造我国特有的跨境物流体系，以适应中国经济持续增长、海外市场不断扩大的需求，显得至关重要。一方面，中国跨境电商的发展极大地推动了跨境物流的进步，中国海关数据统计表明，2021 年我国跨境电商进出口规模达 1. 98 万亿元，其中出口 1. 44 万亿元。2022 年 1—4 月，跨境贸易人民币收付规模合计 2. 6 万亿元，同比增长 24%。另一方面，跨境物流相较于跨境电商的飞速发展滞后得多，无法与跨境电商并驾齐驱，反而开始限制跨境电商的深入改革。而且相比于欧美发达国家，中国跨境物流无论是发展层次还是基础设施建设都尚处于起步阶段，无法合理匹配目前中国跨境电商卖家的需求，严重影响了中国跨境电商的长远布局，也阻碍了中国由“贸易大国”向“贸易强国”迈进的征程。当前我国急需发展跨境物流，使之不再成为我国跨境电商发展的短板。

4. 3. 2 传统跨境物流模式

跨境电子商务行业的高速运转必将对跨境物流提出更苛刻的要求，因此对于众多跨境电子商务企业而言，选择一个合适的跨境物流模式将会事半功倍。目前，中国的跨境物流服务主要有 4 种，分别是邮政包裹、国际快递、国内快递、专线物流。

4. 3. 2. 1 邮政包裹

目前，我国出口跨境电商约 70% 的包裹是借助邮政系统投递的，其中中国邮政占据了半壁江山。因此，当前跨境电商物流系统中，邮政包裹仍是主力。借助卡哈拉邮政组织（KPG）和万国邮政联盟（UPU）两大国际性组织的支持，邮政系统现今已形成基本遍布全球的网络体系，比其余的任何物流渠道覆盖范围都要广。邮政包裹的优势在于价格低廉、清关便捷。例如，从韩国寄往中国的国际水陆路包裹，如果总重量不超过 20 千克，价格将不高于 295 元；从中国寄往美国的国际空运水陆路包裹，如果总重量不超过 30 千克，价格将低于 1 586. 5 元。邮政包裹的劣势在于配送时效慢、丢包破损率偏高、难以全程跟踪。例如，大多数代理商规定邮政包裹的运送周期为 15～30 天，然而超过 80%的邮政包裹递送周期超过了 30 天。丢包率高是指邮政包裹的丢包概率通常为 1%～5%，在旺季时甚至会达到 10%。

4.3.2.2 国际快递

国际快递模式主要由 4 家商业快递巨头构成，分别是美国联合包裹服务公司（UPS）、中外运敦豪（DHL）、TNT 快递和联邦快递（FedEx）。这些国际快递物流商拥有自建的世界网络、强劲的技术系统以及覆盖全球的定制服务。国际快递可以根据不同的顾客群体、国家地区以及货物特性选择适宜的货物递送渠道。整体上看，国际快递模式的时效性强，而且丢包率低。这些优势都有利于提升海外用户的购物体验。但是，高水平的服务意味着昂贵的价格。例如，采用中外运敦豪环球快递从中国发往墨西哥、美国、加拿大的包裹，如果重量为 30 千克，价格竟高达 5 422 元；而寄往英国的同等重量的包裹，价格更高，为 5 460 元。因此，只有在客户要求高时效性的状况下，跨境电商企业才会采用国际商业快递来配送商品。

然而，国际快递除了价格高昂以外，其对于产品的限制性也强，诸如仿制品、含电或者特殊类型产品是不允许运送的，这也是国际快递所占市场份额不高的主要原因。

4.3.2.3 国内快递

国内快递主要包括邮政特快专递（EMS）、顺丰和“四通一达”（申通、圆通、中通、汇通和韵达）。申通和圆通对于发展跨境物流虽然战略布局较早，但也是近年才开始加速扩展的。例如，申通快递于 2014 年 12 月刚设立日本专线；圆通在 2014 年 4 月才与 CJ 大韩通运联盟，建立合作关系，2016 年 3 月刚成立圆通速递韩国公司。而汇通、中通和韵达则起步较晚。相较之下，顺丰的国际化业务更为成熟些，当前快递服务已经遍布韩国、日本、新加坡、美国、澳大利亚等国家，其采用航空直飞的方式配送货物，快件送达时间一般为 3～7 天。EMS 的跨国业务体系是最为健全的，表现为：通过邮政渠道，EMS 能够直接覆盖全球超过 60 个国家与地区，且费用相对低廉，同时具备强劲的境内清关能力。

4.3.2.4 专线物流

专线物流是指一种专门针对特定目的地国家的专线物流配送模式，其一般是首先借助航空包舱将货物运输至海外，然后由合作方公司展开当地派送。专线物流的优势在于其能够在短时间内定点集中大批量的货物，产生规模经济，使得物流成本大大降低。因此，其价格通常低于商业快递，而配送速度稍慢于商业快递，却比邮政包裹快得多。

专线物流的特征在于货物运达期限相对确定，运输成本相比快递物流较为低廉，同时能够确保双清。对于仅专注于特定国家或地区细分市场的跨境电商而言，专线物流应当是较优的物流解决策略。总体来看，专线物流在时效性和清关方面比快递物流有优势，如果跨境电商企业只打算投资特定目的国市场，同时要求一定的清关能力，那么选择专线物流是相当不错的。

如今，跨境电商经历了十多年的发展，其跨境物流已然从单一化的邮政包裹演化为“邮政包裹主导，其他模式共存”的多元化状态。跨境商业快递虽然价格高昂，但具有高时效性；专线物流虽然配送区域范围受限，但是其有力地平衡了时效性和物流成本两大关键因素。尽管如此，跨境物流存在的种种弊端依然无法妥善解决，在这种大背景下，海外仓模式应运而生。

4.3.3 海外仓模式

跨境物流新模式——海外仓的出现是顺应跨境电商及物流纵深发展的大趋势的。海外仓不仅可以兼具仓储、配送功能，而且能为商家提供推广品牌、收集信息、售后服务、国外维权综合性服务的平台。海外仓不仅融合了跨境电商的特征，而且在一定程度上是对专线物流模式的延伸。海外仓能够提供精准的仓储库存实时管理、快速的海外配送专业渠道以及机敏的特色专业化销售策略，这些都深受广大跨境电商企业的青睐。随着跨境电商海外市场竞争的加剧以及对跨境物流要求的持续增长，海外仓已经经历了长足的发展，遍布世界各地。例如，2016 年 9 月，速卖通菜鸟无忧物流在西班牙马德里新设海外仓，切实促进西班牙境内“72 小时可达”；2016 年 8 月，跨境电商 FTZCOC 建立爱尔兰海外仓，与海外名企 Easy2Go（中欧联邦物流）实现了强强联合；2016 年 4 月，中国邮政速递物流联合英国皇家邮政建设英国海外仓，致力于为跨境电商企业提供更经济、更便捷、更灵活的一站式跨境贸易服务流程；同月，重庆本土跨境电商企业渝欧公司，在荷兰阿姆斯特丹首次布局了海外仓储体系。

4.3.3.1 我国的传统跨境电商物流存在的问题

蓬勃发展的跨境电商和踌躇不前的传统跨境物流模式之间的矛盾愈发尖锐，两者的严重不平衡也制约着我国跨境电子商务强化国际竞争实力。当前，我国的传统跨境电商物流存在 5 个问题，具体表现为以下内容：

（1）配送时间长。速卖通官网上货物发往美国的商家如果使用中国邮政平常小包，则最长送达时间为 31 天。这说明，一位美国消费者如果在速卖通平台上下单，时效最长的话，有可能 1 个月以后才能收到货物。目前，如果使用中国邮政挂号小包或者香港邮政挂号小包，发货到巴西和俄罗斯等地的妥投时间一般在 20~70 天；而专线物流配送一般需要 20~40 天。在 2016 年上半年的网络零售热点投诉问题排行榜中，发货缓慢问题排名第四，占比 8.59%。缓慢的派送速度极大地影响了海外客户的购买热情，同时严重限制了跨境电商的深入发展。

（2）难以全程追踪包裹去向。在我国境内，由于国内电子商务物流业的高度信息化，目前已经能够实时追踪查询包裹动态。然而，跨境物流是由境内段和境外段两部分构成的。大量货物出境后，就无法查询动向了。对于物流业成熟、语言沟通顺畅的欧美国家，情况相对有利，客户可以在对应的外文网站查询运输单号。然而相比之下，小语种国家以及物流体系尚未健全的国家，语言差异较大，缺乏专业的翻译人才，物流信息化程度偏低，导致国内外配送信息系统无法对接，最终难以查询包裹的投递信息。为了提升跨境包裹的全程追踪能力，一方面需要国外段物流行业提高自身信息化程度，另一方面需要大力推动国内段派送方与国外段物流商的紧密合作，达成信息系统的无缝对接，切实完成跨境货物全程追踪的目标。可想而知，这将是一项长久的浩大工程。

（3）清关障碍多。不同于国内物流，跨境物流最大的特征在于它需要通过两道海关环节：出口地海关和目的地海关。对于出口跨境电商而言，跨境物流的障碍在于目的地海关的扣货查验，可能会出现 3 种情况：直接没收、货物退回发件地以及要求补充资料文件再放行。前两种带来的损失是不言而喻的，而第三种情况极大地延长了派送时间，很有可能会导致消费者的投诉甚至拒绝付款。造成清关障碍的原因主要是：跨境电商企业不够关注目的地的相关政策法规，例如故意报低货物价值以及未依法获取相关产品的质量认证；目的地海关设置贸易壁垒限制进口外国商品，比如，2012 年 7 月 27 日美国商务部裁定向中国制造的风力发电设备征收高达 3%的反倾销税；个别目的国海关仅依靠人力清关，效率低下，信息系统极不完备，最终导致跨境物流配送周期的无意义延长。

（4）破损丢包现象普遍。当前跨境物流市场，邮政包裹仍占据主导地位，不可避免地会出现包裹破损甚至丢包的情况。因为从收件到最终商品配送至客户手中，通常转运次数会达到四到五次甚至更多，因此包裹破损丢包事件极易发生。例如，速卖通的商家反映，圣诞节前后发往海外的商品丢包率高达 70%。种种现象不仅无法有效提升买家的购物体验，造成商家被迫承担一些不必要的损失，如商品、运费等，最终还会导致客户的流失。

（5）退换货困难。退换货问题在任一正常的商业交易中都是不可避免的，然而大多数物流模式都很难协助卖家完成退换货服务，原因归结为以下三点：跨境物流配送周期长、反向物流费用高以及退换货这种进口行为易受海关查验。而一项对欧洲消费者的调查显示，54%的人在跨境购物前会考虑退换货问题，27%的人指出高昂的退换货费用会阻碍他们进行跨境平台购物，23%的人认为清晰的退换货政策是其海外购物的前提。由此可见，跨境电商卖家在退换货方面仍需要加大改进力度。

4.3.3.2　海外仓优势

相较之下，海外仓之所以受到跨境电商企业的青睐、中国政府的重视以及海内外媒体的推崇，是因为其有着不可替代的几点创新优势。

第一，海外仓使得物流成本有力降低。海外仓储提前将货物储存在海外仓，再从当地海外仓批量运送商品，而海外仓多是靠近四通八达的交通网络的，因此其物流费用是远远低于零散的国际快递运货的，仅相当于国内快递的成本。比如，使用 DHL 物流从我国发货到美国，价格为 124 元每千克，而海外仓在美国配送仅需要 5.05 美元（约 35 元）每千克。

第二，海外仓能够加快物流时效性。跨境商家在海外仓储提前准备商品，这样节省了头程运输时间，海外仓直接实行本地配送，从而加快了配送速度，有力缩短了配送时间，有效错开跨境物流高峰期，保证了跨境物流的时效性。物流服务本土化是取得消费者信任，提升顾客满意度的有效途径。例如，中国卖家从中国发货到英国，

DHL 需要 5~7 天，FedEx 需要 7~10 天，而 UPS 则需要 10 天以上，而如果使用海外仓，当地配送仅需要 1~3 天的时间。

第三，海外仓支持退换货申请。商业贸易通常伴随着退换货申诉问题，其原因大致有货物破损、丢包、短装、货物有误等问题。如果商家建立海外仓储体系，可以运用海外仓完善客户关心的售后服务，从而缩短了物流周期，解决了消费者的后顾之忧，提高销售业绩。

第四，使用海外仓有利于开拓市场。一方面是因为海外仓在地理位置上更接近海外消费者，卖家只需注意品牌推广，运用口碑营销等策略即可达到事半功倍的效果，占领更多的潜在市场，从而迅速扩大商品销量；另一方面是因为商家对待选品问题态度更为严谨了。只有在保证质量，提供符合本地客户需求的产品的前提下，卖家才能实现真正的盈利与长足的发展。

当然，海外仓是一把双刃剑。作为一种新兴跨境物流模式，海外仓模式有其自身的长处与发展潜力，同时也相应地存在着不足。海外仓储并不适用于所有的跨境电商企业。海外仓的主要缺点在于仓储费用高，库存压力大，资金周转不便。仓储成本是按天计算的，商家的商品在海外仓存放一天，商家就需要承担一天的仓储费用。如果商品不够适销对路，则会造成商品积压，库存压力增大，过多的存货一定程度上占用了卖家的资金，最终造成跨境电商企业资金周转不便。

4.3.4 跨境电商物流发展方向

第一，国家需从宏观上对跨境电商的物流发展模式进行总体规划，不断加强跨境物流基础设施建设，制定促进、推动第三方跨境物流发展的相关政策。具体包括，加快对中心城市、交通枢纽、物资集散地、港口和口岸地区的大型物流基础设施的建设和统筹规划，充分考虑物资集散通道、各种运输方式衔接能力以及物流功能设施的合理配套，兼顾近期运作和长远发展的需要、自身特点和周边环境设施的匹配。

第二，完善相关法律法规，营造良好的建仓环境。我国政府相关部门应以现有的物流与仓储方面的法律法规为根据，结合海外仓与跨境物流的特性，制定完善的法律法规。在制定海外仓相关法律法规的过程中，应针对信息安全及信用问题完善法律法规，为海外仓与跨境电商企业协调发展营造较好的法制环境。同时，在制定法律法规时，不应该只以国内情况为参考依据，也应注重与相关的国际法律相协调。并且，对于自建仓及租用仓等不同模式的海外仓，制定法律的侧重点也应该有所不同。此外，相关部门必须改善企业在建立海外仓过程中，在海关、国税局及质监局等部门花费较多时间及金钱的局面。具体做法为应通过建立综合性服务网站及电子化监管平台，将各部门的职能集合，简化建仓所需流程，提高通关效率，并实现有效监管。

第三，跨境物流企业展开积极探索，寻求适应我国发展的跨境物流模式。第三方跨境物流企业在为跨境电商交易双方提供服务时，要根据跨境贸易发展的新特点、新趋势，不断创新物流模式。为解决包裹的跨境全程追踪问题，一方面，国内跨境物流企业可以与国外物流企业进行合作，通过海外委托代理、海外并购等形式，将境内和境外信息系统进行对接，实现对包裹的一站式追踪，同时学习引进境外已经完善的物流管理系统，根据我国中小外贸企业开展跨境电商的阶段特征，探索出适合中国发展的第三方跨境物流模式；另一方面，相关企业和单位可利用云技术、GPRS 卫星系统，探索对包裹进行实时监控的可能性。

第四，构建虚拟海外仓，避免库存滞销风险。出口企业应构建虚拟海外仓，将开设在目的销售地区的门店当成自身跨境海外仓。虚拟海外仓并非真实存放货物的仓库，出口企业应将在外海的全部门店结合起来，构成大规模的虚拟海外仓。具体而言，出口企业应在自身所有线下门店，存放较多数量的货物库存，再利用信息共享系统优势，掌握所有门店的库存信息，依据线上订单采取就近原则，进行商品配送。企业通过构建虚拟海外仓，可实现就近地区商品配送，有利于缩短物流时间，提高企业自身利润。并且，通过构建虚拟海外仓，可将货物分散在线下各个门店，节省自建或租用仓储费用。此外，线下门店可向消费者提供更多便捷的售后服务，退货换货方便，增加消费者信任，提高市场占有率。并且企业即使遭遇退货也可将商品返回本土仓库，减少自身损失。

第五，提供高质的本土化服务，提高市场占有率。提高海外消费者的满意度，是出口企业建立海外仓的目的。企业海外仓应实现本土化运营，向消费者提供高质量的本土化服务，以扩大企业海外市场占有率。首先，在建立海外仓时就应组建本土化的经营管理团体，以本地实际情况及特点为依据，决定仓库的规模大小。其次，应注重向消费者提供本土化语言、本土化支付方式及本土化发货。在本土化文化及语言方面，出口企业应通过问卷调查及考察方式，了解本土习俗、法律法规等，进而提供有针对性的服务，并制作目标市场当地语言版本的网站，吸引客户。在本土化支付方式方面，必须谨慎选择合适的第三方支付平台，提供本地化支付接口，实现本地化支付。在本地化发货方面，应在目标国本地仓库储存足够数量的商品，从本地仓及时发货，减少物流环节，提高效益。最后，出口企业还应注重本土化销售及推广环节，保持一定数量的客户源。

第六，完善管理信息系统，提高海外仓配置效率。出口企业应做好海外仓的管理工作，增强海外仓的专业性。企业应利用大数据技术，加强自身物流信息基础建设，完善信息管理系统，减少物流成本。跨境企业应建立涵盖国内外物流信息的权威平台，将商品在各直销、分销渠道上的订单信息、订单追踪、订单录入等，进行汇集及统一管理。同时，应及时掌握企业跨境海外仓的库存信息及物流进度，实现国内企业与跨境海外仓的高效协同运营管理，达到提高物流运转速度，为消费者提供良好服务的目的。此外，企业应通过充分运用大数据优势，通过数据分析当地消费者的商品购买行为及消费习惯，提高市场需求预测精确度。企业在此基础上进行备货和运货，可提高跨境海外仓的货物配置效率，避免不必要的库存堆积，提高海外仓利润。

第七，采用新型合作模式，提高风险防范能力。出口建仓企业必须具备风险意识，做好在目标国建仓的可行性分析，杜绝外部因素对海外仓产生不利影响。企业可采用新型合作模式，提高风险防范能力。一方面，海外仓企业可采用公共基础设施中的公私合作 PPP 融资模式，通过契约方式，与当地政府形成契约合作伙伴关系，谋取共同发展。具体而言，出口企业可与当地政府部门共同融资、共同经营跨境海外仓。由此，企业与政府共同承担海外仓出现的资金危机或利益风险，减少企业自身风险。另一方面，出口企业建立海外仓可采取混合式运用模式，从多数跨境物流模式中，选取两种或两种以上跨境物流模式。例如，可选取物流专线+边境仓+海外仓、物流专线（国际快递）+海外仓。尤其是复杂多变的海外市场应优先采用混合式合作模式，减少物流运转，降低跨境物流风险。

4.4 跨境电商法律监管问题

4.4.1 国际电子商务立法现状

联合国国际贸易法委员会于1996年通过了《联合国国际贸易法委员会电子商务示范法》，其中规定了有关电子商务的若干基本法律问题。虽然它只是电子商务的示范法律文本，不属于国际条约，也非国际惯例，却能为各国完善有关电子商务的现行法规和制度提供一些建设性的启示，填补立法空白，为全球化电子商务创造一个良好统一的法律大环境。

欧盟关于电子商务的立法主要有1999年通过的电子签名指令以及2000年通过的电子商务指令，这两部法律是奠定欧盟各国电子商务立法的基础规范。

美国在电子商务方面的立法相对完善，涉及统一商法典、统一计算机信息交易法和电子签名法等多部法律。其中为美国网上计算机信息交易提供基本法规范的是统一计算机信息交易法，虽然它缺乏直接的法律效力，但这部法律仍然具有模范法的性质。

4.4.2 我国现有跨境电商法律介绍

电子商务与国际市场相联结，遂产生跨境电商议题，而在一国国内法领域，调节跨境贸易之前应立足于国内的电子商务现状。我国的电子商务发展可谓是“后起之秀”，尽管同发达国家相比起步时间稍晚，然而历经20多年的发展，已经取得举世瞩目的成就。

电子商务在逐渐改变我们生活方式的同时，也在法律层面上呈现出我们之前未曾遇到过的难题：电子商务交易主体法律地位如何界定？消费者网购的商品产生问题时如何维权？消费者的个人隐私与信息如何保护？网络交易平台上卖家的合法权益如何保障？等等。这些难题如果无法得到妥善有效的解决，必然阻滞我国电子商务市场的健康发展。当这些难题延伸到跨境贸易之中，在跨越一国边界的形势之下则会变得更加复杂。归根结底，上述难题产生的原因在于跨境电商具有不同于传统贸易模式的特点，完备的法律体系还未能制定。电子商务立法的工作已经成为近些年来国内学者讨论的热点问题。

我国电子商务立法体系的发展分为两个阶段：其一是理论探索时期，时间跨度为2000年至2013年，主要特征为分散型立法模式；其二是实践起步时期，时间为自2013年起至今，突出表现为集中型立法模式。

自 1996 年联合国国际贸易法委员会颁布《联合国国际贸易法委员会电子商务示范法》起，各国纷纷开始了对于电子商务领域立法的探索。我国也将对电子商务活动的监管提上议程——尽管一开始我国并没有专门的电子商务法律出台，采取的是在不同的法律中进行渗透的方式，以解决现实中出现的众多难题。

我国 1999 年颁布施行的《中华人民共和国合同法》确认了电子商务合同形式的合法性；2001 年审议修正的《中华人民共和国著作权法》第十条规定信息网络传播权也属于著作权的保护范围；2004 年通过了规范我国电子商务领域的第一部专门法《中华人民共和国电子签名法》，具有里程碑式的意义。同时，国家修改了《中华人民共和国网络安全法》《中华人民共和国反不正当竞争法》《中华人民共和国侵权责任法》《中华人民共和国消费者权益保护法》等法律，逐渐地将电子商务活动的方方面面纳入法律体系中进行调整。此外，为应对电子商务迅速发展所引发的问题，相关部门制定了大量的行政法规，这一系列法律法规的制定为促进电子商务的健康发展、维护网络市场秩序起到重要作用。

此外，不得不提的是 2018 年 8 月 31 日，十三届全国人大常委会第五次会议表决通过了《中华人民共和国电子商务法》（下文简称《电子商务法》）。该法是一部针对电子商务的综合性的法律，标志着我国电子商务立法进入实践阶段，其内容涵盖电子商务交易主体、服务与保障、跨境电商、监管与法律责任等方面，对电子商务第三方平台、电子合同、电子支付、快递物流、争议解决、消费者权益保护等热点问题均做出明确规定。当前，与电子商务相关的规定散见于多部法律法规中，《电子商务法》的出台有望解决分散式立法模式以及法律层级、效力不够高的问题，弥补电商监管中存在的盲区和漏洞，促进电子商务的良性发展。

随着“互联网+”理念的提出，跨境电商成为我国对外贸易发展的新引擎，有助于扩大我国域外销售渠道，提升我国产品的市场竞争力，实现我国对外贸易的转型升级。

第 5 章　中国跨境电子商务试点城市

5.1　建设概况

在 2018 年《政府工作报告》“坚持对外开放的基本国策，着力实现合作共赢，开放型经济水平显著提升”小节中，李克强指出，过去五年的政府工作中，“倡导和推动共建‘一带一路’，发起创办亚投行，设立丝路基金，一批重大互联互通、经贸合作项目落地，设立上海等 11 个自由贸易试验区，一些改革试点成果向全国推广。改革出口退税负担机制，退税增量全部由中央财政负担，设立 13 个跨境电商综合试验区，国际贸易‘单一窗口’覆盖全国，货物通关时间平均缩短一半以上，进出口实现回稳向好”。

从 2015 年 3 月 7 日设立首个中国（杭州）跨境电子商务综合试验区以来，我国共批复设立 35 个跨境电商综合试验区。

2015 年 3 月 7 日，国务院正式批复设立杭州跨境电商综合试验区，明确要求通过制度创新、管理创新和服务创新为全国跨境电子商务健康发展提供可复制、可推广的经验。杭州跨境电子商务综合试验区在短短的时间内已经取得了较好的成效，在探索“六大体系两大平台”，即信息共享体系、金融服务体系、智能物流体系、电子商务信用体系、统计监测体系、风险防控体系和“单一窗口”平台线下的综合园区平台方面做了积极的尝试，为中国跨境电子商务发展探索出了一些新的范式。

但仅从一个城市的试验还难以形成全国通行的做法。因此，有必要扩大试点，为全国跨境电子商务健康发展探索出更多值得复制推广的经验。而选择相关城市，从国家层面来看，主要出于四个方面的考量：一是具有复制推广杭州“六大体系两大平台”经验做法的基础和条件；二是该地区外贸进出口规模在全国领先，原则上重点考虑全国外贸进出口规模排名前 10 位的省市，同时兼顾中西部的发展，考虑到东中西部的合理布局；三是该地区跨境电子商务的交易规模较大且在国内排名居前；四是当地政府高度重视跨境电商发展且提交的工作方案具有创新性。

2016 年 1 月 6 日，国务院常务会议决定，在天津、上海、重庆、合肥、郑州、广州、成都、大连、宁波、青岛、深圳、苏州这 12 个城市设第二批跨境电子商务综合试验区。新设立的 12 个跨境电子商务综合试验区借鉴了杭州的经验和做法，并结合本地产业结构、区位优势、发展重点等多方面因素，因地制宜出台先行先试的举措；突出本地特色和优势，着力在跨境电子商务 B2B 相关环节的技术标准、业务流程、监管模式和信息化建设等方面先行先试，以更加便捷高效的新模式释放市场活力，吸引大中小企业集聚，促进新业态成长，推动大众创业、万众创新，支撑外贸优进优出、升级发展。

2018 年 7 月 24 日，国务院同意在北京、呼和浩特、沈阳、长春、哈尔滨、南京、南昌、武汉、长沙、南宁、海口、贵阳、昆明、西安、兰州、厦门、唐山、无锡、威海、珠海、东莞、义乌 22 个城市设立跨境电子商务综合试验区。

总体而言，作为一个顶层设计的战略决策，推动跨境电子商务综合试验区建设，是深化外贸体制改革、培育外贸竞争新优势的一项重要举措。目的是通过制度创新、管理创新、服务创新和协同发展，破解制约跨境电子商务发展中深层次的问题和体制性的难题，打造跨境电子商务完整的产业链和生态链，逐步形成一套适应和引领全国跨境电子商务发展的管理制度和规则，促进中国的跨境电子商务加快发展，为中国经济发展和外贸转型升级提供助力。

跨境电子商务是新兴行业，我国采取建设试验区的方式探索发展思路，旨在把试验区初步探索出的发展经验广泛应用于其他区域。本节以杭州、上海、重庆为例进行介绍。

5.2　杭州跨境电商综合试验区

杭州是我国最大电商阿里巴巴集团所在地。作为我国电商产业孵化地，杭州是跨境电商发展先驱。其跨境电商交易额从 2014 年的不足 2 000 万美元，快速增至 2017 年的 99.36 亿美元，产业规模增长了近 500 倍。跨境电商已经成为杭州外贸发展的新动能和产业转型的新引擎。杭州跨境电商产业园已辐射全市，下辖江干、空港、下城、临安、下沙五大园区。杭州实验区的设立极具正外部性，不但领跑全省外贸增速，还间接带动了全省的外贸发展。2016 年杭州地区进出口总值占全省 18.5%，同比增长 11.7%。2016 年“双 11”期间，杭州首次利用智能物联设备的海关，将通关效率最高提升一倍。杭州跨境电商综合试验区建设了六大体系、两大平台。其中六大体系囊括信息、金融、物流、信用、统计监测和风险防控六方面，两大平台为单一窗口业务办理平台与综合园区行业集聚平台。杭州综合试验区的设立是国内跨境电商的标志性事件，代表政府对跨境电商的重视。各地跨境电商可根据实际情况借鉴杭州经验，根据自身优势创新发展跨境电商。截至 2021 年年底，杭州实现跨境电商进出口总额 1 114.17亿元，约占全市进出口的 15%。杭州有年交易额 2 000 万元以上的跨境电商卖家 411 家，其中估值超过一亿美元以上的企业 23 家，有 27 家企业 30 个品牌跻身浙江跨境电商出口知名品牌（占全省 1/3）。2021 年，杭州外贸出口同比增长 27.2%，增速分别高于全国、全省 6 个和 7.5 个百分点，跨境电商已经成为杭州外贸发展新引擎。

5.2.1　杭州发展跨境电商综合试验区的优势

5.2.1.1　高度开放的经济体系

开放型经济是杭州经济发展最大的优势。借助于开放的体制、机制和市场准入政策，杭州能够有效吸引跨国机构集聚、共同参与全球资源配置，并通过大力实施“走出去”战略，形成了外向型经济。杭州是“中国服务外包示范城市”，拥有“国家软件出口创新基地”“中国制笔出口基地”“中国球拍出口基地”“浙江省农轻纺出口基地”“浙江省机电产品出口基地”“浙江省科技兴贸创新基地”等国家级、省级出口基地。此外，杭州还拥有保税物流中心（B 型）、“境外经济贸易合作区”（华立泰中罗勇工业园）等。被批复建设的跨境电子商务综合试验区需要一个高度开放的环境，杭州逐步发展形成的开放型经济优势将有利于综合试验区的快速建设。跨境电商综合实验区所天然具备的开放拓展性，有进一步促进杭州形成开放型经济的新优势，如此反复地良性循环，势必加强杭州的开放程度。

5.2.1.2　率先试行的政策红利

进入信息化时代以来，杭州先后被列为国家信息化试点城市、国家“九五”电子商务应用试点城市、“十五”国家电子商务应用示范城市、“中国电子商务之都”等。2012 年 12 月，杭州被国家发改委、海关总署确立为全国首批的 5 个跨境电子商务服务试点城市中的 1 个。2015 年 3 月 7 日，国务院批复同意设立中国（杭州）跨境电子商务综合试验区，杭州市再次获得了“先行试点”的机会。先行先试的扶持政策始终贯穿于杭州社会经济发展的方方面面。

5.2.1.3　日臻完善的服务体系

杭州是长江三角洲城市群中心城市之一，交通基础设施完善，对外贸易条件十分优越。杭州作为我国民营经济最为发达的城市之一，是中小微企业信息服务集聚地，市场经济高度发达，民间资本非常充裕，信息产业人才济济，服务体系领先全国。从各方面来看，杭州具有发展跨境电子商务的良好产业支撑服务体系。第三方支付平台支付宝、新媒体领军企业华数电视、智能物流平台菜鸟网络，以及网易考拉、熙浪等代表性企业，共同支撑起杭州的电商服务体系。

5.2.1.4　发展成熟的电商产业

杭州被称为“中国电子商务之都”，主要归功于其发展成熟的电商产业。经过多年的探索与发展，杭州已形成一个庞大的电商产业矩阵。最具代表性的“航空母舰”阿里巴巴一马当先，2016 财年网络在线零售额超过 3 万亿元，超越了沃尔玛成为全球最大的零售平台，旗下的蚂蚁金服、阿里速卖通、1688 等平台也引领着全球跨境电子商务的发展。此外，网盛生意宝、卷瓜科技、珍诚医药、明通科技、浙江盘石、佑康电子商务、和平钢铁网、泛城科技等一批电子商务企业和信雅达、新中大、恒生电子、浙大网新等软件提供商紧随其后。

5.2.2　杭州发展跨境电商综合试验区的战略思路

5.2.2.1　明确以跨境电商服务业为发展重点

在杭州，具有代表性的阿里巴巴是一家极具影响力的互联网企业，它最大的竞争优势并非技术壁垒，而是拥有庞大的用户群和数据，可以提供极致体验的、全产业链、全方位的跨境电商服务。这使杭州最有希望也最有可能成为我国跨境电商服务业的中心。

杭州跨境电商综合试验区服务业发展的重点是：跨境电商的进出口服务，全方位为中小微企业提供通关（海关、商检）、物流（运输、仓储）、金融（外汇、核销、退税、融资）等进出口服务；跨境电商的品牌服务，包括 O2O 品牌整合创新、创意产品品牌战略咨询、线上线下品牌设计和 VI 设计、品牌连锁、产品包装和视觉营销、社交媒体和创新营销以及电商品牌营运管理等；跨境电商的金融服务，从传统的进出口融资、国际贸易理财、出口担保等到出口直销银行、跨境电商保险、跨境电商理财产品、P2P 网贷、众筹、个人征信等；跨境电商的医疗服务，包括跨境在线医疗服务、跨境可穿戴设备和医院数据信息处理，以及未来开放跨境在线行医等在线医疗服务。

5.2.2.2　“六大体系两大平台”

杭州跨境电子商务试验区自批准至今，构建了以“六大体系两大平台”为核心的制度体系，坚持发展跨境电商 B2B 为主导的产业体系，加快跨境电商大数据中心和服务中心建设，初步建立起适应跨境电商发展的新型监管服务体系，并带动物流、金融、支付、通关等相关服务行业的蓬勃发展，为创业创新和中小企业发展提供了有力支撑。

“六大体系两大平台”是杭州跨境电商综合试验区探索出的一套适合跨境电子商务发展的政策体系和管理制度，这一经验也将在其他新建的跨境电子商务综合试验区推广。

“六大体系”，一是信息共享体系，即实现企业、金融机构、监管部门间信息的互联互通，企业“一次申报”中各部门可以信息共享；二是金融服务体系，金融机构、第三方支付机构、第三方电商平台、外贸综合服务企业之间开展规范性合作，为跨境电商交易提供在线支付结算、在线融资、在线保险等一站式金融服务；三是智能物流体系，通过云计算、物联网、大数据等技术和物流公共信息平台，构建物流智能信息系统、仓储网络系统和运营服务系统等，实现物流供应链全过程可验可测可控；四是电子商务信用体系，建立跨境电商信用数据库和信用评级、信用监管、信用负面清单系统，记录和积累跨境电商企业、平台企业、物流企业以及其他综合服务企业的基础数据，实现对电商信用的分类监管、部门共享和有序公开；五是统计监测体系，建立跨境电子商务大数据中心和跨境电子商务统计监测体系；六是风险防控体系，建立风险信息的采集、评估分析、预警处置机制，有效防控非真实贸易洗钱的经济风险，数据存储、支付交易、网络安全方面的技术风险，以及产品安全、主体信用的交易风险。

“两大平台”是指线上“单一窗口”平台和线下的综合园区平台。线上“单一窗口”是与海关、检验检疫、税务、外汇管理、商务、工商、邮政等政府部门进行数据交换和互联互通，实现政府管理部门之间信息互换、监管互认、执法互助，为跨境电子商务企业提供物流、金融等全套供应链方面的服务。线下的综合园区平台，主要是采取一区多园的布局方式，有效承接线上“单一窗口”的平台功能，优化配套服务，打造完整的产业链和生态圈。

5.2.2.3 业务流程创新

杭州跨境电子商务综合试验区还先行试点了无纸化通关、金融智能物流、出口业务“无票免税”等9个方面的创新，初步实现了制度体系的再造、贸易体系的重塑、产业水平的提升。构建与跨境电子商务相适应的海关监管是跨境电子商务发展的难点，杭州跨境电子商务综合试验区相继推出了跨境零售出口“清单核放、汇总申报”、跨境保税进口商品“先进区、后报关”、仓库联网核查、简化转关手续等便利举措，根据跨境电子商务全程信息化的特点，打造了涵盖“企业备案、申报、征税、查验、放行、转关”等各个环节的无纸化流程，实现了跨境电子商务进出境货物、物品“7×24小时”通关及全程通关无纸化。

杭州综合试验区的重点是发展跨境电商B2B，引导传统外贸企业电商化、在线化，通过创新“互联网+跨境贸易+中国制造”商业模式，重构企业生产链、贸易链、价值链。目前，跨境电商B2B已初步实现了信息发布、交易达成、合同签订、支付报关、结汇退税全链条在线化，形成了跨境电子商务交易的完整闭环。下一步将继续推进跨境电子商务B2B业务，制定B2B业务标准，优化和改进跨境电子商务进出境货物通关流程；加强“单一窗口”建设，加大与国检、外管、国税等管理部门的管理协作；继续加大科技投入，提升跨境电子商务信息化管理水平，扎实推进跨境电子商务健康发展，形成独具特色的“杭州模式”，为全国提供可复制推广的经验。

5.3 上海跨境电商综合试验区

上海是我国经济贸易中心，不仅传统金融业务发达，还拥有大量的创新型第三方支付机构；在物流方面，上海的国际航线密集并且快递行业发达，同时建有国内首家自由贸易试验区，基础雄厚。上海市政府对跨境电商这一新兴贸易业态极为重视，于2015年7月专门印发相关指导意见。上海市于2016年1月获批跨境电商综合试验区。当前上海市已涌现出洋码头、上海EMS、跨境通、一号店等一大批国内知名企业。2016年全年落户上海的支付、物流、跨境电商企业数量回升，跨境电商公共服务平台累积服务企业多达1 020家，2016年平台内共计完成订单量1 155万，成交额约25亿元。

5.3.1 上海发展跨境电商综合试验区的政策优势

上海跨境电商发展已聚集一部分优质资源，未来在不断扩充行业影响力的同时，更应关注对各项资源的梳理，将外汇、税务、商检等部门实现对接，提供“一点接入、全程畅通”的公共服务。为实现质量精准监管，上海跨境电商公共服务平台已实现与国家认监委对接。地方服务平台与国家认监委对接，可降低不合格产品入境的风险。上海市防范跨境电商风险的措施，值得各地借鉴。

上海作为跨境进口电商试点城市之一，除了频出新条例作为跨境电商的发展的基石，还建立自贸区和自建跨境进口平台，起到模范引领作用。在 2016 年 7 月，上海新的支持跨境电商 12 条意见出炉：集聚跨境电商经营主体，完善跨境电商公共服务平台，发展跨境电商物流体系，设立跨境电商示范园区，鼓励跨境电商业态创新，优化配套的海关监管措施，完善检验检疫监管政策措施，提升跨境支付与收结汇服务，创新支持跨境电商税收机制，加大财税金融支持力度，加强创新研究和人才建设，以及优化市场环境和统计监测等。这在很大程度上激励了上海市跨境电商的发展。

5.3.2　上海发展跨境电商综合试验区的推进举措

除了政策方面，上海推进电商发展的另一个优势是自贸区建设的推进。具体来说，目前上海自贸区正从三方面加强跨境电商运作力度：

一是直邮中国和保税备货模式。跨境通 2013 年已经上线，并且不断完善其结构模式、运作路径。

二是在保税区、自贸区，进一步推进前店后库的新型贸易模式，要逐步形成保税、完税、免税的全链条的商业模式运作，打造纯展销一体化的经营模式。

三是推动产地直达的贸易模式，比如依托东航产地直达网络和线下体验店，来开展直达贸易。

上海自贸区的发展无疑为跨境电商提供了阳光地带。同时，自贸区催生的“进口商品直销”模式——跨境通进口平台，为业内带来了新的商业业态，也为其他试点城市提供了模板。

5.3.3　上海发展跨境电商综合试验区的试点内容

作为全国跨境进口电子商务试点城市之一，上海共选择了两方面的试点内容，分别是网上直购进口模式、网购保税进口模式。上海选择这两方面的试点内容是基于上海外贸结构中一般贸易好于加工贸易、进口好于出口、保税区域进出口额全国领先的显著特点而提出的综合试点方案。其中直购进口模式最具上海代表性，主要基于上海口岸，面向国内消费者，提供全球网络直购通道和“行邮税”网上支付手段。商品在通关前已全部缴付过行邮税。在机场通关时，海关的工作人员验证过“跨境通”商品上都独有的二维条码，就会安排其走快速的绿色通道。与之相对应，跨境通形成了直邮中国模式和自贸专区模式。采用直邮模式的境外商户必须在国内设立分支机构或委托第三方机构处理售后服务事宜。采用自贸模式，企业就必须入驻自贸区开设账册企业，或在自贸区寻找有资质的代理企业。这也是第一批试点城市中试点范围最广的。按照操作流程，消费者通过跨境通网站订购商品可跨境外汇支付，经电子报关报检，再经海关征收个人行邮税后，商品快速入境并由物流公司送到消费者手中。

上海将会以进口电商为杠杆，持续建立与之相适应的海关监管、检验检疫、退税、跨境支付、物流等支撑系统，最终成为进口电商集散地和仓储运营中心。上海本身作为国内数一数二的大城市，经济发展形势较好能够为跨境电商提供一定的支持；再加上港口的效应，将上海作为跨境进口电商的试点城市无疑是明智的选择，而它本身的发展也证明了这一点。

5.4 重庆跨境电商综合试验区

5.4.1 重庆发展跨境电商综合试验区的背景及现状

重庆地处中西部地区，是中西部地区水、陆、空型综合交通枢纽，形成了电子信息、汽车、装备制造、综合化工、材料、能源和消费品制造等千亿级产业集群，金融、商贸物流、服务外包等现代服务业快速发展。重庆是中国唯一具有跨境电商服务 4 种模式全业务的试点城市，可进行一般进口、保税进口、一般出口和保税出口业务。电子商务逐渐渗透到国际贸易交易中，已成为重庆对外贸易的趋势。重庆市依据本身发展条件深厚、地理位置优越，并且作为“一带一路”内陆核心城市的优势，在发展跨境电子商务方面取得了巨大的成就。

现阶段，重庆跨境电商模式中，B2B 依然占据主要地位，跨境出口贸易中的 B2C 跨境电商模式还有很大的成长空间。重庆应着力促进跨境电商 B2C 发展，以其更加便捷高效的新模式释放市场活力，促进企业效率提升，效益更进一步，支撑外贸优进优出、转型升级发展。

2016 年，重庆市人大代表考虑到江津地区优越的地理位置和潜在的发展动力，建议将江津列入重庆跨境电子商务综合试验区重点区县。江津区在地理位置上看，位于重庆市西南部，以地处长江要津而得名，是长江上游重要的航运枢纽和物资集散地，也是川东地区的粮食产地、鱼米之乡。2017 年 1 月 17 日，国务院批复重庆市人民政府、海关总署的请示，同意设立重庆江津综合保税区。江津综合保税区位于江津珞璜工业园，规划面积 2.21 平方千米，紧邻重庆城市发展新区借江出海重要港口、年吞吐量 2 000 万吨的珞璜长江枢纽港，以及年货运量 1 500 万吨的珞璜铁路综合物流枢纽，具有水陆联运优势，将成为串联“一带一路”与长江经济带的重要口岸、渝昆泛亚铁路大通道重要节点、中欧国际铁路大通道新起点。在江津开展跨境电子商务综合试点，有利于重庆机械制造等传统支柱产业的转型升级和市场拓展；有利于整合江津开放平台体系更好地配合重庆开展国际贸易；有利于跨境综合试验区贸易监管；有利于凭借江津市场和渠道优势，利用国际国内两个市场实现重庆更广阔的发展。

5.4.2 重庆发展跨境电商综合试验区的机遇

重庆跨境电子商务综合试验区的机遇可归纳为两个方面。

（1）城市地位。重庆是中西部地区水、陆、空型综合交通枢纽，也是“一带一路”在内陆的核心城市。悬挂在联合国大厅的世界地图上，仅仅标出了中国四个城市的名字，其中一个就是重庆。跨境电商综合试验区利用重庆独有的特色和重庆本身重要的城市地位，在电子信息、汽车、装备制造、综合化工、材料、能源和消费品制造等方面集聚了一大批千亿级进出口产业，大力加强推进跨境电商主体 B2B 模式相关环节的发展。同时，配套的金融、商贸物流、服务外包等现代服务业也快速发展起来。

（2）物流支撑。在地图上看，重庆位于中国西部和中部结合处偏西南，长江上游，四川盆地东部边缘，连接中国 11 个省市区。重庆是中国西部唯一集水、公、铁、空运输方式为一体的交通枢纽，所以，重庆是“一带一路”中的内陆核心。重庆拥有珞璜铁路综合物流枢纽和长江枢纽港两大物流枢纽，有利于提速重庆与其他地区跨境贸易交流，促使产业转型升级和市场拓展。重庆开通“渝新欧”班列，列车从重庆出发，比海运省时近一个月，极大地节省了物流成本，提升了重庆在运输领域的竞争力。

5.4.3　重庆发展跨境电商综合试验区的内容

2020 年，重庆多举措促进跨境电商综合试验区提档升级，内容如下：

一是推动跨境电商出口。2020 年，重庆市招引多家跨境电商 B2B 出口试点运营企业落户重庆，2020 年 9 月 1 日起，上海、重庆等 12 个直属海关成为全国第二批开展跨境电商 B2B 出口监管试点。试点首月，通过中欧班列（渝新欧）运输的跨境电商 B2B 出口货值 1.84 亿元，持续推进利用中欧班列（渝新欧）开展“9610”跨境出口邮包业务。

二是完善产业发展体系。重庆市鼓励综合保税区及开放口岸结合实际培育特色跨境电商产业集聚区，形成“一区多园，错位发展”的产业格局；与阿里巴巴集团签署“渝货行销天下”战略合作协议，打造线上国际营销渠道，助力传统外贸和中小制造型企业转型跨境电商发展。

三是提升运行保障能力。完善跨境电商综合试验区建设工作方案，做好网上中国进出口商品交易会（广交会）跨境电商综合试验区重庆专区搭建和宣传。

四是优化发展环境。全面落实跨境电商发展支持政策，加大对跨境电商综合试验区和“海外仓”建设项目支持力度，积极探索推进跨境电商宠物食品进口试点工作，优化进口检验程序、出口清关模式，率先在西南地区开展跨境电商零售进口“前店后仓+快速配送”监管模式和“退货中心仓”模式改革试点。2020 年 1—8 月，重庆市跨境电子商务进出口总额 45.7 亿元，同比增长 14.9%，连续 8 个月保持 2 位数增速。

2020 年 9 月以来，重庆海关积极推动自贸试验区第六批改革试点经验复制推广工作，结合前期跨境电商退货业务开展经验，叠加贸易功能区便捷进出区和非保税货物入区运作政策，将区外的分拣、退货流程转移至区内，推行退货业务“三自一免”举措，推动关区首个跨境电商退货中心仓在两路寸滩综合保税区顺利落地。

第二部分　实训

第 6 章　实训基本操作

6.1　实训概要

6.1.1　实训目标

在经济和信息全球化的背景下，跨境电子商务发展空间巨大，已经成为企业开拓海外市场的重要方式，已经渗透到经济生活的各个方面，但是与之匹配的人才培养现状却比较滞后。传统企业转型电子商务，个人或实体转型电子商务或在自主创业中常会遇到产品拍摄、图片处理、店铺装修、推广运营、客服售后、物流结算、人员培训等各种难题，由此产生了创业失败、产品销售不出去等诸多问题。

跨境电子商务是将传统的国际贸易与电子商务有机地结合起来，实现在不同国家或地区的买卖双方通过电子商务平台完成交易，是目前国际贸易发展转型和升级的新思路。跨境电子商务可以作为相关专业的实训课程体系或创业培训课程体系的引进，旨在培养能在跨境电子商务平台从事贸易活动的高素质复合型技能人才。

6.1.2　实训内容及技能培养

（1）跨境电商资源库的实训内容包含跨境电商相关概念、国内发展状况、产业新闻等，载体形式表现为文本、PPT、语音、视频等多种格式。

（2）跨境支付。

（3）电子商务交易平台：敦煌网、速卖通、阿里国际站。

（4）跨境电商线下操作：包含完整的国际贸易流程，从签订合同开始，学生可操作申请产地证、报检、报关、出运、收汇等全套国际贸易实务。

（5）跨境物流：海运、陆运、空运、小包、快递、仓储。

实训培养技能、职业技能、主要能力如表 6-1 所示。

表 6-1　　实训培养技能、职业技能、主要能力

实训培养技能	职业技能	主要能力要素
跨境电子商务人才是复合型、应用型人才。软件培训以提高学生的实际应用能力为最终目标，其所需的专业能力和职业素质涵盖英语、物流、电子商务、国际贸易、计算机、工商管理、市场营销等各专业	语言技能	阅读能力：在英文国际网站上查找并获取最新资讯 语言技能写作能力：进行产品英文描述，与外国买家进行在线英语沟通
	电子商务技能	进行商品拍摄、图片处理、店铺装修、产品发布与下架、价格设置，熟悉在线交易流程、支付与配送、客户服务
	国际贸易技能	熟悉国际贸易规则、操作、交易程序 熟悉国际快递、国际贸易技能、海外仓储等国际物流知识
	市场营销技能	熟悉产品采购、网络营销、客户需求分析，进行海外零售市场调研、预测
	拓展技能	熟悉相关的法律法规，具备企业管理、财务管理、综合拓展、人力资源管理、客户维护、知识产权管理、品牌形象管理等各项综合能力；具有团结协作的精神和创新意识

6.1.3　对学生的实训要求

（1）遵守相关法律法规，不得在网上发表违法言论。

（2）按实习内容，认真进行准备，积极展开调查活动，刻苦学习，并做好实习日记。

（3）在实习期间应尽可能地多做业务，熟练掌握跨境电商相关环节的主要业务及操作技巧。

（4）依据具体实验项目要求进行操作，完成实习报告。

6.2　单据填制方法

将鼠标移到要打开的单据上，点击出现在右上角的“修改”按钮，即可打开单据进行填写。具体可参考“帮助”中的“单据样本”。

单据界面分为上下两部分，上半部分（见图 6-1）是当前打开的单据，下半部分（见图 6-2）是填写时可供参考的单据填写帮助及其他单据。

6.2.1　检查单据

在制单过程中，可随时点击第 1 个红色“！”按钮来检查单据，在单据中对应栏位上会显示红色惊叹号，表示该栏填写错误。

同时，点击“！”按钮检查后，如果单据最上方标题处显示绿色的“√”，说明单据填写达到正确率要求，可以使用；如果显示红色的“×”，则说明单据填写未通过，需要继续修改。

图 6-1 上半部分窗口使用方法

图 6-2 下半部分窗口使用方法

6.2.2 提示单据帮助

点击左边小菜单中的第 2 个箭头按钮，再点击要查看填写帮助的任意栏位，界面下半部分中的帮助即可自动切换到相应位置，据此进行填写即可。

6.2.3 保存

点击左边小菜单中的第 3 个按钮，即可保存单据。

6.2.4 查看答案

点击左边小菜单中的第 4 个按钮，可自动填写单据（该功能必须由老师开放后才能使用）。

6.2.5 导出

点击左边小菜单中的第 5 个按钮，可将单据自动在新窗口中以图片的形式打开。如果需要保存该单据图片，可直接在图片上点击右键，选择“图片另存为”，将图片保存到自己的电脑上。

（1）调整窗口大小：菜单左边 4 个按钮，代表不同的上下窗口大小比例，可根据需要点击调整。

（2）点击最右边的小按钮，可将菜单收起。

6.3　商品包装计算

要计算商品的毛净重和体积，首先需查看商品详细资料（如图 6-3）。

基本信息					
商品编号	AQ-003				
商品名称	时尚太阳镜				
	Fashion Sunglasses				
销售单位	副(PAIR)				
规格型号	镜架材料：金属，镜片材料：树脂，可见光透视率：85%				
	Frame Material: Metal, Lens Material: Resin, Visible light clairvoyant rate: 85%				
包装信息					
包装种类	纸箱	包装单位	箱(CARTON)	每包装单位=180销售单位	
毛重	7.00KGS / 箱	净重	5.00KGS / 箱	体积	0.0216CBM / 箱
运输说明	适合空运				
监管信息					
CIQ代码	11280111	检验检疫类别		检验检疫类目	
HS编码	9004100000	海关监管条件		法定单位一	副
比例因子一	1	法定单位二		比例因子二	

图 6-3　商品详细资料

6.3.1　计算包装数量

对销售单位与包装单位相同的产品（每包装单位 = 1 销售单位），包装数量 = 合同中的销售数量。

对销售单位与包装单位不同的产品，包装数量 = 销售数量÷每包装单位数量（注意：包装数量有小数点时，必须进位取整）。

6.3.2　计算毛（净）重

在计算重量时，对销售单位与包装单位相同的产品（每包装单位 = 1 销售单位），可直接用合同中的销售数量×每箱的毛（净）重。

对销售单位与包装单位不同的产品，须先根据单位换算计算出单件的毛（净）重，再根据销售数量计算总毛（净）重。

6.3.3　计算体积

总体积 = 包装数量×每箱的体积

6.4　海运集装箱数量核算

在海运中，目前大多采用集装箱运输，根据货量不同，又分整箱货与拼箱货。出口商在委托货代订舱时，需要计算集装箱可容纳的最大包装数量来核算该用整箱还是拼箱，以节省海运费。常用集装箱的规格如表 6-2 所示。

表 6-2　　常用集装箱的规格

箱型	普通集装箱			冷冻集装箱		
尺寸	20′	40′	40′高	20′	40′	40′高
代码	GP	GP	HC	RF	RF	RH
最大体积（CBM）	33	67	76	27	58	66
最大重量（KGS）	25 000	29 000	29 000	21 000	26 000	26 000

根据产品的总毛重和总体积，结合航线运费，来计算需要装多少个集装箱（毛重和总体积的计算方法可参考商品包装计算）。

以下计算都以中国上海到德国汉堡航线为例。在“课程首页”左侧的“资料查询—费用—海运费”中查得该航线运费如图 6-4 所示。

	LCL M(MTQ)	LCL W(TNE)	20'	40'	40'高
普柜	65.00	93.00	1250.00	2400.00	2500.00
冻柜	70.00	101.00	1408.00	2277.00	2475.00

图 6-4　航线运费

例 1：商品 CH-007 速冻草莓，计算得知总体积 = 26. 18 CBM，总毛重 = 14 560 KGS，应该如何装箱？

解：

从商品资料的包装描述中可知，该商品需冷藏运输，因此适用于冷冻集装箱。参考上面的集装箱规格表，由于其体积和重量均未超过 1 个 20′冻柜的最大值，因此该商品可以用拼箱，也可以用 1 个 20′冻柜来装。

如果用拼箱：

按体积计算基本运费 = 26. 18×70 = 1 832. 6（美元）

按重量计算基本运费=14 560/1 000×101=1 470.56（美元）

两者比较，体积运费较高，船公司收取较高者，因此拼箱海运费=1 832.6（美元）

如果用整箱：

1 个 20′冻柜的运费为 1 408（美元）<1 832.6（美元），因此本例中用 1 个 20′冻柜来装最为划算。

例 2：商品 AQ-003 时尚太阳镜，计算得知总体积=2.419 2 CBM，总毛重=779.56 KGS，应该如何装箱？

解：

从商品资料里得知商品非冷冻，适用于普通集装箱即可。参考上面的集装箱规格表，由于其体积和重量均未超过 1 个 20′普柜的最大值，因此该商品可以用拼箱，也可以用 1 个 20′普柜来装。

如果用拼箱：

按体积计算基本运费=2.419 2×65≈157.25（美元）（保留两位小数）

按重量计算基本运费=779.56/1 000×93≈72.50（美元）（保留两位小数）

两者比较，体积运费较高，船公司收取较高者，因此拼箱海运费=157.25（美元）

如果用整箱：

1 个 20′普柜的运费为 1 250（美元）>157.25（美元），因此本例中用拼箱装最为划算。

例 3：商品 CI-001 黄桃罐头，计算得知总体积=48，总毛重=44 880 KGS，应该如何装箱？

解：

从商品资料里得知商品非冷冻，适用于普通集装箱即可。参考上面的集装箱规格表，用 2 个 20′普通集装箱来装是最划算的。

6.5 产品定价策略

策略 1——基于成本定价：

计算方式：产品成本+国际运费+期望的利润额=价格（如果不包邮，设置运费由买家支付，则可不考虑运费）

计算示例：产品旗袍（编号：AJ-002），在“库存—订货”界面中查得其订货成本为“CNY 71.25/PC”，在系统首页右侧“资料查询—最新汇率查询”中查到“USD 100=CNY 660.56”。假设预期利润为“CNY 20/PC”，试计算产品定价。

解：价格=（71.25+20）/6.605 6≈13.81（美元）（保留两位小数）

如果运费模板设置为“免运费”，则还要将国际运费考虑进成本中。

基于成本的敦煌网定价策略可以让卖家避免亏损，但它有时可能会导致利润下降。比如你的顾客可能会乐意为产品支付更多的费用，从而增加利润；或者你的价格可能太高，导致你销售的产品数量较少，利润下降。

策略 2——参考同行、同类商品的价格：

发布产品时，与其单单追求发布的速度，倒不如在每一条产品的发布过程中去搜索该产品在整个平台的销售情况。通过搜索，你自然知道销量较好的价格区间。以此区间为依据，价格不要过低，也不能过高。

很多卖家发布产品时，仅仅根据自己的进货成本、运费、包装成本、佣金、汇率、潜在损耗、预期利润等几个因素来制定价格，而这样的定价往往会导致价格过高没人买，或者价格过低而加剧了整个平台关于该类产品的价格战。

参考同行的价格，还可以让你挖掘出更多的你所未知的信息，比如依据竞争对手的价格，你却怎么都核算不出来利润，对手真的就是亏本卖的吗？未必。这时候，你自然需要根据对手的销售价格，以倒推的方式去推研各个环节的成本构成。推研的好处就在于，你会发现很多你未发现的利润点。比如，推研过程中，你会意识到自己的运费成本过高而去寻找更合适的货代或发货方式，你会发现拿货成本贵了从而寻找性价比更高的供应商，你会知道很多卖家可能是拆掉了原有的大而重的包装从而来降低成本，等等。

策略 3——后续营销：

营销活动似乎越来越重要了。店铺打折、联盟营销、平台大促活动……活动多，意味着可能带来更好的销量，但同时，参加营销活动则意味着成本的增加，利润率的下降。为了后续的活动，你需要在定价时有所考量，是所有活动都不参加直接定个最低价，还是定个稍微高点的价格，以便参与平台活动呢？

（1）直接把价格一步到位定到最低价，几乎不参加任何活动，凭着低价，可以抢到更多的订单，也减轻了后续为各种活动来回调整价格的麻烦。

（2）从发布产品就定很高的价格，后续可进行持续的高比例打折，依靠高折扣引入较多的流量（平台搜索结果中折扣在搜索优先中占有一定的百分比，具体比重多少，属于平台内部机密，作为卖家，一般获取不了各属性所占搜索权重的数据的），同时还可以保持着较高的利润率，最重要的是，由于可以保持高折扣率，自然更容易参与平台大促活动。

策略 4——神奇的数字：

从卖家的心理角度出发，可能多一元少一元对自己最终的利润没有太大的影响，但是对买家的购买行为却有很大的影响。比如我们都知道的“0.9 元效应”——人们会觉得 0.9 元比 1 元钱要便宜很多，购买的欲望会增强很多。

产品定价注意事项：

第一，利润不要太低，30%～50%的利润，给促销活动留出价格空间，引流款适当降低。

第二，参考同行产品价格，但不要和低价的同行打价格战。参考同行价格的目的是了解行情，防止盲目定价造成价格过高或者过低。卖家要在保证利润的基础上定价。

第三，因为粗心大意而填错产品价格的卖家比比皆是，这类问题最典型的代表就是把“LOT”和“PIECE”搞混。有的卖家在产品包装信息的销售方式一栏选择的是“打包出售”，填写产品价格的时候，误把“LOT”当成“PIECE”，填的却是 1 件产品的单价。结果，买家看到的实际产品单价也就严重缩水了。这也是目前平台上某些产品的价格低得离奇的一个重要原因。

第四，注意货币单位。有一些卖家不注意货币单位，把美元看成人民币，数字是对了，单位却错了。本来是 100 人民币一件的商品，最后显示出来的实际产品价格成了 100 美元一件了。这样的产品价格当然只会把买家吓跑。

第 7 章　敦煌网

跨境电子商务是将传统的国际贸易与电子商务有机地结合起来，实现在不同国家或地区的买卖双方通过电子商务平台完成交易，是目前国际贸易发展转型和升级的新思路。跨境电子商务可以作为相关专业的实训课程体系或创业培训课程体系引进，旨在培养能在跨境电子商务平台从事贸易活动的高素质复合型技能人才。基本实训流程如下：

（1）学生登录后，选择课程进入，然后在首页上查看个人资料，修改个人密码。

（2）进入敦煌仿真实训模块。

（3）实训过程中，随时查看自己的分数及排名。

7.1　登录及主界面

学生根据老师分配的用户名、密码登录课程。登录时可选择语言包含中文、英文。已经成功注册学习账号的用户，请输入账号及密码，点“登入”按钮即可进入系统（见图 7-1）。

图 7-1　用户登录界面

尚未注册学习账号的用户，请点击画面右边的“注册”。在如图 7-2 所示窗口输入信息后，点击“确认注册”按钮。成功后即可登录。

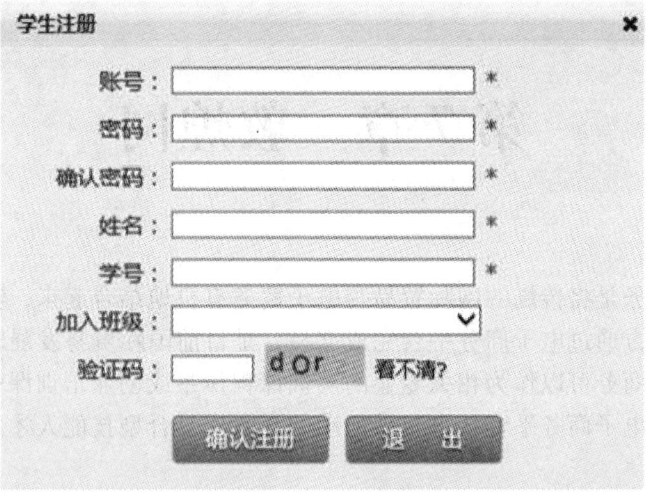

图 7-2　用户注册界面

7.1.1　主界面介绍

登录后，进入“仿真实训”页面，选择相应的课程进入实训，进入如图 7-3 所示界面。

图 7-3　仿真实训课程主界面

主界面介绍如下：

通知（左上）：教师发布实训通知。

资料查询（左中）：包含商品、港口、HS 编码等资料查询。

新手入门（左下）：包含系统内相关操作帮助说明。

右侧的卖家中心、买家中心均用来进行实训操作，评价中心可以进行学生间的互评。

7.1.2　成绩及排名

在整个操作过程中，可随时在完成相应任务后在我的成绩中查看本人成绩（见图 7-4）。

总分	49.93	测评时间	2017-09-08 10:16:37
	考核技能点	得分	说明
卖家	语言能力	★★★★☆	能熟练翻译产品资料的英文描述、娴熟处理外贸函电、进行英文沟通
	产品发布类目选择	☆☆☆☆☆	正确选择产品类目
	产品属性选择	★★½☆☆	一个属性等于一个曝光机会
	产品发布标题制作	★★★★☆	核心词汇、修饰词、属性词
	产品主图制作	★★☆☆☆	高质量图片、主体突出、正确选择模特
	定价技巧	★★★★★	掌握产品成本、上架价格、活动价格、利润之间的关系
	速卖通营销能力	★★★☆☆	有效利用店铺促销工具，进行部分产品的打折促销
	订单处理能力	☆☆☆☆☆	及时上传物流单号，及时处理纠纷订单
	掌握跨境物流知识	☆☆☆☆☆	不同国家的运费模板设置
	客户服务能力	☆☆☆☆☆	及时处理买家相关问题、关注物流信息，及时沟通买家

图 7-4　我的成绩

7.2　实训操作说明

在仿真实训课程主页面左侧，寻找新手入门，点击实训操作流程导航（见图 7-5），开始敦煌平台实训，点击相关步骤可查看详细操作说明，在此基础上完成整个操作流程。

实训操作流程导航

点击相关步骤查看详细说明。

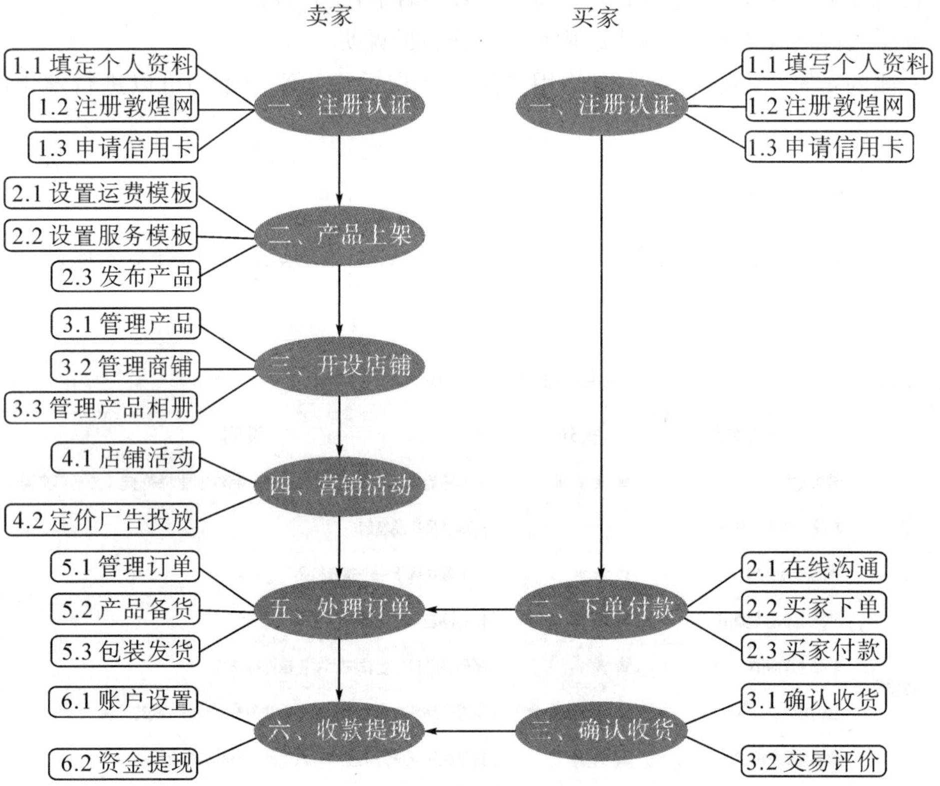

图 7-5　实训操作流程导航

7.2.1　注册认证（卖家）

7.2.1.1　填写个人资料

在正式开启敦煌网实训历程前，我们需要先填写卖家的个人资料。

操作步骤：

在实训首页上的卖家中心点击“未注册”字样，进入填写个人资料（卖家）的界面。所有资料内容需自行填写，然后点击“提交”按钮，如图 7-6 所示。

个人资料提交后不可再修改。注册成功后，可进入“财务”及“库存”界面查看。

图 7-6　注册认证（卖家）

7.2.1.2　注册敦煌网

完成注册/加入公司后，可在敦煌网注册卖家账户。

操作步骤：

在实训首页上点击“进入卖家后台”字样（见图 7-7）。

图 7-7　进入卖家后台

如果是第一次进入，需要先填写以下账号信息，点击“确定”提交（见图 7-8）。

账号信息均根据个人资料（卖家）中的信息填写。为了使你更顺利地通过注册和认证，请你在填写注册表单时注意以下事项：

（1）注册表单页面中带 * 号的内容为必填项。

（2）卖家在敦煌网的登录名不得包含：

①违反国家法律法规、涉嫌侵犯他人权利或者干扰敦煌网平台运营秩序等相关信息；

②不能含有敦煌网官方名称（DHgate）、不文明词汇、品牌词汇、名人姓名、联系方式（包括邮箱地址、网址、电话号码、QQ 号、MSN 地址等）等违反敦煌网规定的词语；

图 7-8　填写商户信息

③敦煌网会对注册用户名进行巡检，一经发现违规情况，有权收回该用户名的使用权。

（3）用户名一经注册，则无法修改。

（4）所有注册信息均需真实填写，以便顺利通过认证。

7.2.1.3　申请信用卡

在模拟实训过程中，无论学生是以卖家还是以买家身份进行支付，均使用信用卡进行结算。因此，卖家和买家都需要先申请信用卡才能进行支付订单等操作（需分别申请）。

操作步骤：

在实训首页上的“卖家中心”或“买家中心”点击“财务”字样，进入财务页面，点击左侧“填写信用卡申请表”，如图 7-9 所示。

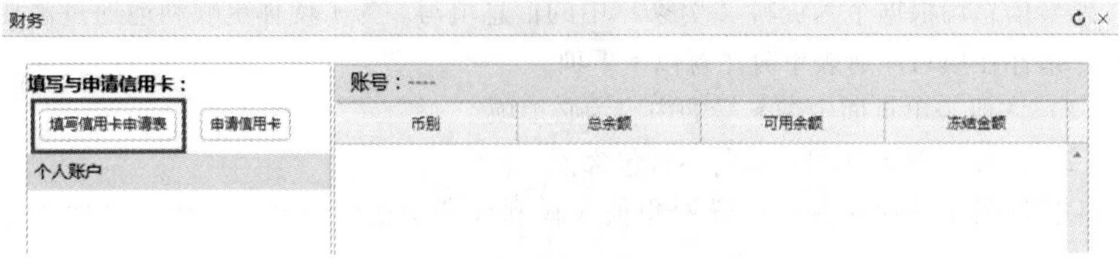

图 7-9　填写信用卡申请表按钮

在弹出页面中点击“添加”按钮，添加一张信用卡申请表，再打开进行填写，如图 7-10 所示。

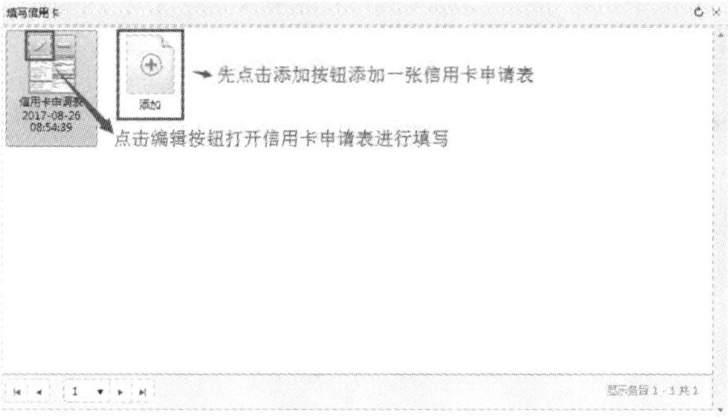

图 7-10　添加申请表

填写完成后点击左边的“!”检查，如果单据标题处打上绿色的“√”，说明填写通过可以使用，如图 7-11 所示。

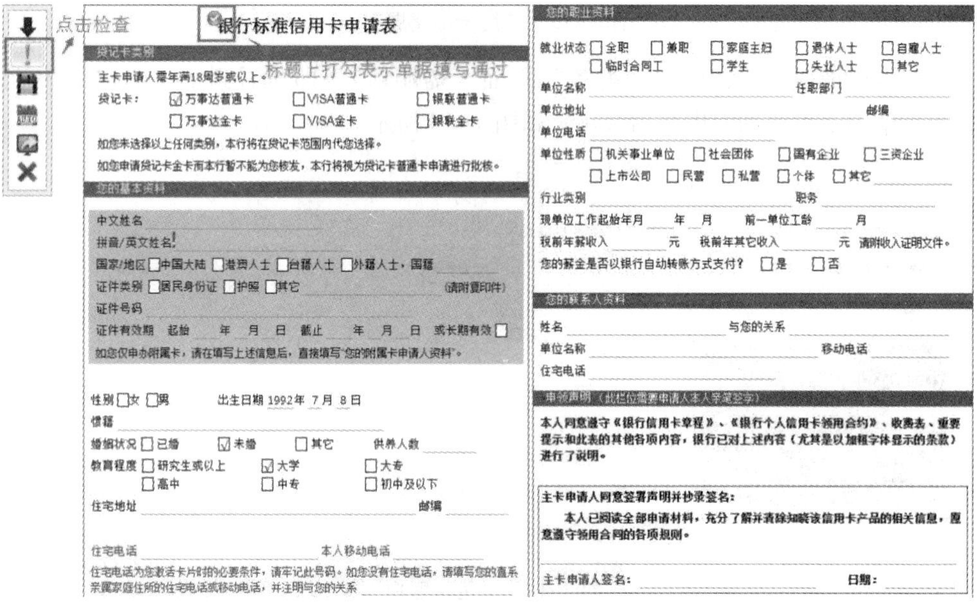

图 7-11　检查信用卡申请表

填写通过后，回到财务页面，再点击“申请信用卡”，如图 7-12 所示。

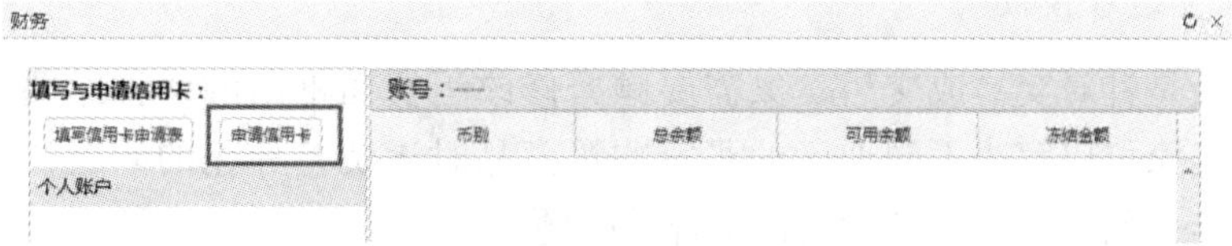

图 7-12　申请按钮

点击单据上的“+”，将信用卡申请表添加到右侧“已选择的单据”中，然后再点击右下方“确定”进行提交，如图 7-13 所示。

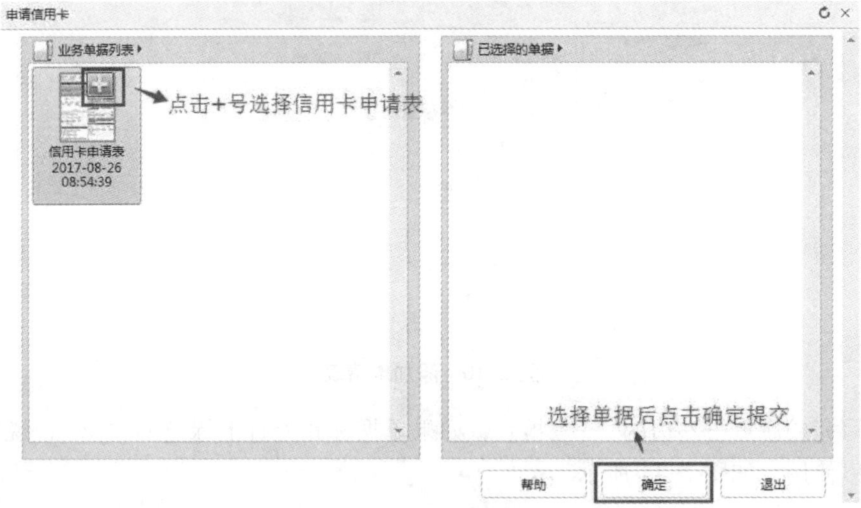

图 7-13　信用卡申请提交

信用卡申请成功后，回到“财务”页面（需刷新），即可看到个人账户中的信用卡，点击信用卡可查询卡内可用余额，如图 7-14 所示。

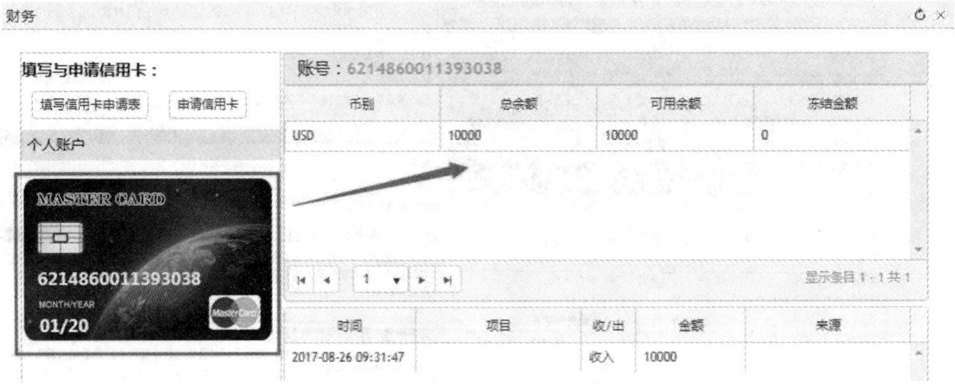

图 7-14　信用卡账户

7.2.2　产品上架（卖家）

7.2.2.1　设置运费模板

运费模板是针对交易成交后卖家需要频繁修改运费而推出的一种运费工具。通过运费模板，卖家可以解决不同地区的买家购买商品时运费差异化的问题，还可以解决同一买家在店内购买多件商品时的运费合并问题。

运费模板是根据货品重量的不同，使用卖家设置的到各地区的运费费率来计算运费的。当买家下单订购时，根据所购货品的总重量以及发货到买家收货地址的对应运费费率，系统将自动计算出最后需要的运费。

操作步骤：

在发布新产品之前，学生需要先完成运费模板和服务模板的设定。进入卖家后台→产品→模板管理→运费模板，如图 7-15 所示。

图 7-15　运费模板设定

点击“添加新模板”，如图 7-16 所示。

图 7-16　添加新模板

进入新模板页面，可看到下方出现了多家物流公司的列表，分为线下物流方式和 DHLink 物流方式。其中“DHLink 物流方式”是必须要设置的，除此之外的线下物流方式中又包括多家公司，也可以同时选择其中一家或多家公司进行设置（建议多设几家以供发货时选择）。点击“选择并设置”链接，进入设置运费页面，如图 7-17 所示。

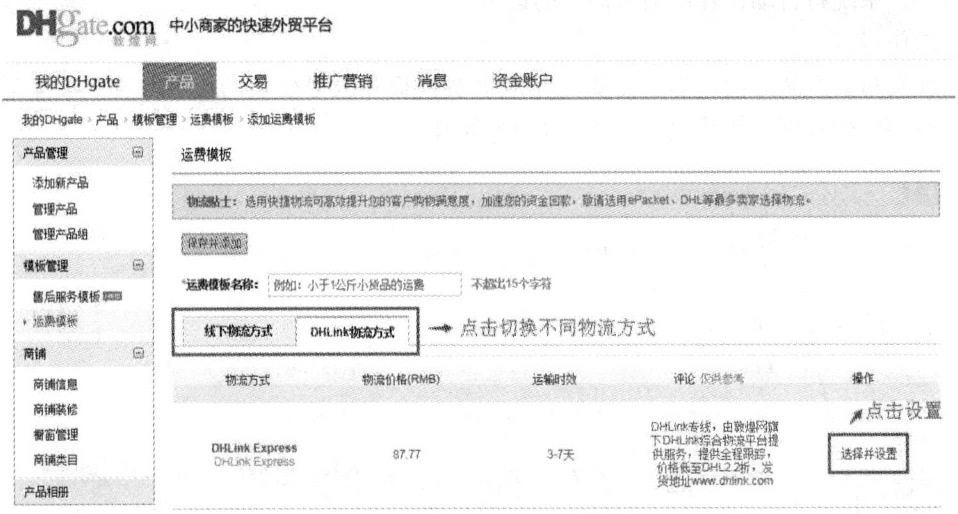

图 7-17　设置运费界面

进入“DHLink Express 运费设置”界面后，我们可以看到，这里有四种运费状态，分别是：免运费（指定国家或地区免运费）、标准运费（指定国家或地区收取标准运费）、自定义运费（指定国家或地区收取运费）、不发货（指定国家或地区不发货）。接下来就是根据自己的预期销售情况设定运费，要求一个国家只能设置一种运费类型。例如我们要将“韩国”和“日本”设置为免运费，勾选“免运费”，如图 7-18 所示。

图 7-18　设定运费种类

进入“选择国家与地区”页面，选择“韩国”和“日本”，再输入自定义运达时间，然后点击“确定”，如图 7-19 所示。

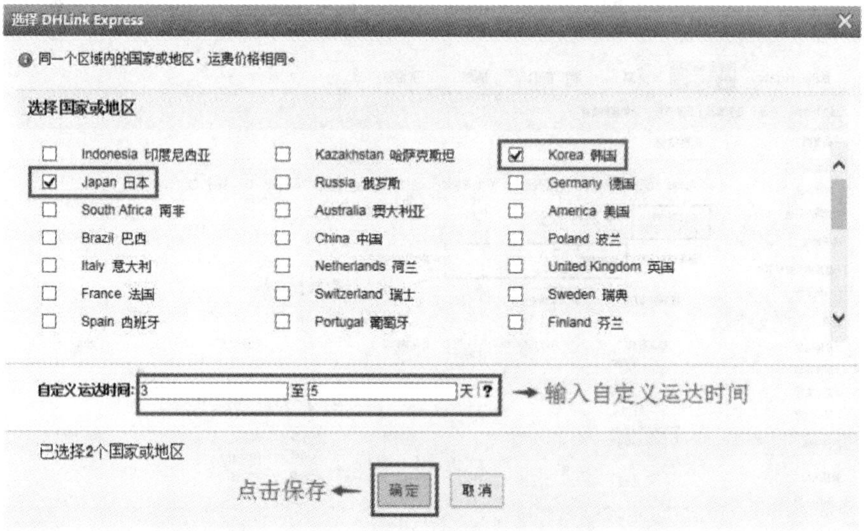

图 7-19　运达时间设定

我们再以类似的方法分别去设置标准运费、自定义运费以及不发货的国家。各个项目均设置完成之后，点击“确定”按钮，如图 7-20 所示。

图 7-20　提交运费模板

DHLink 物流方式设置完成后，还可以再设置其他线下物流方式。最后，输入模板名称，点击“保存并添加”按钮，运费模板就设置完成了，如图 7-21 所示。

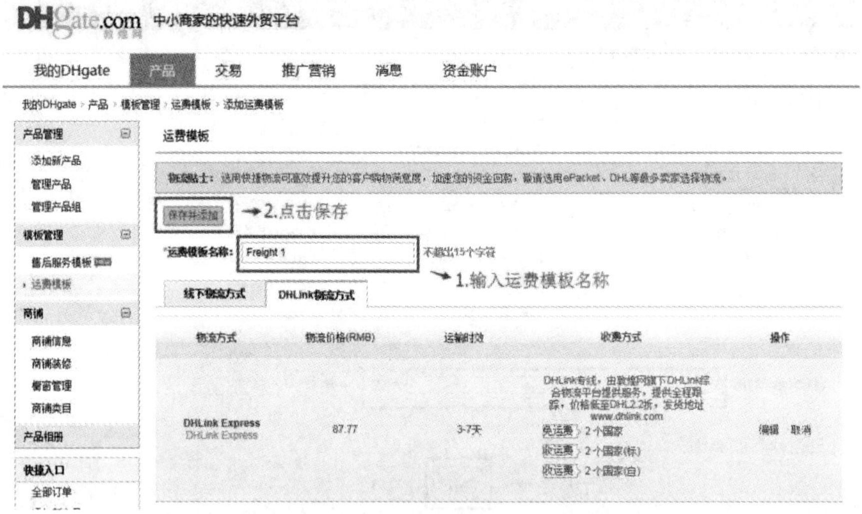

图 7-21　其他物流模板设置

在设置运费模板时，考虑到不同类型的产品（如价值比较高的、比较重的），我们可以针对这些产品分别设置多个运费模板，以便在发布不同类型产品时选用。

7.2.2.2　设置服务模板

设置你自己的服务模板并与商品关联，你提供的服务会在商品详情页面展示，为买家选择商品和卖家提供参考。创建一个服务模板并在你的产品中引用，可以大大提升买家下单的概率。如果你需要修改售后服务承诺，只需要修改相应的模板即可。

操作步骤：

在发布新产品之前，学生需要先完成运费模板和服务模板的设定。进入卖家后台→产品→模板管理→售后服务模板，如图 7-22 所示。

图 7-22　售后服务模板

点击“添加”，如图7-23所示。

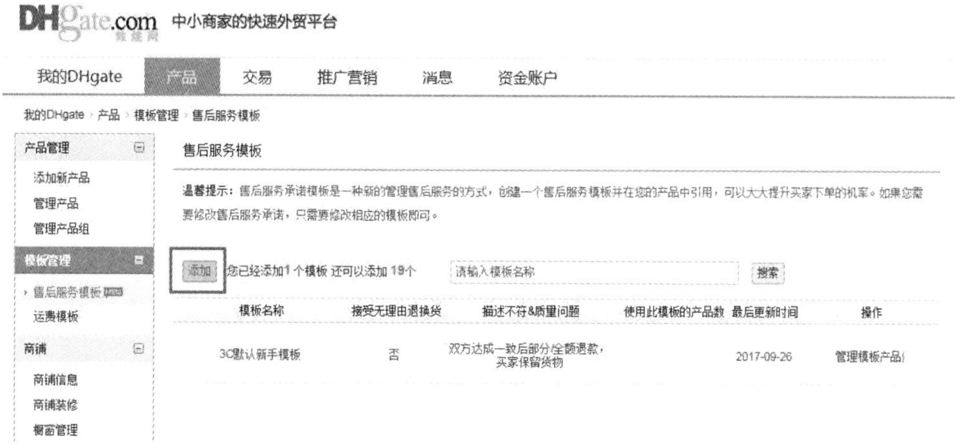

图7-23 添加售后服务模板

编辑模板的内容，然后点击“确定”进行提交，如图7-24所示。

图7-24 编辑售后服务模板

7.2.2.3 发布产品

一个好的产品信息，能够更好地提升产品的可成交性，促使买家下单。因此，好的产品描述应该做到标题专业、图片丰富、描述详尽、属性完整、价格合理、免运费和备货及时等。

在发布产品之前，我们需要先进行“选品”工作——从系统提供的产品库中挑选合适的产品。

（1）选择产品。实训平台中提供了一批产品库供卖家发布时选择，除此之外，也支持发布其他非系统提供的产品。

查看系统提供的产品，需在实训首页上卖家中心点击“库存”字样，如图7-25所示。

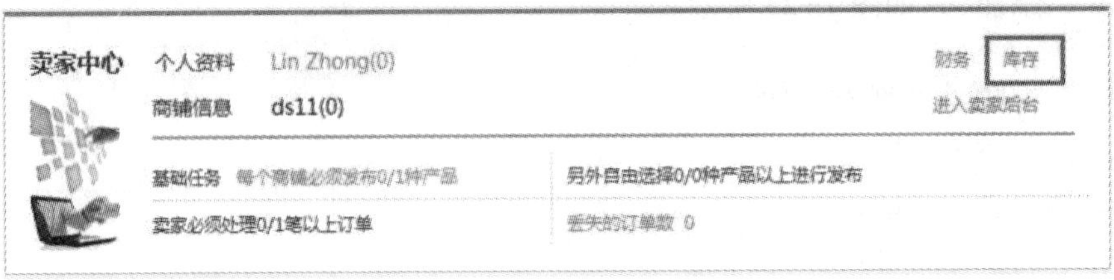

图 7-25　库存按钮

进入库存界面后，点击上方第 2 个菜单“订货”，即可看到产品列表。注意：此处只是挑选产品，不需要订货，等到产品发布完成收到订单了，再根据订单数量来订货，如图 7-26 所示。

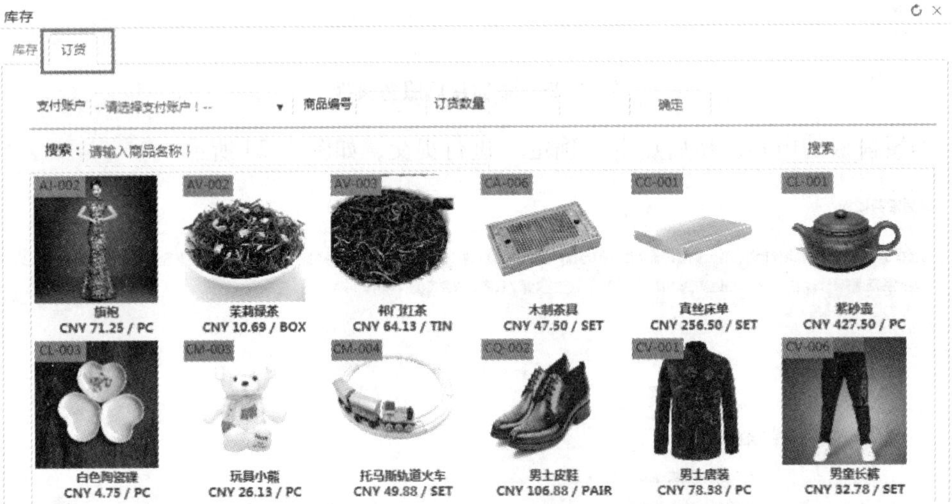

图 7-26　订货页面

选择好要发布的产品后，将鼠标移动到该产品的图片上，会出现一个“下载”按钮（图 7-27），点击可打包下载产品相关的图片及描述说明等资料（下载的文件夹为压缩文件，需安装解压软件进行解压），根据这些资料，就可以准备发布产品了。

图 7-27　下载商品详情

（2）产品定价。产品价格不是影响海外买家购买产品的唯一因素，但绝对是一个至关重要的因素。合理的产品定价可以帮助卖家迎合国外买家的需求，从而赢得更多的订单；不合理的产品定价则可能使卖家和订单失之交臂，甚至是影响卖家的交易信用和利益。

（3）发布产品。操作步骤：进入卖家后台→产品→添加新产品，如图 7-28 所示。

图 7-28 添加新产品

①产品类目选择：请注意一定要根据自己产品所属的实际类目进行选择，方便买家更加快速地找到产品，如图 7-29 所示。

图 7-29 产品类目选择

②选择产品编号，如图 7-30 所示。

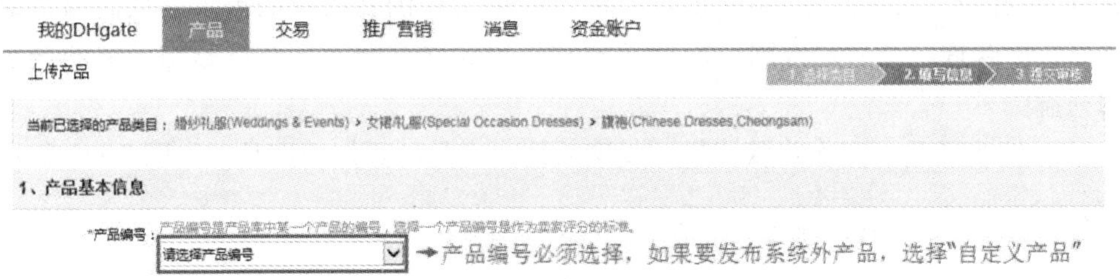

图 7-30　选择产品编号

③产品标题填写：产品标题是买家搜索到你的产品并吸引买家点击进入你的产品详情页面的重要因素。字数不应太多，而应尽量准确、完整、简洁。产品标题编写的注意事项如图 7-31 所示。

图 7-31　产品标题编写

一个好的标题中可以包含产品的名称、核心词和重要属性，例如：Baby Girl amice blouse Pink amice Coat With Black Lace /Suit Must Have Age Baby：1-6 Month Sample Support

注意：请不要在标题中罗列、堆砌相同意思的词，否则会被判定为标题堆砌。

④产品关键词及属性填写：可添加多个关键词；属性包括系统定义的属性和自定义属性，根据产品的详细资料填写，如图 7-32 所示。

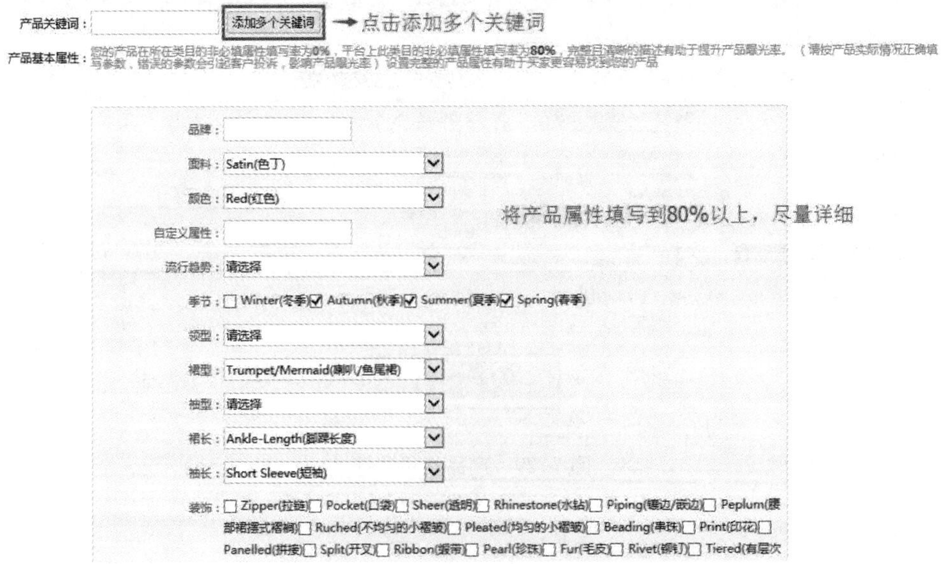

图 7-32　产品关键词及属性

⑤销售属性填写，如图 7-33 所示。

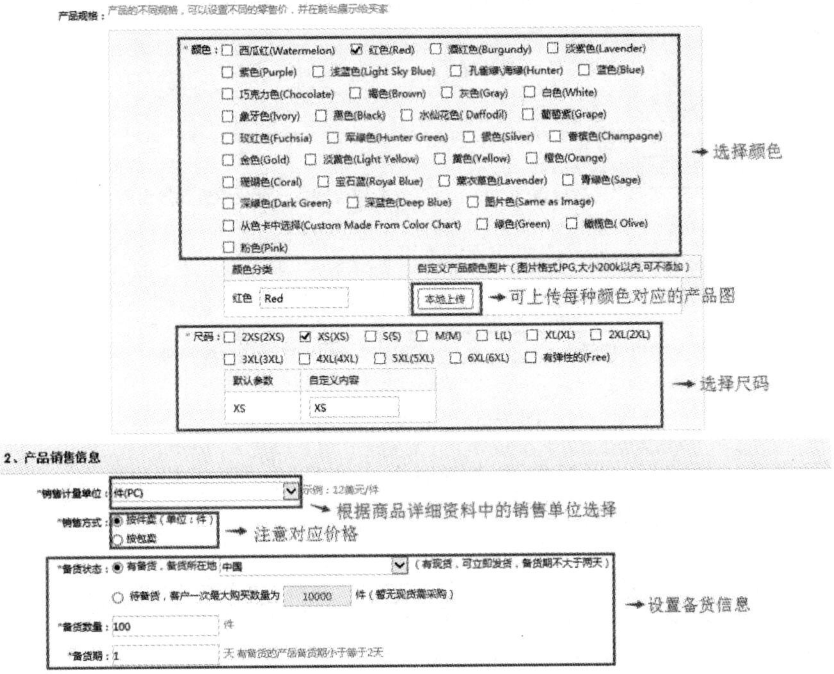

图 7-33　销售属性填写

⑥价格、备货数量设置：价格的计算方式可参考产品定价，如图 7-34 所示（注：敦煌网佣金目前为 8%）。

图 7-34　价格、备货数量设置

⑦上传产品主图：在选择产品图片时，可以选择发布多图产品，最多可以展示 6 张图片。多幅图片能够全方位、多角度展示产品，大大提高买家对产品的兴趣，如图 7-35所示。

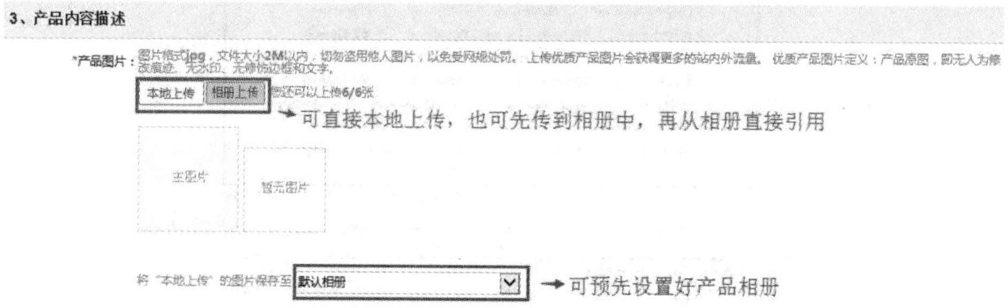

图 7-35　**上传产品主图**

⑧产品详细描述填写：尽量简洁清晰地介绍商品的主要优势和特点，不要将产品标题复制到简要描述中，如图 7-36 所示。

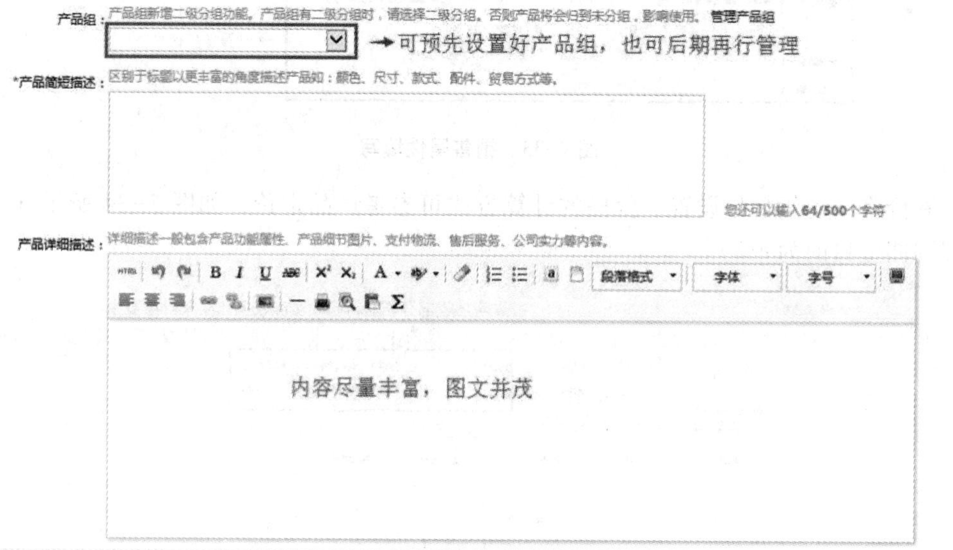

图 7-36　**产品详细描述填写**

产品的详细描述是让买家全方位了解商品并有意向下单的重要因素。优秀的产品描述能增强买家的购买欲望，加快买家下单速度。一个好的详细描述主要包含以下几个方面：

a. 商品重要的指标参数和功能（如服装的尺码表，电子产品的型号及配置参数）；

b. 5 张及以上详细描述图片；

c. 售后服务条款。

⑨包装信息填写：在填写包装设置时，一定要填写产品包装后的重量和尺寸，这直接与运费价格相关，如图 7-37 所示。

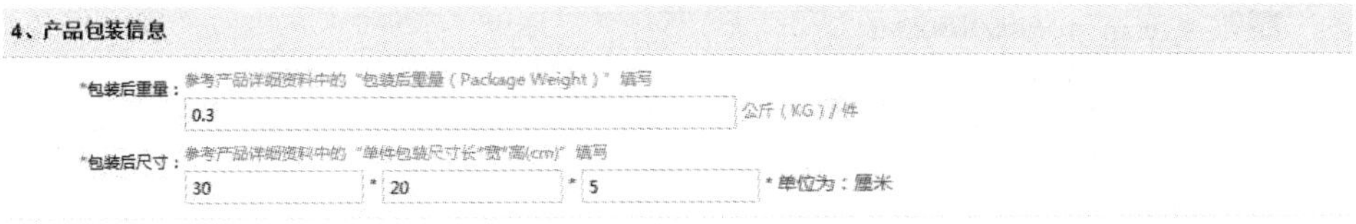

图 7-37　包装信息填写

⑩选择物流模板：在发布产品前，一定要先设置好运费模板，如图 7-38 所示。

图 7-38　选择物流模板

⑪其他信息填写：产品有效期指产品在审核成功后展示的时间，如图 7-39 所示。

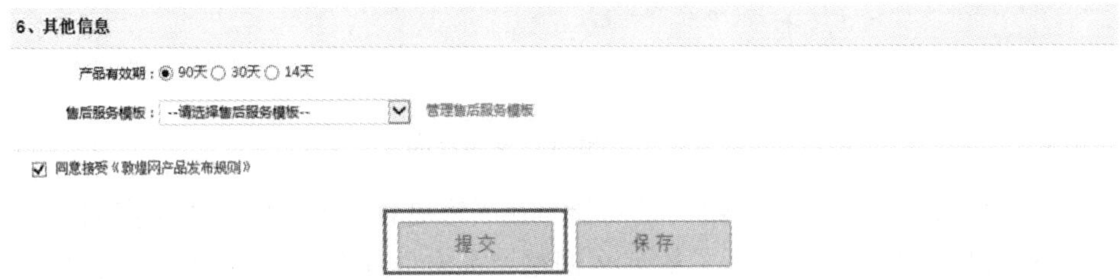

图 7-39　其他信息填写

在编辑完产品之后，点击提交，产品会进入审核阶段，审核通过后，买家就可以找到产品。

7.2.3　开设店铺（卖家）

7.2.3.1　管理已发布产品

产品发布成功后，我们还可以对其进行管理、分组等。

本节主要包括管理已发布产品、管理产品组两项内容。

（1）管理已发布产品。操作步骤：进入卖家后台→产品→管理产品。

在这里可以看到所有已上架、编辑中及已下架的产品。对于已上架正在销售中的产品，可以随时进行再次编辑、下架、编辑推荐（推荐到店铺橱窗中展示）及删除，也可以同时选中多个产品进行批量操作。“草稿箱”中的产品指的是已经保存但尚未提交的产品，可以随时点击“编辑”按钮再次进入提交。超过发布有效期或卖家手工下架的产品会出现在“已下架”列表中，可以随时编辑或重新上架，如图 7-40 所示。

图 7-40　管理已发布产品

（2）管理产品组。“产品分组”的功能是让买家更容易地检索到卖家商铺产品。而在实际使用过程中很多卖家并不了解怎么调整产品分组更便于买家使用，也不知道如何调整自身产品组在商铺首页的展示。

产品分组的用途和好处：

第一，不同品类产品各就其位，方便买家找到产品。

第二，产品线更加清晰，方便卖家管理。

第三，个性化的产品分组方便卖家做营销。

操作步骤：进入卖家后台→产品→管理产品组，如图 7-41 所示。

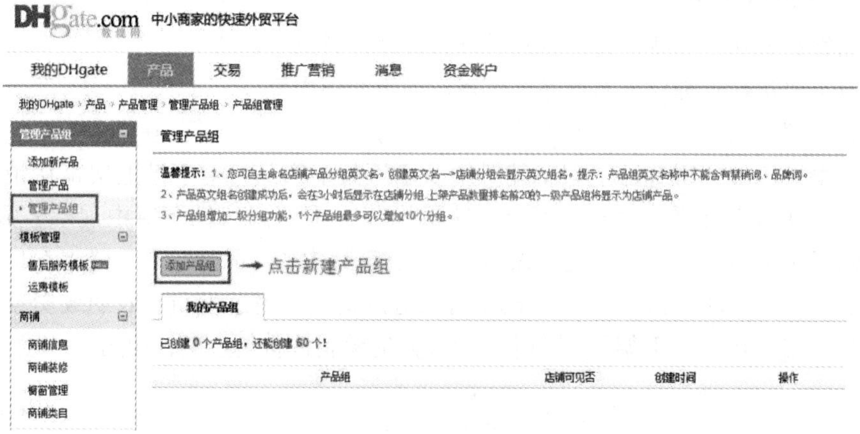

图 7-41　管理产品组

点击“添加产品组”，可以创建新的产品组，在产品大组下也可以创建子分组，如图 7-42 所示。

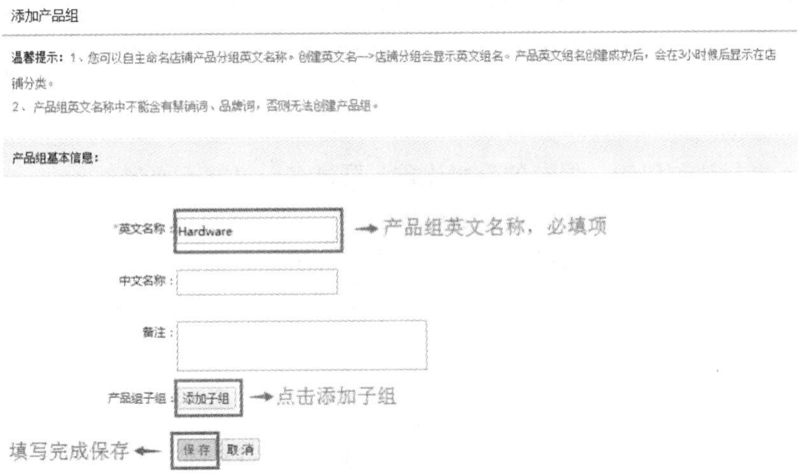

图 7-42　**添加产品组**

创建成功后，可以进行修改、删除、管理组内产品等操作，如图 7-43 所示。

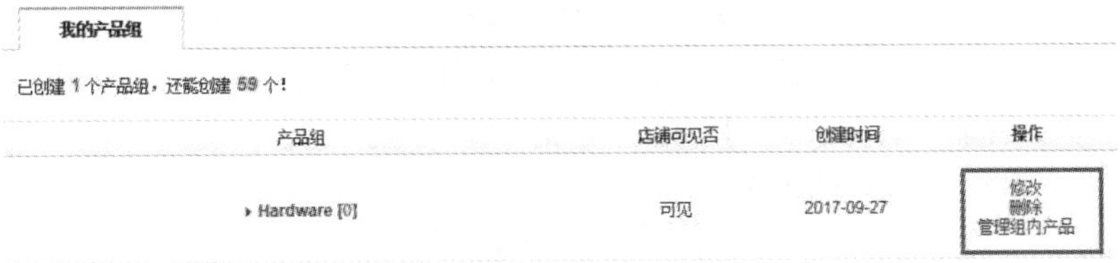

图 7-43　**编辑产品组**

点击“管理组内产品”，可添加新产品到组内、批量移除等，如图 7-44 所示。

图 7-44　**管理组内产品**

合理的产品分组排序能够将商铺的商品用最有可能合理、最能激起买家购买意愿的方式展现。结合平台商商铺的数据分析，如下格式的产品分组会更容易吸引买家。

（1）促销产品分组，如 New Arrive，Promotion，Discount。

（2）热门品类的分组，如 iPhone 配件、iPad 配件。

（3）按照所属行业常用规则的产品分组，如卖平板电脑可以按照屏幕尺寸分组。

（4）其他，放一些无法归类的商品。

在做产品分组的设置时要注意不要出现如下错误：

（1）不要出现无分组的产品，无分组的产品会导致系统在分组里面增加一个额外的“other”分组。

（2）不要只注重促销，促销的分组比重不要过多，最好不要超过 3 个。

（3）不要将不相关的商品加在产品组里面。

（4）不要用买家不容易搞懂的专业信息进行分组。

（5）不要有过多的产品分组，尽可能将产品分组控制在 20 个以内，超过 20 个买家是无法记忆的。

7.2.3.2 管理商铺

完成敦煌网注册后，进入卖家后台。卖家可先行用 PS 等工具自行设计商铺标志，并制作店招图片（店铺横幅）等图片，然后进入“店铺信息”，填写商铺相关信息，装点自己的门面。

商铺管理包含 4 个部分：商铺信息、商铺类目、商铺装修及橱窗管理。

（1）商铺信息。操作步骤：进入卖家后台→产品→商铺→商铺信息。

根据平台的规则，完善店铺的信息，有助于引流。店铺信息在提交审核并审核通过后，会更新至店铺中，如图 7-45 所示。

图 7-45　商铺信息

商铺各项信息请用英文填写，尽量填写完整。其中“商铺标志”和“商铺横幅”需要上传图片，请按照页面上要求的标准尺寸，用 PS 等工具制作相应大小的图片再上传。信息填写完成后，点击右上角“保存”按钮进行提交，也可以点击“查看我的店铺”，浏览自己店铺的展示效果。

（2）商铺类目。操作步骤：进入卖家后台→产品→商铺→商铺类目。

卖家可以自主设定商铺类目的展示内容（见图 7-46），包括下列两种方式（建议使用产品组）：

①使用平台默认展示类目：选择该项时，显示的是所有产品的顶级展示类目。

②自定义产品组的顺序进行展示（请确保产品组都有对应的英文组名）。

商铺类目设置后四小时以内会在买家端商铺更新。

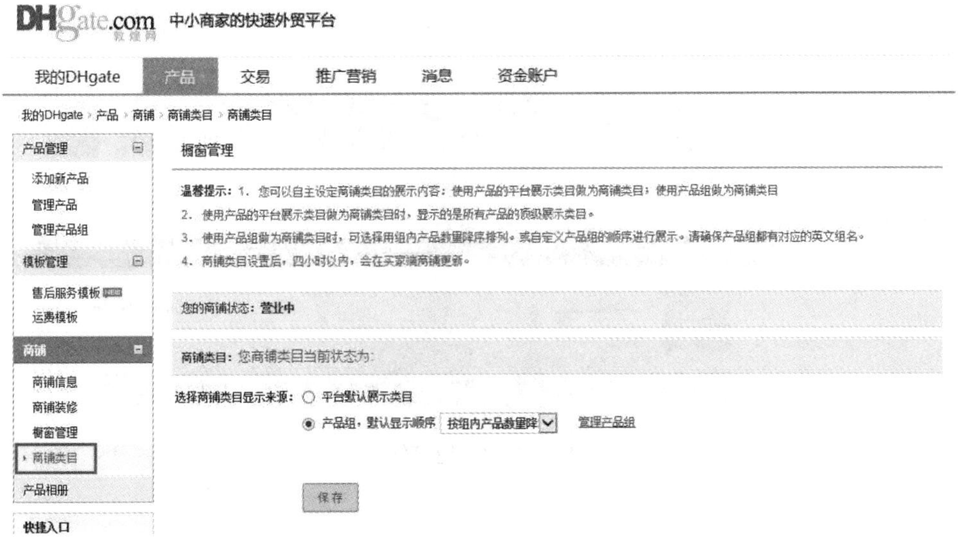

图 7-46 商铺类目

（3）商铺装修。操作步骤：进入卖家后台→产品→商铺→商铺装修。

卖家可以对商铺的展示样式、背景颜色等进行编辑。卖家可以在此预览模板样式，以选择适合的商铺模板，如图 7-47 所示。

设置完成后，点击右上角“确认”按钮进行提交，也可以点击“查看店铺”预览效果。

（4）橱窗管理。操作步骤：进入卖家后台→产品→商铺→橱窗管理。

卖家可以设置橱窗是否在商铺展示，并可设置橱窗内的产品，如图 7-48 所示。New Arrivals 橱窗展示的是最新到货的产品，Hot Items 橱窗展示的是最热销的产品，Free Shipping 橱窗展示的是免运费的产品。

点击页面上方的标签进行各分类产品设置，也可以添加产品到当前橱窗、批量修改产品有效期、批量移除产品。

当选择橱窗产品去做店铺的橱窗营销时，这些产品尽量选择新款、爆款、活动款。通过一个月的橱窗营销，要观察后台数据和店铺订单，在一个月内，不能带来曝光量、

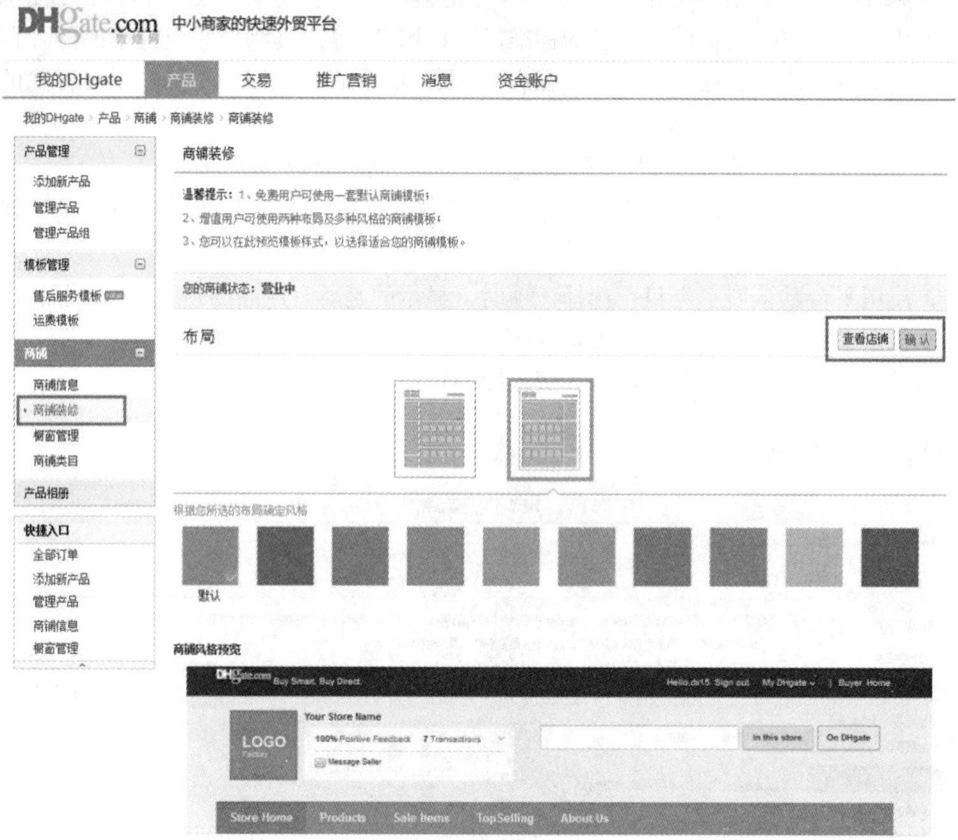

图 7-47　商铺装修

图 7-48　橱窗管理

点击量和订单量的产品都应该及时更换，让店铺其他的产品有机会成为橱窗产品，通过一系列的更换、循环，最终留下来的橱窗产品应该是能带来高曝光量、高点击量、高订单量的新款、活动款和爆款产品。橱窗营销需要时间去观察，只有不断地去更换产品，不断地观察后台数据，才能把橱窗营销做得越来越好。

7.2.3.3　管理产品相册

网上购物，买家对商品的第一印象就是图片。产品相册集分组管理、图片搜索、图片筛选、图片重命名等功能于一体，能够提供更加强大的图片管理功能，帮助卖家更加方便快捷地管理在线交易图片。

操作步骤：进入卖家后台→产品→产品相册，如图 7-49 所示。

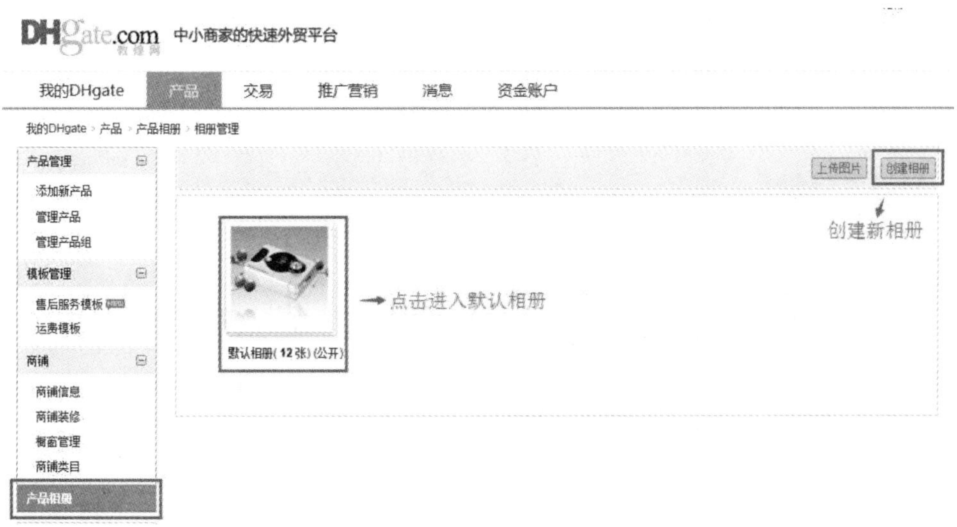

图 7-49　管理产品相册

点击相册对应的图标进入相册管理界面，点击“上传图片”，一次最多可同时上传 4 张图片。

7.2.4　营销活动（卖家）

7.2.4.1　店铺活动

店铺促销活动是指平台为了促进卖家成长，增加更多的曝光及交易机会，定期或不定期地组织卖家发起的不同于日常销售的特殊销售行为及活动。促销活动包括多种方式，卖家可根据需要选用。

店铺活动主要包含 3 类：限时限量折扣、全店铺打折及店铺满立减。

（1）限时限量折扣。操作步骤：进入卖家后台→推广营销→店铺活动→限时限量折扣。

请注意：同一时间段内，限时限量活动只能创建一个。

点击“创建活动”开始创建（见图 7-50），输入活动名称、开始及结束时间，然后点击“确定”（见图 7-51）。提示：限时限量活动一旦创建且开始后，直至活动结束，中间无法进行停止操作，应谨慎创建。

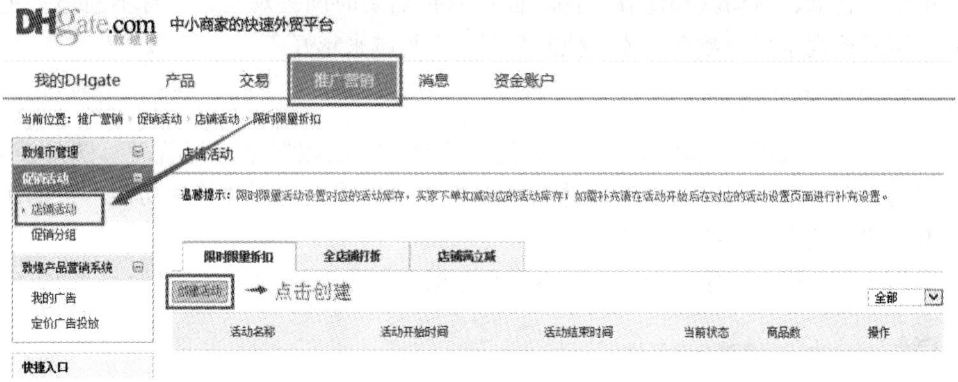

图 7-50　限时限量折扣

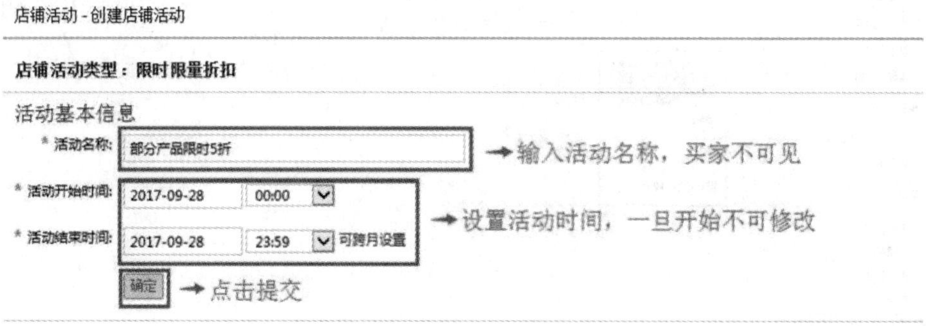

图 7-51　创建店铺活动

活动创建成功后，还需要往里面添加相应的折扣产品。可通过点击活动对应的“编辑”按钮进行操作。产品加入成功后，还需要对添加的产品设置折扣力度。分别点击要设置的产品对应的“修改”按钮，然后再输入其折扣率即可。

（2）全店铺打折。操作步骤：进入卖家后台→推广营销→店铺活动→全店铺打折，如图 7-52 所示。

全店铺打折是敦煌网推出的店铺自主营销工具，可以根据不同类目商品的利润率，对全店铺的商品按照商品分组设置不同的促销折扣，吸引更多流量，刺激买家下单，累积客户和销量。

首先点击“营销分组设置”（营销分组设置主要是为了对店铺内产品进行分组，分别设置不同的折扣率）；

点击“新建分组”，按照产品类别创建多个小组；

创建完组后，点击对应的“组内产品管理”，把相应产品添加到组中；

各组内产品都添加完成后，回到全店铺打折首页，点击“创建活动”按钮；

图 7-52　**全店铺打折**

输入活动名称、开始及结束时间，分别对不同组设置其折扣率（“other”为店铺中未参与分组的其他产品），点击“提交”。

创建成功后，回到全店铺打折首页，可看到已创建的活动，在活动开始之前，可以对其进行修改。

提示 A：全店铺打折活动一旦创建且开始后，直至活动结束，中间无法进行停止操作，应谨慎创建。

提示 B：当“全店铺打折”活动和“限时折扣”活动时间上有重叠时，以限时限量折扣为最高优先级展示。例如：商品 A 在全店铺打折中的折扣是“10% off”（即 9 折），在限时折扣中是“15% off”（即 8.5 折），则买家页面上展示的是限时限量 15% 的折扣。

（3）店铺满立减。操作步骤：进入卖家后台→推广营销→店铺活动→店铺满立减，如图 7-53 所示。

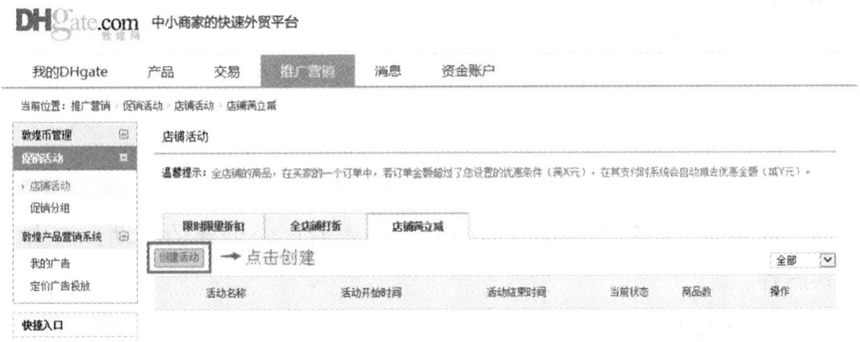

图 7-53　**店铺满立减**

店铺满立减工具是敦煌网推出的店铺自主营销工具。针对全店铺的商品（或部分商品），在买家的一个订单中，若订单金额超过了预先设置的优惠条件（满 X 元），在其支付时系统会自动减去优惠金额（减 Y 元）。这样既让买家感觉到实惠，又能刺激买家为了达到优惠条件而多买，买卖双方互利双赢。优惠规则（满 X 元减 Y 元）由卖家根据自身交易情况设置。正确使用满立减工具可以刺激买家多买，从而提升销售额，拉高平均订单金额和客单价。

输入活动名称、开始及结束时间，设置促销规则，如图 7-54 所示。

提示 A：店铺满立减活动一旦创建且开始后，直至活动结束，中间无法进行停止操作，应谨慎创建。

提示 B：折扣和满立减的优惠是可以叠加的，设置时一定要考虑折上折时的利润问题。

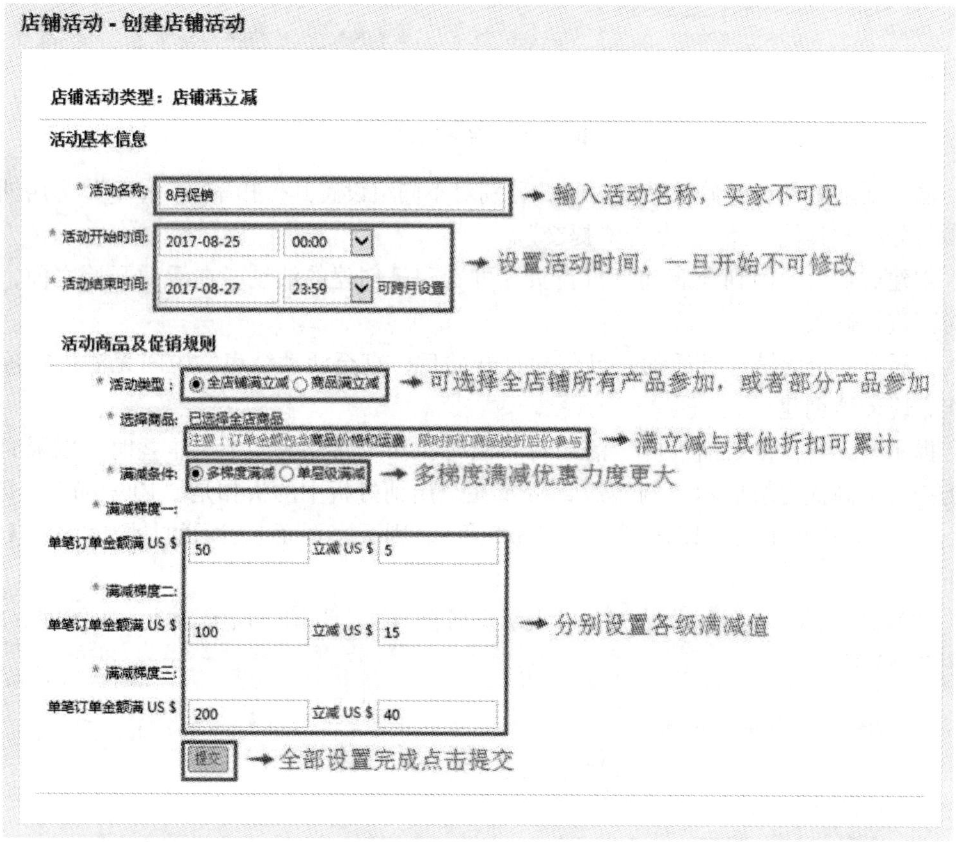

图 7-54　店铺活动设置

活动创建成功后，回到店铺满立减首页，可查看已经创建的活动，点击“编辑”可以修改其内容。

7.2.4.2　定价广告投放

定价广告是敦煌网整合网站的资源，倾力为敦煌网卖家打造的一系列优质推广展示位，分布于网站的各个高流量页面，占据了页面的焦点位置，以图片或者橱窗等形式展示。定价广告仅对敦煌卖家开放，卖家可以在“敦煌产品营销系统”平台上购买。

投放定价广告需要先完成敦煌币充值，然后才能购买。

（1）敦煌币充值。投放广告需要以敦煌币来支付，因此在投放广告之前，需要先充值敦煌币。敦煌币分为敦煌金币和敦煌券，目前主要用来投放广告。敦煌金币与敦煌券等值，与人民币兑换比例是 1∶1（1 人民币 = 1 敦），一旦到账均不能退款。敦煌金币为卖家充值购买；敦煌券为敦煌网赠送所得，附带有效期限。

操作步骤：进入卖家后台→推广营销→敦煌币管理，如图 7-55 所示。

图 7-55　敦煌币管理

点击“充值敦煌币”，进入充值页面。输入充值金额（如果不确定充值金额，可以先到“定价广告投放”页面查询一下具体的广告费），选择支付方式（银行可任意选择），然后点击“去网上银行支付”，如图 7-56 所示。

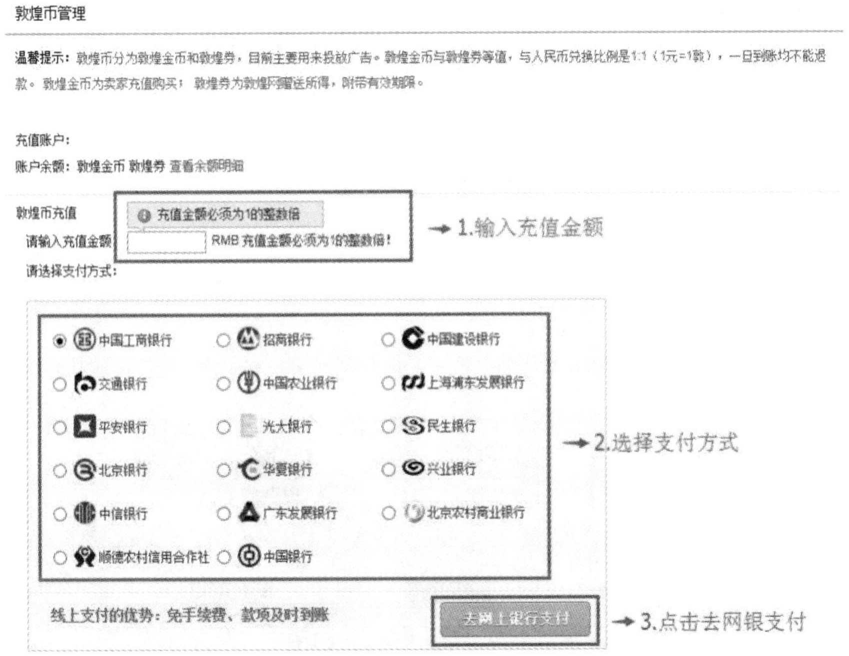

图 7-56　充值敦煌币

这里需要填写信用卡信息，因此在第一次支付前，卖家需要先去银行申请开信用卡。如果已经开卡，在如图 7-57 所示的界面中输入银行卡号（可在首页的“财务”中查找卡号），再点击“支付”。

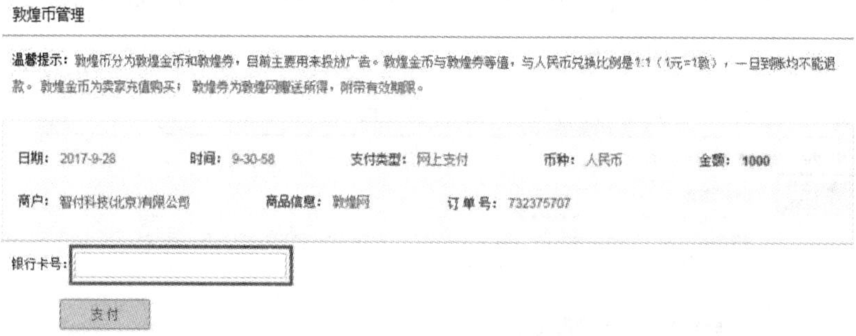

图 7-57　支付充值敦煌币

（2）定价广告投放。敦煌币充值成功后，就可以购买广告了。

操作步骤：进入卖家后台→推广营销→敦煌产品营销系统→定价广告投放，如图 7-58所示。

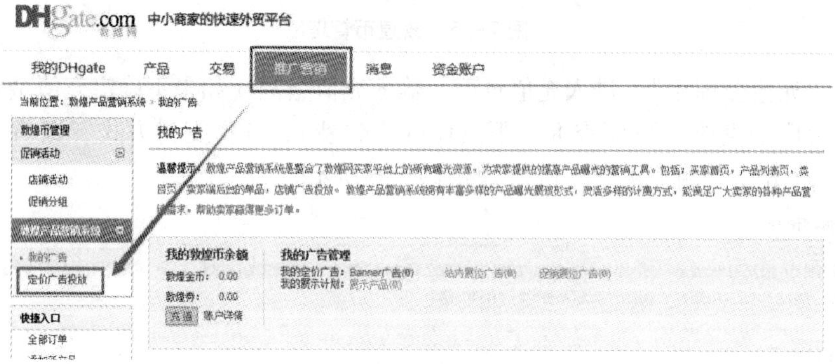

图 7-58　推广营销

目前系统中仅支持 Banner（横幅）广告位投放，点击其对应的“立即投放”按钮，如图 7-59 所示。

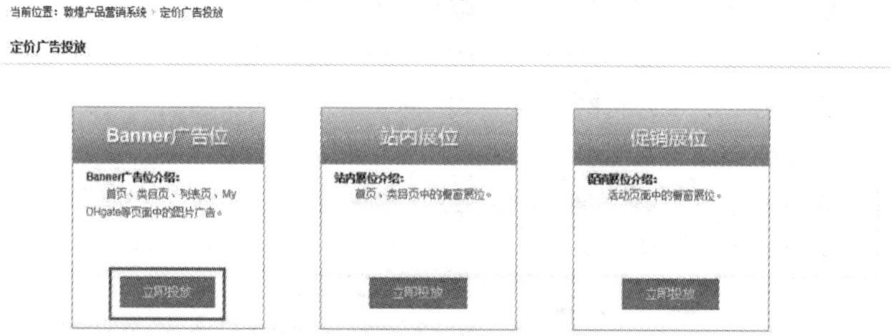

图 7-59　定价广告投放

再点击“新增投放申请”，如图 7-60 所示。

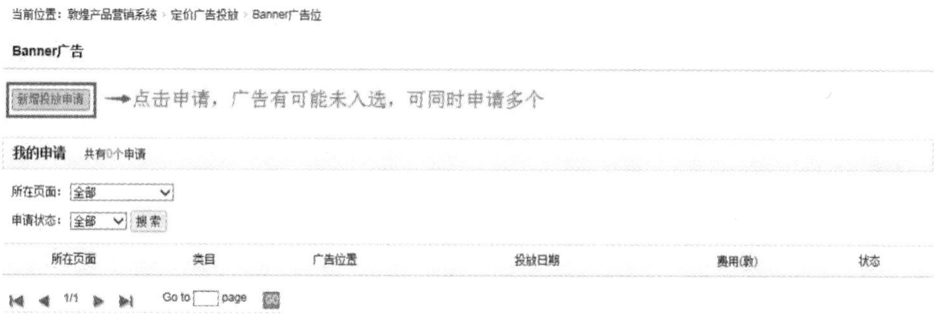

图 7-60　新增投放申请

选择要投放的页面（目前仅支持首页），点击“下一步”，如图 7-61 所示。

图 7-61　选择投放页面

选择要投放的广告位（轮播图 1 即展示在敦煌网首页上的第一幅，价格最高，以此类推），点击“下一步”，如图 7-62 所示。

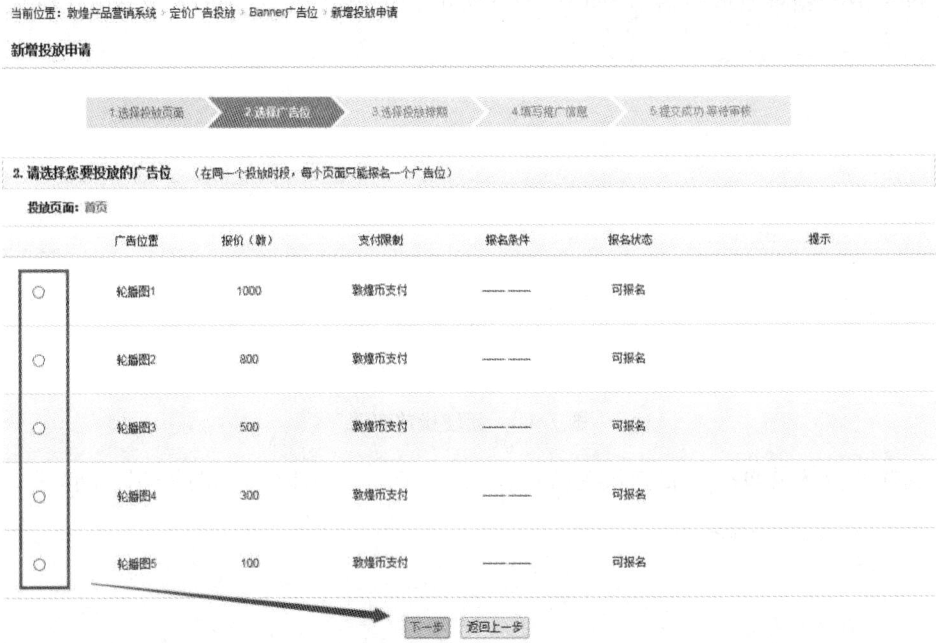

图 7-62　选择广告位

选择广告投放排期（每期广告都有报名限额，如果已经报满则只能选择别的日期），点击“下一步”，如图 7-63 所示。

图 7-63　选择投放排期

选择排期后，还需要上传准备展示在首页上的宣传图片，如图 7-64 所示。

图 7-64　填写推广信息

如果敦煌币余额足够支付，申请广告成功。申请后，默认状态会显示为“未入选”，申请的资金也将被冻结；等到报名截止日期结束后，系统将在所有的申请中自动评定入选人，此时如果入选，广告状态将显示为“已入选”，相应资金也将扣除；否则将退还相应冻结资金。

7.2.5　注册认证（买家）

7.2.5.1　填写个人资料

实训中，每个学生不仅拥有卖家身份，也同时拥有一个买家身份（个人）。在担任买家进行实训之前，需要先填写一些个人资料，如买家收货地址等，然后才能进入敦煌网买家中心进行操作。

操作步骤：

在实训首页上的买家中心点击“未注册”字样，进入填写个人资料的界面，如图 7-65 所示。

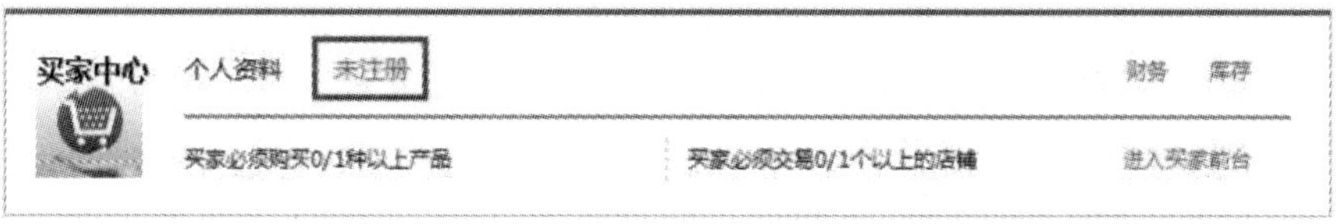

图 7-65　注册认证（买家）

系统中提供了近 50 个国家供买家选择，相关的地址、城市等资料也应该根据国家来填写，填写完成后点击“提交”，如图 7-66 所示。

图 7-66 填写个人资料

提交后，相关资料不可修改。

7.2.5.2 注册敦煌网

完成个人资料的填写后，可在敦煌网注册买家账户。注册完买家账户以后，就可以自由浏览卖家发布的产品，并可对你心仪的产品下单购买了。

操作步骤：

在实训首页上点击“进入买家前台”字样，如图 7-67 所示。

图 7-67 进入买家前台

如果是第一次进入，需要先填写以下账号信息，点击“Creat My Account”提交，如图 7-68 所示。

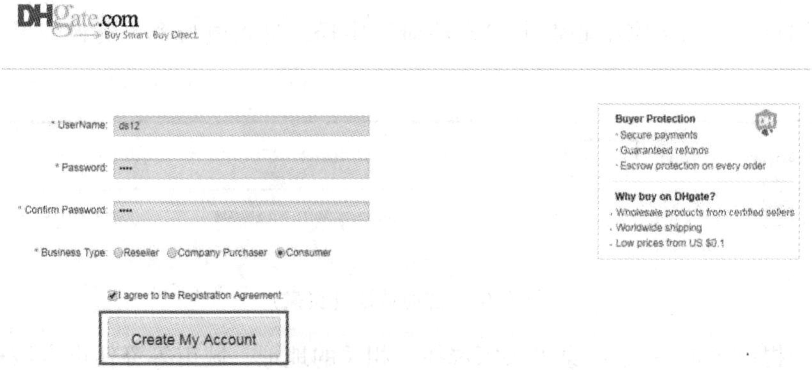

图 7-68 填写账号信息

7.2.5.3 申请信用卡

本部分操作同 7.2.1.3 中的内容。

7.2.6 下单付款（买家）

7.2.6.1 在线沟通

买家在浏览商品、准备下单的过程中，可以先通过敦煌网的站内信功能与卖家取得联系，确认细节、讨论运费，或者是争取更大的优惠折扣等。

操作步骤：

在实训首页上点击“进入买家前台”字样，进入敦煌网买家首页。

在敦煌网主页上，买家可以直接浏览卖家发布的产品，也可以通过产品分类进行查看，或者是直接在搜索框内输入关键词搜索，找到自己心仪的产品，如图 7-69 所示。

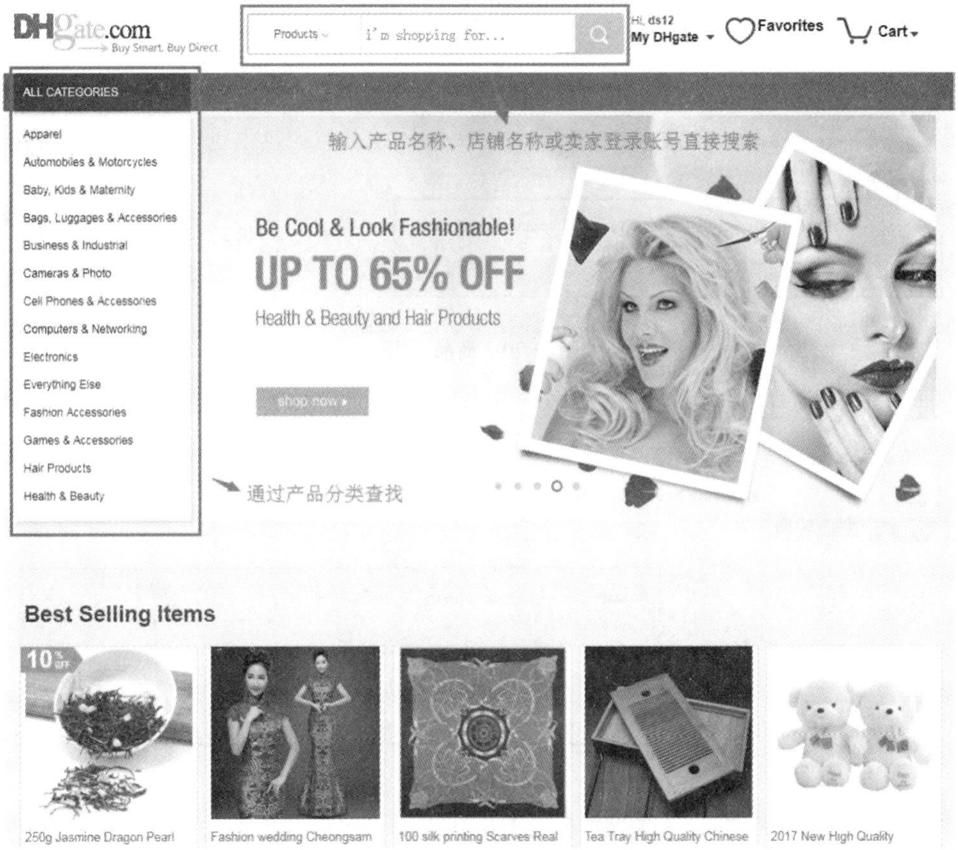

图 7-69 敦煌网买家主页

买家找到有购买意向的商品后，可仔细浏览其各项属性，包括售价、运费、详情、买家评价等。在正式下单前，如果有任何关于品质细节或价格方面的疑问，建议先与卖家进行沟通，具体方法为点击产品详情页面右上角的“Message”，如图 7-70 所示。

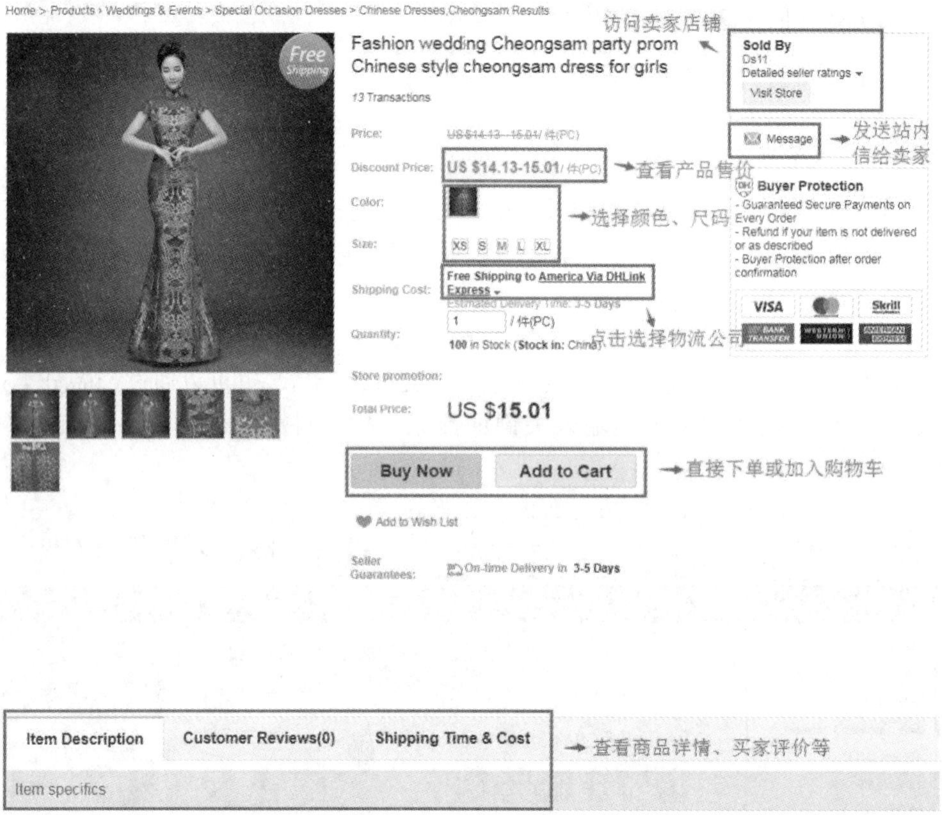

图 7-70　商品详情

进入站内信发送页面，输入信件内容发送给卖家，如图 7-71 所示。

图 7-71　发送站内信

卖家可进入站内信界面浏览并回复买家，卖家回复后，买家可以在敦煌网首页上点击“消息中心”进入查看，如图 7-72 所示。

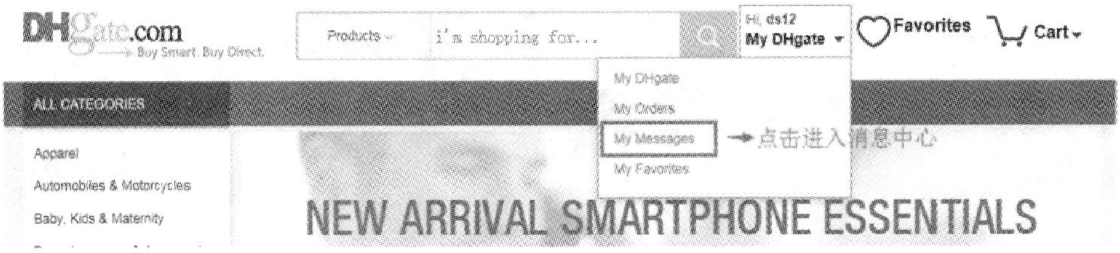

图 7-72 查看“消息中心”

7.2.6.2 买家下单

买家找到心仪的产品，并与卖家就各项条件达成一致意见后，就可以下单了。

操作步骤：

打开准备购买的产品详情页面，选择相应的尺码、颜色，输入购买数量，选择物流公司，然后点击“Buy Now”立即购买，或点击“Add to Cart”加入购物车，如图 7-73 所示。

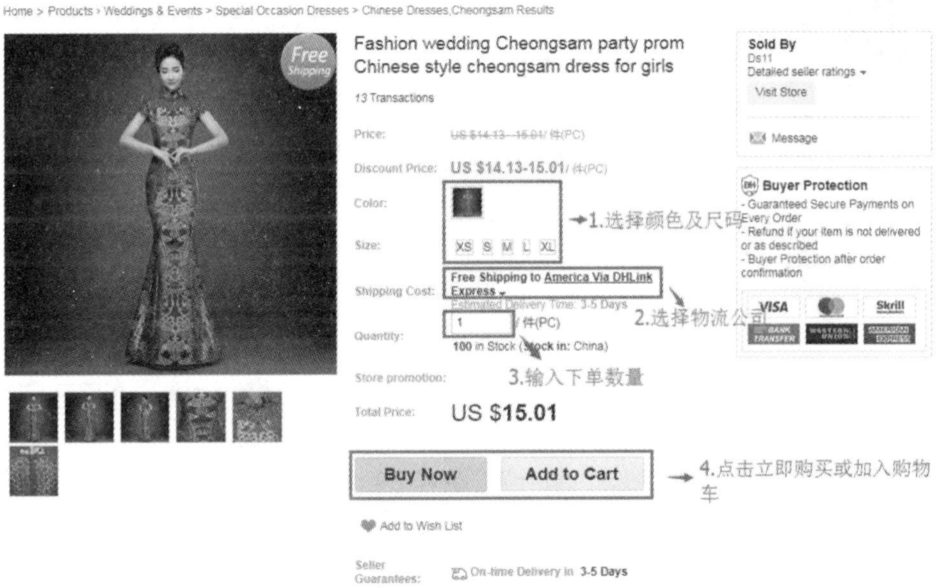

图 7-73 选择商品加入购物车

如果是加入了购物车，可以在卖家店铺中再选择其他的产品，一并加入购物车后，点击进入购物车，如图 7-74 所示。

图 7-74　进入购物车

再次确认产品的相关信息，无误后点击“Buy All”进行购买，如图 7-75 所示。

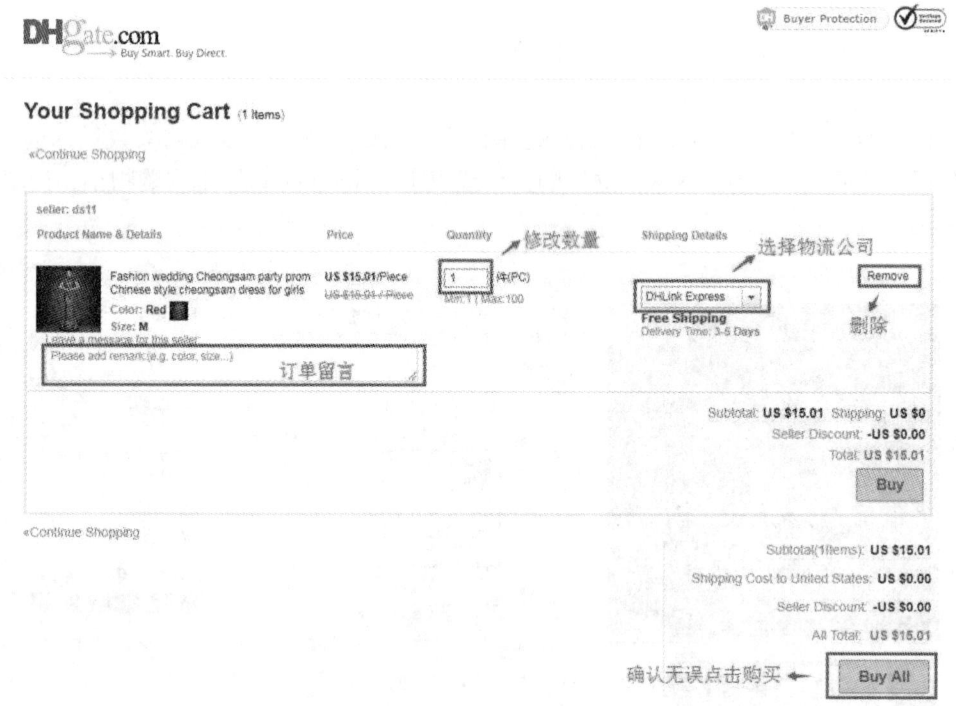

图 7-75　确认订单

进入下单界面，再次确认各项信息（买家收货地址已由系统根据买家资料自动填写），确认无误后点击“Place Order”按钮，如图 7-76 所示。

这样买家下单就完成了，接下来进入支付订单环节，具体说明请查看帮助中的“买家付款”。

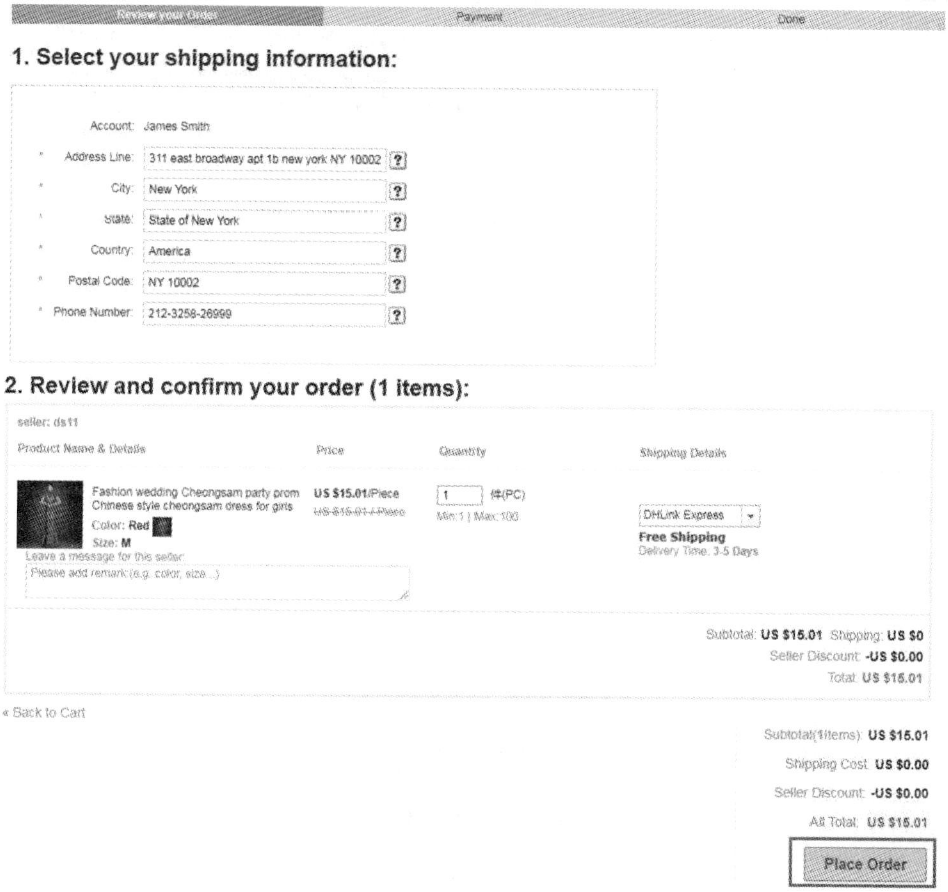

图 7-76 下单

7.2.6.3 买家付款

买家下单成功后，会直接进入付款界面（在支付订单之前，需要先完成申请信用卡操作）。

操作步骤：

如果买家在下单后并没有立即支付，而是关掉了页面，可以通过在首页上点击“My Orders”进入订单页面，继续支付操作，如图 7-77 所示。

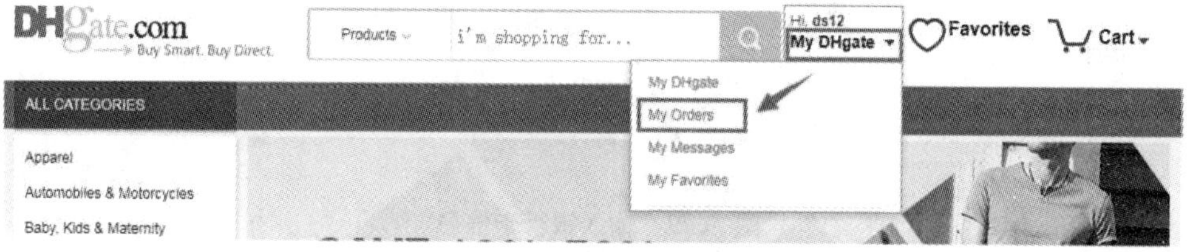

图 7-77 进入订单页面

点击“Proceed to Pay”继续支付订单，如图 7-78 所示。

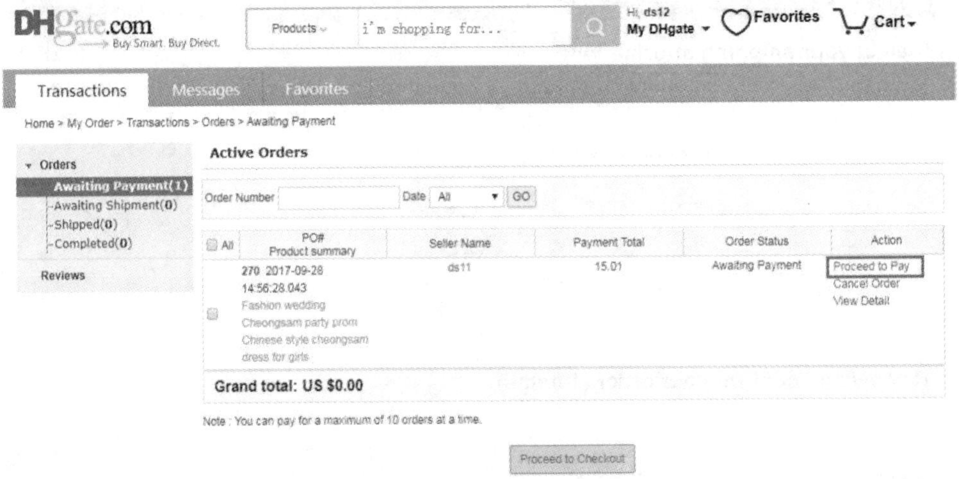

图 7-78　支付订单

输入银行卡号等信息（参照“买家→财务”中的信用卡信息填写），再点击“Pay for order”，如图 7-79 所示。

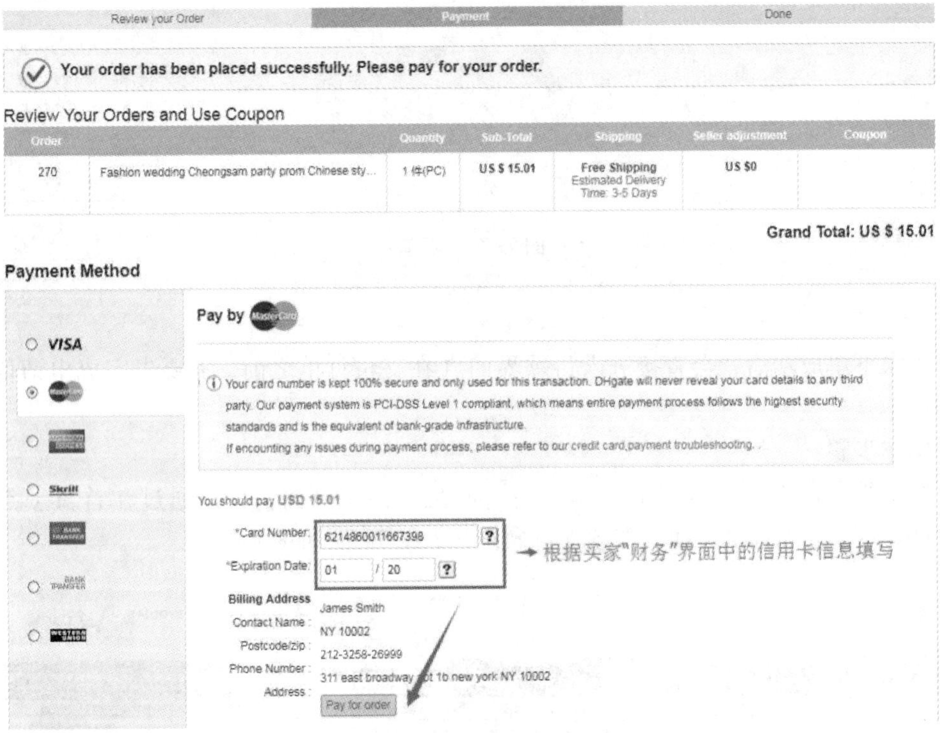

图 7-79　输入银行卡信息

支付成功，接下来就等待卖家发货了，如图 7-80 所示。

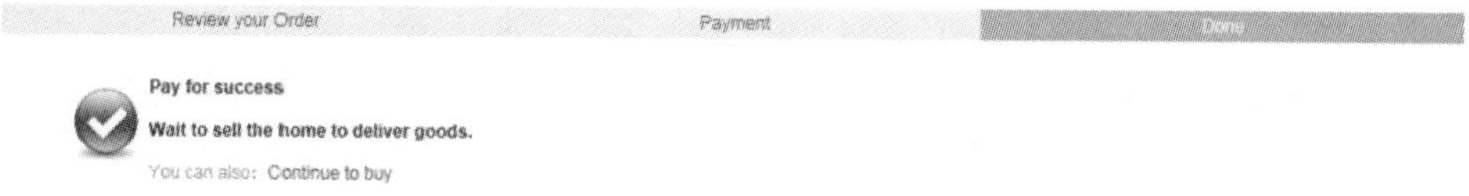

图 7-80　支付成功

7.2.7　处理订单（卖家）

7.2.7.1　产品备货

一旦收到买家已经下单并付款的订单，卖家就可以备货了。当然，卖家也可以提前备货，不过这样会有一定的库存风险，万一产品滞销，可能会造成损失。

操作步骤：

在实训首页上点击“库存”字样，进入库存首页。

进入库存界面后，点击上方第 2 个菜单“订货”，即可看到产品列表，如图 7-81 所示。

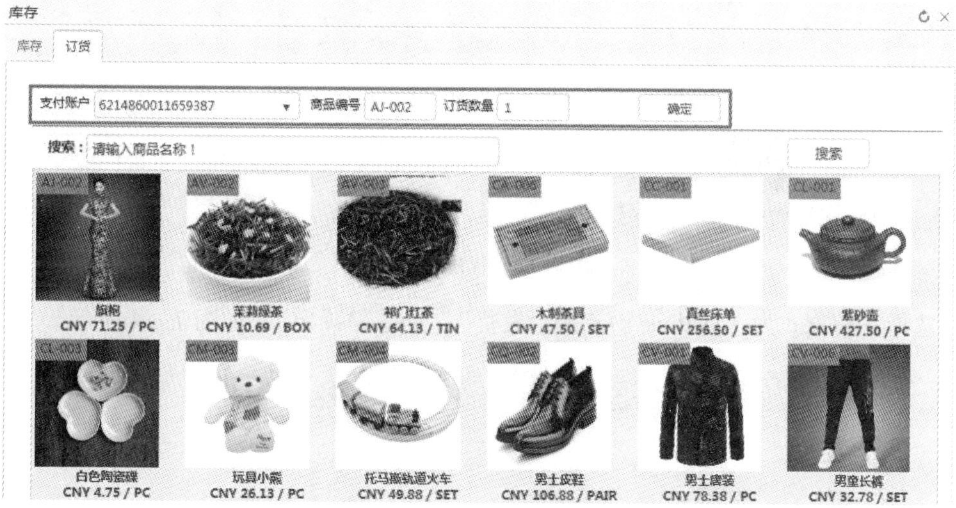

图 7-81　查看产品列表

订货成功之后，可切换到“库存”页面查看库存情况（需要刷新页面），如图 7-82所示，也可进入“财务”界面查看费用支出。

图 7-82　查看库存情况

7.2.7.2 包装发货

卖家接到买家已付款的订单，且在库存中备好货物以后，就可以准备包装发货。

发货包括 3 个步骤：线上发货、支付运费和发货通知。

(1) 线上发货。操作步骤：进入卖家后台→交易→全部订单。

点击“待处理订单”中的“待发货”项，找到需要发货的订单，首先打开“订单详情”页查看，再点击“立即发货”，如图 7-83 所示。

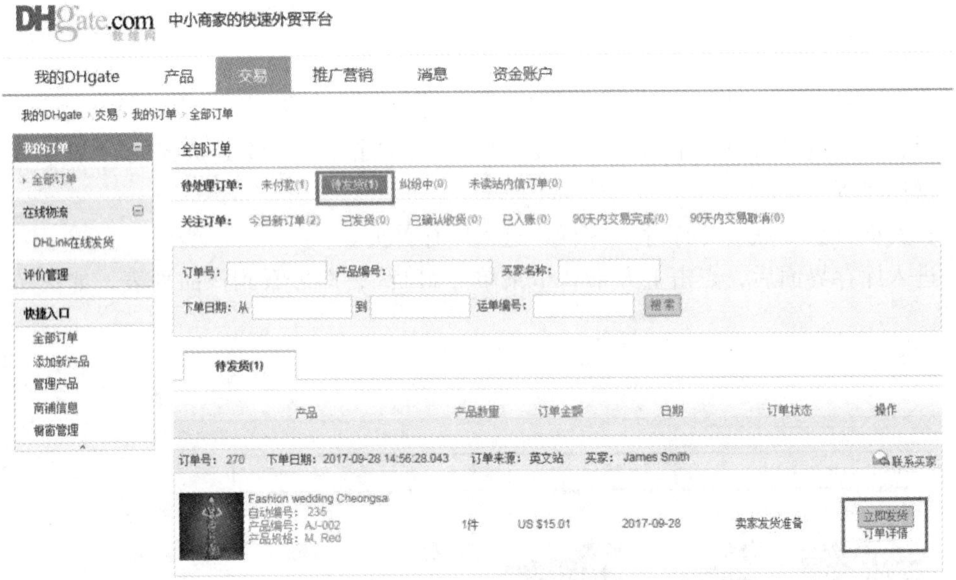

图 7-83 代发货处理

选择发货方式为“DHlink 物流平台发货”，点击“确定”，如图 7-84 所示。

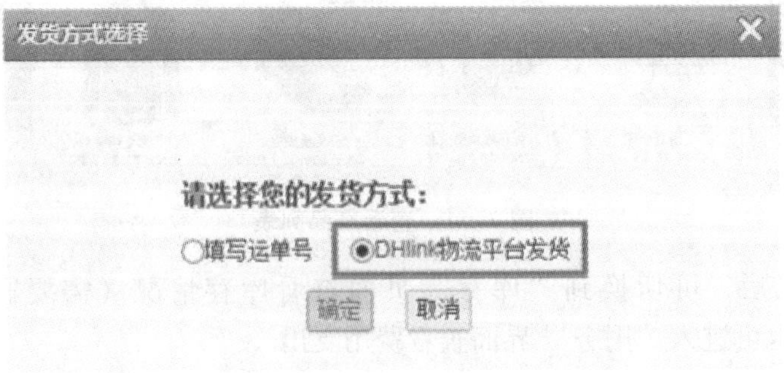

图 7-84 选择发货方式

进入“选择物流方案”界面。选择发货地址和收货国家，输入计算所得的包裹重量、长宽高等信息（重量按商品资料中的“Package Weight”计算，如果有多件，需乘以件数；长宽高数据则参考“Package Size”直接填写，无须计算），然后点击“计算国际运费”，如图 7-85 所示。

图 7-85　计算国际运费

查询到不同的物流服务商，选择其中一家（应参照订单详情里买家选择的物流公司去选，否则实际工作中可能会被买家投诉），然后点击“下一步，填写发货信息”，如图 7-86 所示。

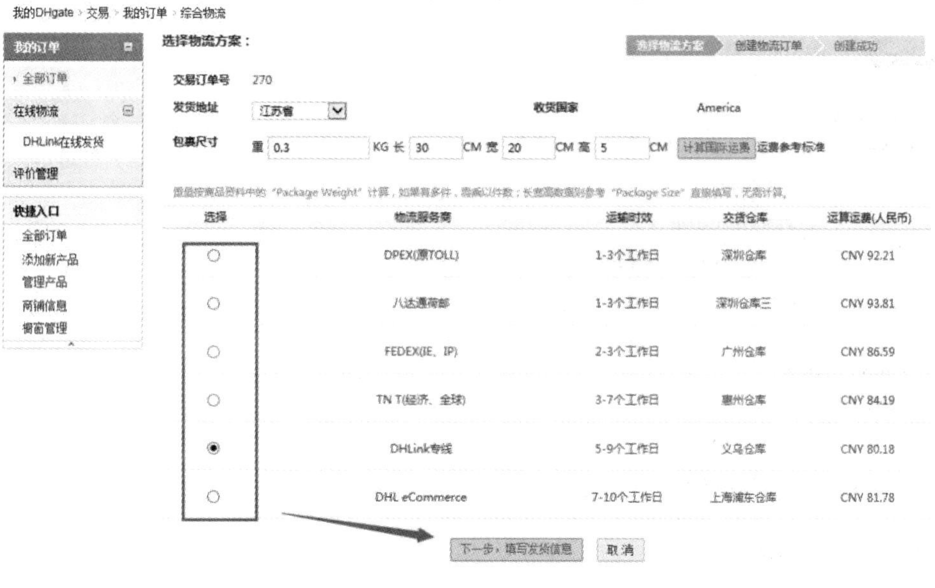

图 7-86　选择物流服务商

确认商品信息、发货信息等，然后点击“提交发货”，如图 7-87、图 7-88 所示。

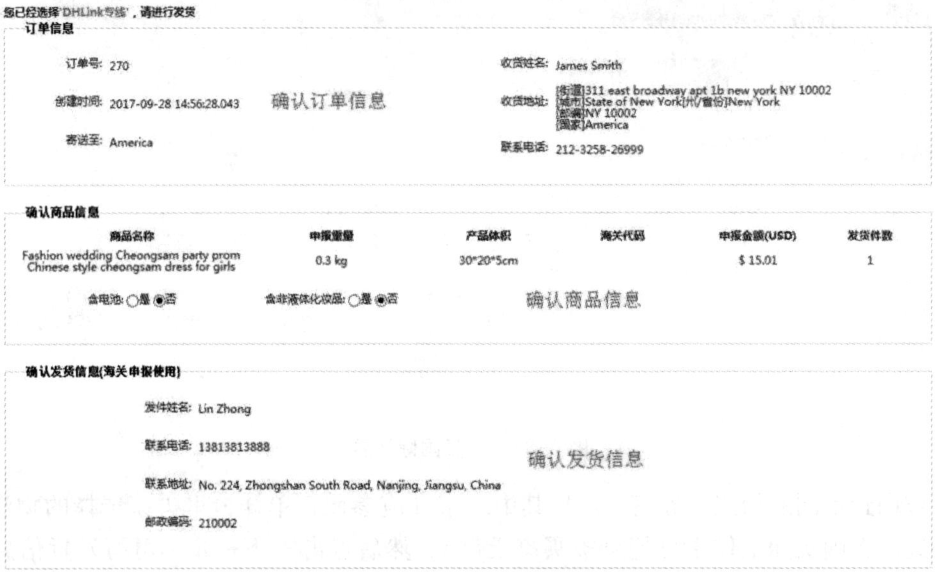

图 7-87　确认商品信息和发货信息

图 7-88　提交发货

成功创建物流单，接下来应进入物流订单详情去支付运费。

（2）支付运费。卖家发货后，可直接点击发货成功界面上的“查看物流单”，或者是进入卖家后台→交易→DHLink 在线发货，找到已发货但尚未支付运费的订单，如图 7-89、图 7-90 所示。

图 7-89　查看物流单

图 7-90　DHLink 在线发货

选择查看“等待支付运费”项下的国际快递订单，点击“立即支付”，如图 7-91 所示。

图 7-91　查看“等待支付运费”

选择一张银行卡，点击“确认支付”，如图 7-92 所示。

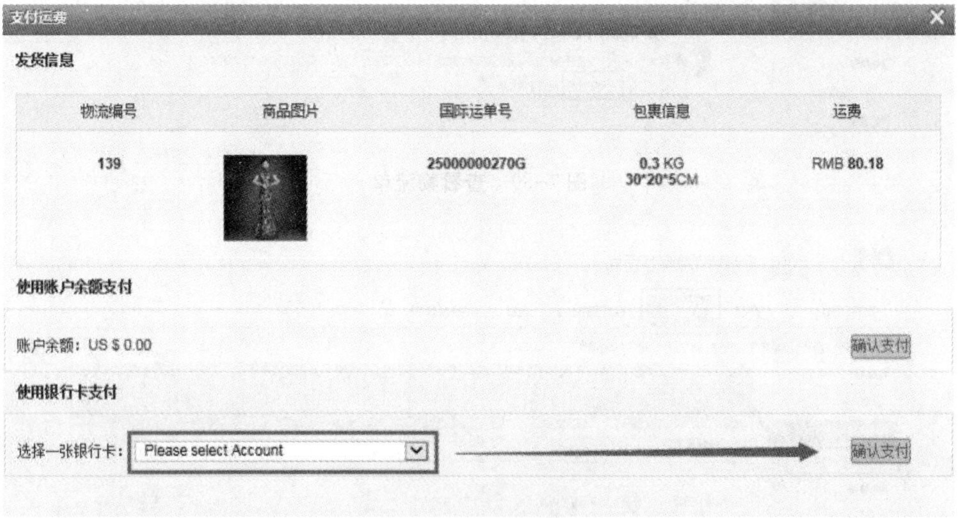

图 7-92　确认支付

支付完运费之后，发货完成，货物就出运了。接下来还需要填写发货通知。

（3）发货通知。完成线上发货后，别忘了还要填写发货通知。

在“DHLink 在线发货订单”的“发货已完成”界面，点击“填写发货通知”，如图 7-93 所示。

图 7-93　填写发货通知

按照物流订单中的内容，选择物流名称，并输入运单号，点击“提交”，如图 7-94 所示。

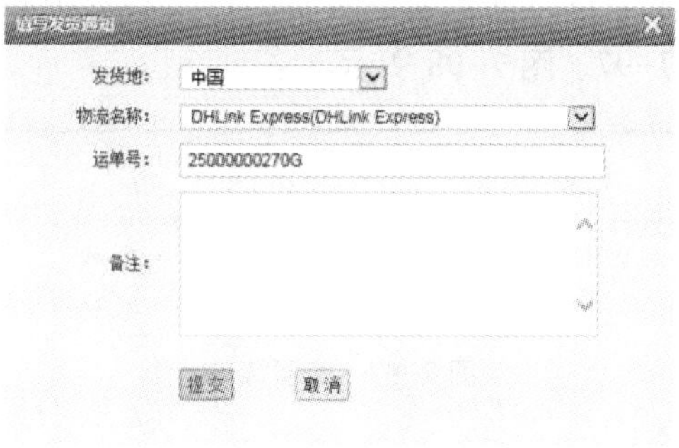

图 7-94　提交发货通知

7.2.8　确认收货（买家）

7.2.8.1　确认收货

卖家发货后，买家在收到货后需要进行确认收货操作。

操作步骤：

进入买家前台，在敦煌网首页上点击“My Orders”进入订单页面，如图 7-95 所示。

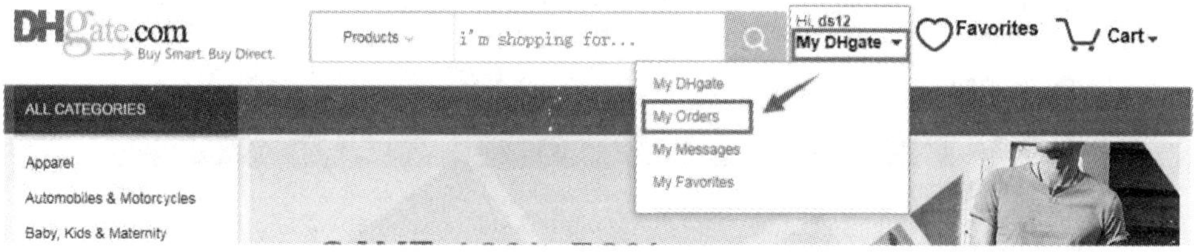

图 7-95　进入订单页面

点击“Shipped”，找到卖家已发货的订单，点击其对应的“Confirm Goods”按钮，如图 7-96 所示。

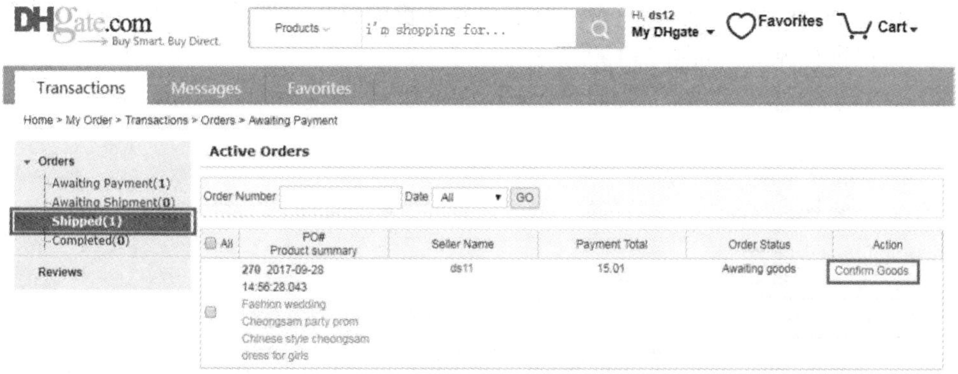

图 7-96　确认收货

确认收货成功，接下来可以回到实训首页，点击买家中心对应的“库存”按钮，查看收到的货物，如图 7-97、图 7-98 所示。

图 7-97　查看库存

图 7-98　查看货物

7.2.8.2　交易评价

确认收货完成后，买家还可以给予卖家关于产品质量、服务等方面的评价。

操作步骤：

进入买家前台，在敦煌网首页上点击“My Orders”进入订单页面。

点击左侧下方的“Reviews”进入管理订单评价页面，如图 7-99 所示。

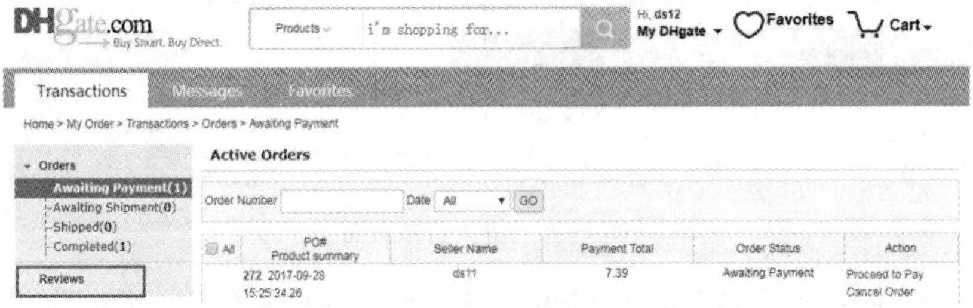

图 7-99　进入管理订单评价页面

点击“Orders waiting for review”筛选出要评价的订单，然后点击对应的“Post reviews”按钮进行评价，如图 7-100 所示。

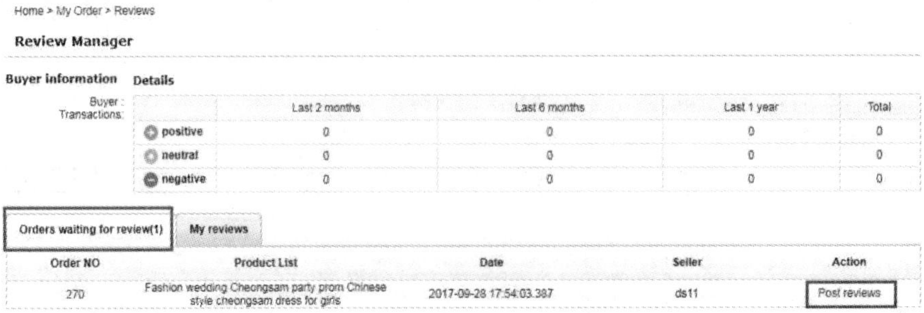

图 7-100　选择订单发表评价

对商品是否与描述相符、运输时间等项目打分，输入评价内容，并可上传产品图片，最后点击“Submit your Review”提交，如图 7-101 所示。

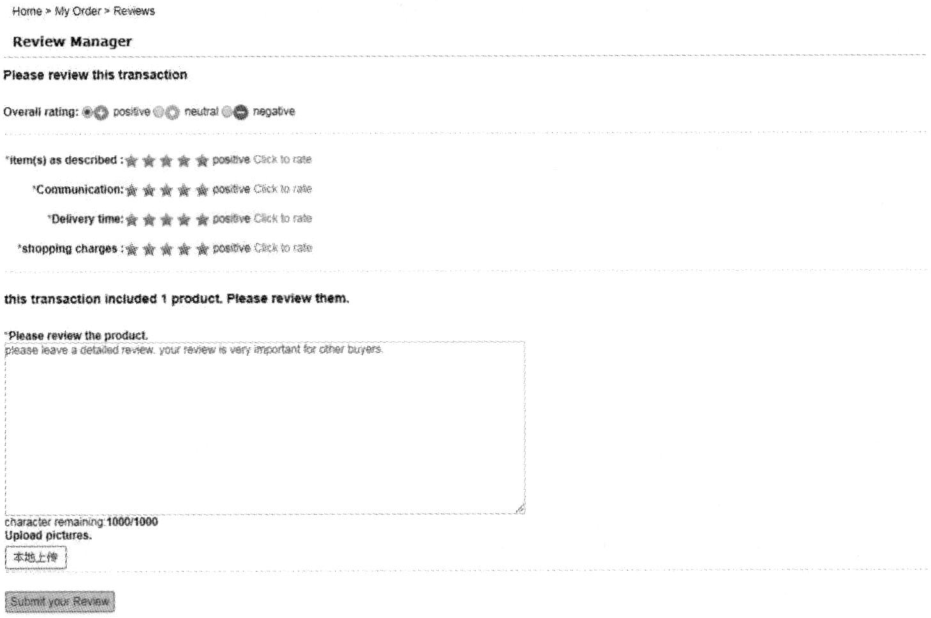

图 7-101 提交评价

评价提交成功，此笔订单完成。

7.2.9 收款提现（卖家）

7.2.9.1 账户设置

卖家在敦煌网中通过出售产品所赚的资金将存放在敦煌网资金账户中，卖家可以通过申请提现转入自己的个人账户。但在提现之前，必须先分别绑定人民币收款账户和外币收款账户的银行卡。

为什么要设置两个收款账户呢？

（1）买家通过信用卡支付时，根据国际支付渠道不同，款项会以外币或人民币的形式进入资金账户，然后分别外币提现和人民币提现。

（2）买家通过 T/T 银行汇款支付时，款项将以外币的形式放款到资金账户。

也就是说，买家采用不同的支付方式，其货款将打入卖家不同的收款账户。

操作步骤：进入卖家中心→资金账户→账户设置，如图 7-102 所示。

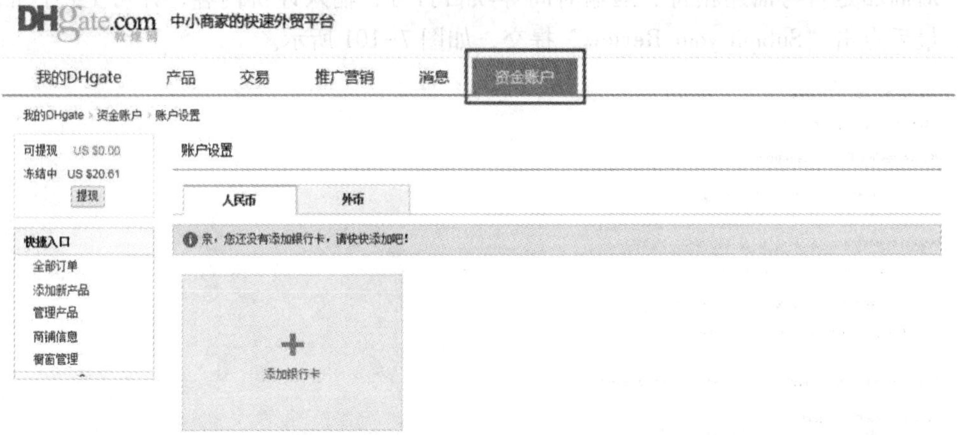

图 7-102　资金账户（卖家）

分别添加人民币和外币账户的银行卡（两个账户可用同一张卡绑定）。首先点击人民币账户对应的“添加银行卡”，输入相关资料（具体银行卡号等信息可在首页“财务”中查找），再点击“确认并保存”，如图 7-103 所示。

图 7-103　添加银行卡

外币账户也用类似方法绑定银行卡，绑定后才可进行提现。

7.2.9.2　资金提现

如果已经设置好收款账户，当账户里有可用余额时，卖家可以进行提现。

操作步骤：

进入卖家中心→资金账户→账户设置，在要提现的账户页面左侧点击“提现”按钮，如图 7-104 所示。

图 7-104 进入提现界面

选择提现账户，输入提现金额，点击“提交”，如图 7-105 所示。

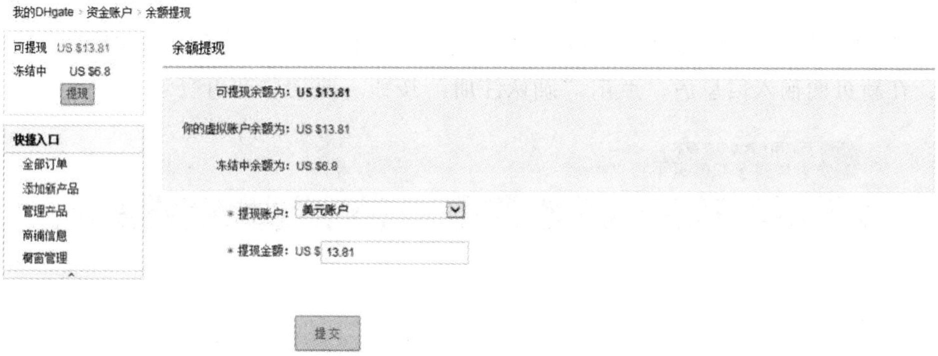

图 7-105 输入提现金额

提现成功，如果要提现别的账户，也是同样的方法。接下来可以进入实训首页“卖家中心→财务”中查看资金是否到账。

第 8 章　速卖通

8.1　基本实训流程介绍

8.1.1　登录系统

学生根据老师分配的用户名、密码登录课程。登录时可选择语言包含中文、英文。已经成功注册学习账号的学生，请输入账号及密码，点击“登录”按钮即可进入系统。尚未注册学习账号的学生，在老师允许的情况下，可以点击右下角的“注册”（见图 8-1），在新页面输入信息后，点击“确认注册”按钮。成功后即可登录。

图 8-1　速卖通登录界面

8.1.2　实训操作流程

（1）学生登录后，选择课程进入（见图 8-2），然后在首页上查看课程要求，修改个人密码。

（2）进入速卖通模拟实训模块。

（3）实训过程中，随时查看自己的分数及排名。

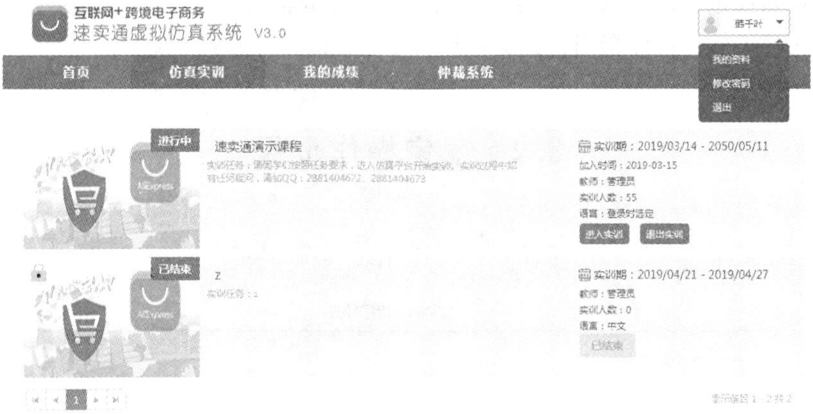

图 8-2　课程选择

8.1.3　主界面介绍

进入课程后，首先进入主界面，如图 8-3 所示。

图 8-3　速卖通主界面

主界面介绍如下：

仿真实训：学生根据不同的任务要求，扮演卖家或买家，进行开店、推广、订单交易等跨境业务。具体操作详见“新手入门”。

我的成绩：包含速卖通排名和详细分项两部分内容。

仲裁系统：实训中如有纠纷，可提交给老师仲裁。

资料查询：包含公司信息、港口信息、汇率等资料。

新手入门：软件操作指引，请详细阅读。

8.2 卖家操作步骤

开始速卖通平台实训，应按如图 8-4 所示步骤顺序操作。

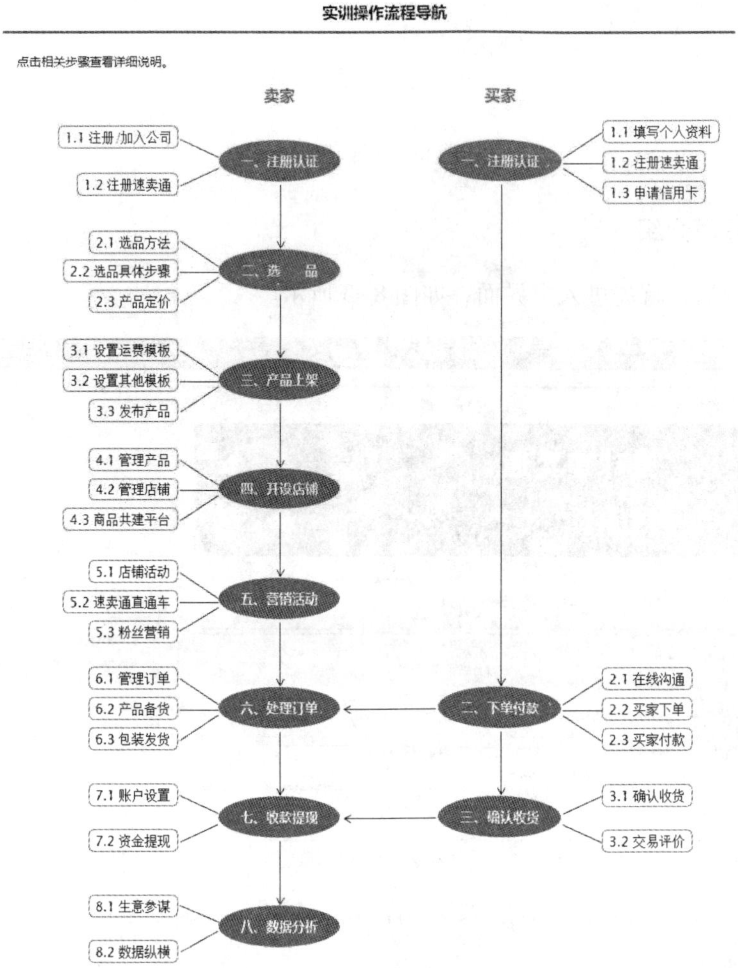

图 8-4　实训操作流程导航

8.2.1　注册认证

8.2.1.1　注册/加入公司

根据《全球速卖通平台规则（卖家规则）》，卖家新账户必须以企业身份注册认证，不接受个体工商户的入驻申请。因此，在正式开启速卖通实训历程前，我们需要先拥有企业身份。

操作步骤：

在实训首页上的卖家中心点击“尚未注册公司!”字样，进入到注册/加入公司的界面。在这里你有两个选择：

（1）注册新公司：所有相关资料需自行填写，然后点击“确定注册”按钮，如图 8-5 所示。

图 8-5　注册新公司

（2）加入已有公司：系统中提供一批已注册公司，可直接加入，无须再填写任何资料，如图 8-6 所示。

图 8-6　加入已有公司

注册/加入公司完成后，相关资料不可再修改。如果是小组模式，一个小组中只须一人注册或加入公司即可，其他人将自动一起加入该公司。

8.2.1.2　注册速卖通（卖家）

完成注册/加入公司后，可在速卖通注册卖家账户。《全球速卖通平台规则（卖家规则）》中关于卖家的定义为：指全球速卖通平台上可使用发布商品功能的会员。

操作步骤：

在实训首页上点击“进入卖家后台”字样，如图 8-7 所示。

图 8-7 进入卖家后台

如果是第一次进入，需要先填写以下账号信息，点击“确定”提交，如图 8-8 所示。

图 8-8 注册账号

账号信息均应以英文填写。其中，英文姓、名根据公司资料中的法人姓名填写；电话、省市等信息则根据公司电话、地址等资料填写。

8.2.2 选品

8.2.2.1 选品方法

不少学生在系统店铺运营中，往往对店铺选品感到不知所措。那么我们该如何把握店铺选品技巧呢？

操作步骤：

（1）数据化选品

在系统中我们可以利用数据工具来进行数据化选品。

操作步骤：进入卖家后台→数据纵横→行业情报，如图 8-9 所示。

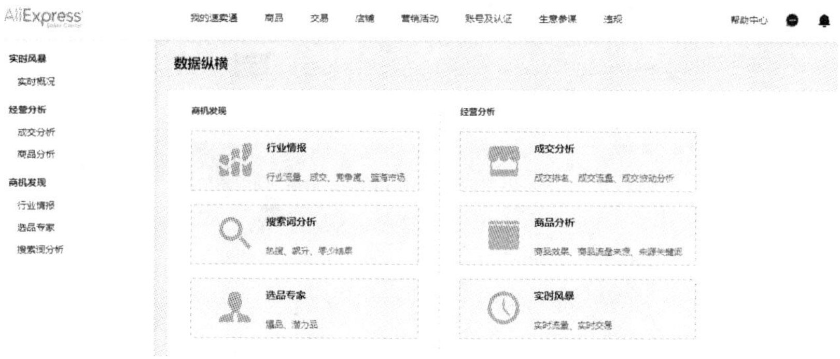

图 8-9　数据纵横

我们可以看到如图 8-10 所示界面，在这个界面我们可以查看系统各类目的相关数据，并根据相关数据分析各类目之间的流量关系。

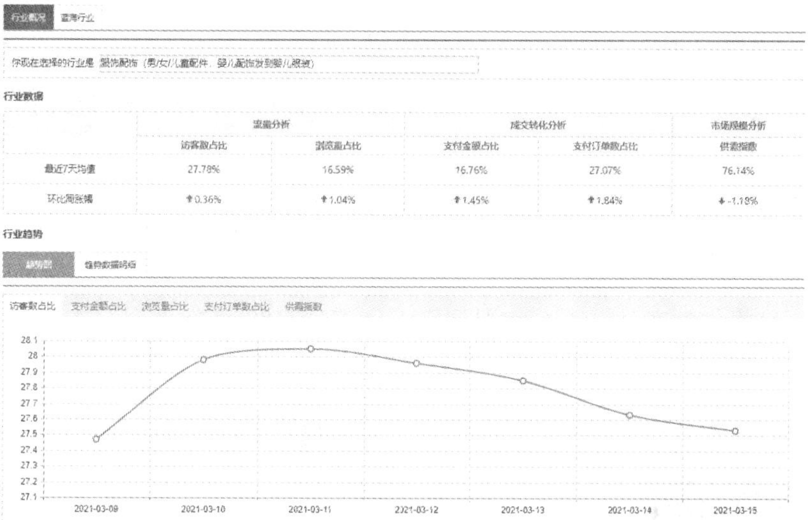

图 8-10　行业情报

名词解释：

访客数占比：统计时间段内行业访客数占上级行业访客数比例。

浏览量占比：统计时间段内行业浏览量占上级行业浏览量比例。

支付金额占比：统计时间段内行业支付成功金额（排风控）占上级行业支付成功金额（排风控）比例。

支付订单数占比：统计时间段内行业支付成功订单数（排风控）占上级行业支付成功订单数（排风控）比例。

供需指数：统计时间段内行业下商品指数/流量指数。供需指数越小，竞争越小。

（2）买家频道选品

进入真实速卖通买家频道（seller.aliexpress.com），利用销量维度，具体分析各行业下子行业的产品销量，如找到热销类目，可去系统订货中心，挑选同类产品在系统中上架（参考“选品具体步骤”），如图 8-11 所示。

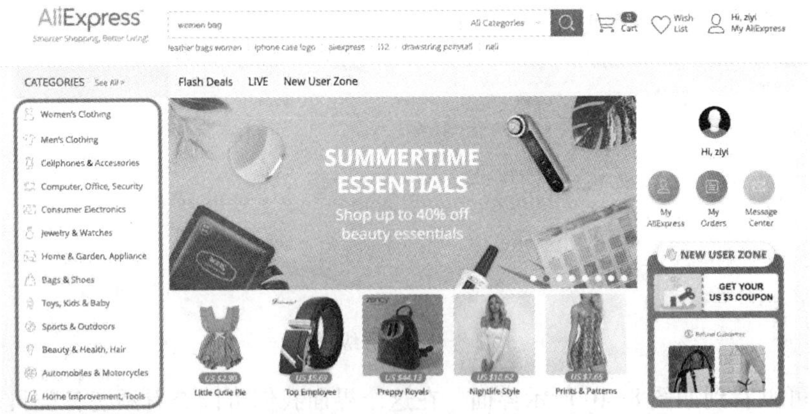

图 8-11　买家频道选品

8.2.2.2　选品具体步骤

运用“选品方法”中的方法选择好产品类目后，我们可以从系统提供的产品库中挑选具体的产品。

操作步骤：

实训平台中提供了一批产品库供卖家发布时选择（注：只包含部分类目，不是所有类目都有）。

查看系统提供的产品，需在实训首页上点击“1688 订货平台”字样，进入 1688 网，如图 8-12 所示。

图 8-12　1688 网

进入 1688 网首页后，可以直接点击左侧产品类目查找商品，或通过上方的搜索功能查找。注意：此处只是挑选产品，暂不需要实际购买，等到产品发布完成收到订单了，再根据订单数量来订货。

选择好感兴趣的产品后，点击进入产品的详情页面，可以查看产品的详细资料与相关图片。如果需要下载图片，可直接在图片上点击鼠标右键，选择“另存图像为”（如图 8-13 所示），将图片保存到本地电脑上。根据这些资料，就可以准备发布产品了。请记住这里的产品编号（如：SM-001），这是发布产品时的重要依据。

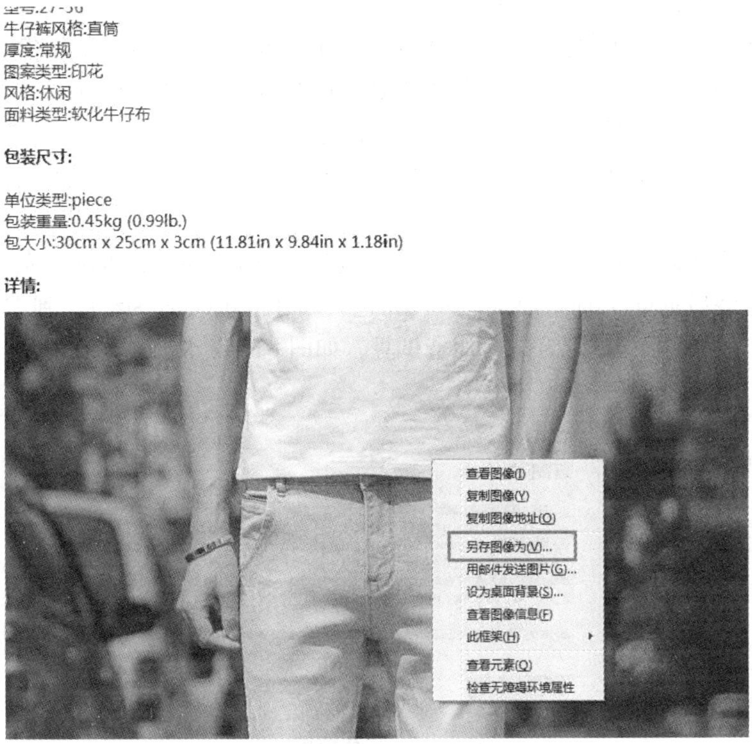

图 8-13　图片另存

8.2.2.3　产品定价

产品价格不是影响海外买家购买你的产品的唯一因素，但绝对是一个至关重要的因素。合理的产品定价可以帮助你迎合国外买家的需求，从而赢得更多的订单；不合理的产品定价则可能使你和订单失之交臂，甚至影响你的交易信用和利益。

在核算价格之前我们先了解几个名词：

上架价格（LP）：很好理解，是我们产品在上传的时候所填的价格。

销售价格/折后价（DP）：即产品在店铺折扣下显示的价格，是买家看到的产品售价。

成交价格（OP）：用户在最终下单后所支付的单位价格。

这几个价格直接的联系是：

销售价格＝上架价格×店铺折扣，成交价格＝销售价格－营销优惠（满立减、优惠

券、卖家手动优惠）

搞清楚这几个价格之间的关系，我们就可以有针对性地对不同定位的产品采取不一样的定价策略。

以下介绍几种产品定价的主要策略，你可以根据自己的需求进行参考：

（1）策略1——基于成本定价

不包邮价格：产品成本×（1 + 利润率）/（1-佣金）/ 汇率 = 上架价格

包邮价格：（产品成本 + 运费）×（1 + 利润率）/（1-佣金）/ 汇率 = 上架价格

其中：速卖通佣金比例固定为8%。

计算示例：某产品在“订货”界面中查得其订货成本为“CNY 5.37/PC”，在系统首页右侧“资料查询-最新汇率查询”中查到“USD 100 = CNY 668.03”。假设预期利润率为“30%”，不包邮的情况下，试计算产品定价。

解：价格 = 5.37×（1+30%）/（1-8%）/ 6.680 3= 1.14（美元）（保留2位小数）

如果运费模板设置为“卖家承担运费”（包邮），则还要核算国际运费。可根据产品资料中的包装后重量（package weight）和包装尺寸（package size），到“运费模板”页面中点击“物流方案选择”，进行运费试算，如图8-14、图8-15所示。

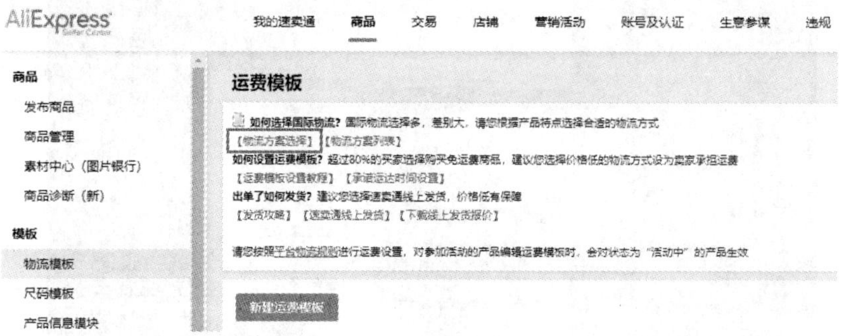

图8-14　运费模板

图8-15　物流方案选择

基于成本的速卖通定价策略可以让卖家避免亏损，但它有时可能会导致利润下降。比如你的顾客可能会乐意为产品支付更多的费用，从而增加利润；或者你设置的价格可能太高，导致销售的产品数量较少，利润下降。

（2）策略 2——参考同行、同类商品的价格

发布产品中，与其单单追求发布的速度，不如在每一条产品的发布过程中去搜索该产品在整个平台的销售情况，当搜索时，你就会知道销量较好的价格区间，以此区间为依据，价格不要过低，肯定也不能过高。

很多卖家发布产品时，仅仅根据自己的进货成本、重量运费、包装成本、佣金、汇率、潜在损耗、预期利润等几个因素来制定价格，这样的定价往往会出现一个结果，要么价格过高没人买，要么价格过低而加剧了整个平台关于该类产品的价格战。

参考同行的价格，还可以让你挖掘出更多的你所未知的信息。比如依据竞争对手的价格，你却怎么都核算不出来利润，对手真的就是亏本卖的吗？未必。这时候，你自然需要根据对手的销售价格，以倒推的方式去推研各个环节的成本构成，推研的好处就在于你会发现很多你未发现的利润点。比如，推研过程中，你会意识到自己的运费成本过高而去寻找更合适的货代或发货方式，你会发现进货成本贵了从而寻找性价比更高的供应商，你会知道很多卖家可能是拆掉了原有的大而重的包装从而来降低成本，等等。

（3）策略 3——后续营销：

速卖通平台重视营销活动。店铺打折、联盟营销“直通车”、平台大促活动，等等，速卖通平台逐步把淘宝的看家本领一个个演绎得出神入化。

活动多，意味着可能带来更好的销量，但同时，参加营销活动则意味着成本的增加，利润率的下降。为了后续的活动，你需要在定价时有所考量，是所有活动都不参加活动而直接定个最低价，还是定个稍微高点的价格，参与平台活动呢？

①直接把价格一步到位定到最低价，几乎不参加任何活动，凭着低价，抢到了更多的订单，也减轻了后续为各种活动来回调整价格的麻烦。

②从发布产品就定很高的价格，持续的高比例打折，依靠高折扣引入较多的流量（平台搜索结果中折扣在搜索优先中占有一定的百分比，具体比重多少，属于平台内部机密，作为卖家，一般获取不了各属性所占搜索权重的数据），同时还要保持着较高的利润率，最重要的是，由于有持续的高折扣率，自然更容易参与平台大促活动。

（4）策略 4——神奇的数字

从卖家的心理角度出发，可能多一元少一元对自己最终的利润没有太大的影响，但是对买家的购买行为却有很大的影响。比如我们都知道的“0.9 元效应”——人们会觉得 0.9 元比 1 元钱要便宜很多，购买的欲望会增强很多。

速卖通产品定价注意事项：

首先，利润不要太低，30%~50%的利润，给促销活动留出价格空间，引流款适当降低。

其次，参考同行产品价格，但不要和低价的同行打价格战。参考同行价格的目的是了解行情，防止盲目定价造成价格过高或者过低。卖家应在保证利润的基础上定价。

再次，因为粗心大意而填错产品价格的卖家比比皆是，这类问题最典型的代表就是把 LOT（批量）和 PIECE（单品）搞混。有的卖家在产品包装信息的销售方式一栏选择的是“打包出售”，填写产品价格的时候，误把 LOT 当成 PIECE，填的却是 1 件产品的单价。结果，买家看到的实际产品单价也就严重缩水了。这也是目前平台上某些产品的价格低得离奇的一个重要原因。

最后，注意货币单位。有一些卖家不注意货币单位，把美元看成人民币，数字是对了，单位却错了。本来是 100 元人民币一件的商品，最后显示出来的实际产品价格成了 100 美元一件了。这样的产品价格当然只会把买家吓跑。

8.2.3 产品上架

8.2.3.1 设置运费模板

运费模板是针对交易成交后卖家需要频繁修改运费而推出的一种运费工具。通过运费模板，卖家可以解决不同地区的买家购买商品时运费差异化的问题，还可以解决同一买家在店内购买多件商品时的运费合并问题。

运费模板是根据货品重量的不同，使用卖家设置的到各地区的运费费率来计算运费的。当买家下单订购时，根据所购货品的总重量以及发货到买家收货地址的对应运费费率，系统将自动计算出最后需要的运费。

8.2.3.1.1 普通运费模板

在发布新产品之前，学生需要先完成运费模板的设定。

操作步骤：进入卖家后台→商品→物流模板，如图 8-16 所示。

图 8-16 运费模板设置

点击“新建运费模板”，输入运费模板的名称并点击“保存”。

保存模板名称后，可看到下方出现了多家物流公司的列表，分为经济类物流、简易类物流、标准类物流、快速类物流 4 类，每类物流下面又包括多家公司，你可以对其中一家或多家公司分别设置运费（建议多设几家以供发货时选择）。

请注意：需要先勾选某家物流公司，然后才能对其进行设置。可以设标准运费、卖家承担运费或自定义运费，如图 8-17 所示。

图 8-17　运费模板编辑

请注意：每家物流支持送达的国家（地区），以及对单件包裹的限重都是不同的。因此在设置前，可以点击物流公司名称后面的“?”，查看其详情，如图 8-18 所示。

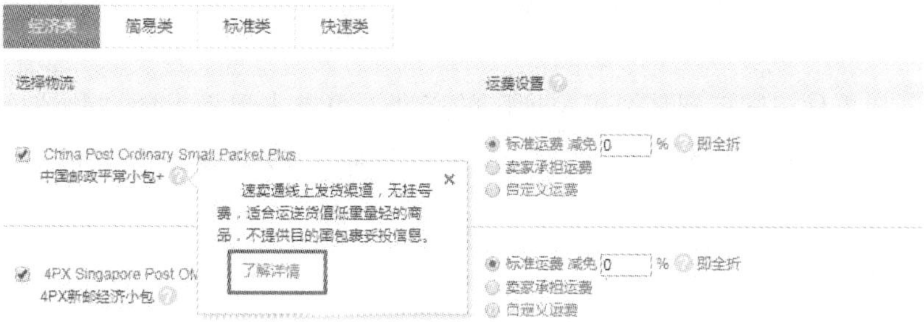

图 8-18　物流详情

详情里的内容对于我们货物的发运是非常重要的。例如下图所示的“中国邮政平常小包”，它只能运送订单金额 5 美元以下、重量 2kg 以下的小件商品。也就是说，如果我们要销售的产品单件的金额超过了 5 美元，或者单件的产品重量（可以在产品详细资料文档中查到）超过了 2kg，那么是无法使用“中国邮政平常小包”来运输的，运费模板中必须再多选择别的物流公司，否则买家就无法购买该产品，如图 8-19 所示。

中国邮政平常小包+（China Post Ordinary Small Packet Plus）
线路介绍
揽收范围
寄送限制
如何使用
FAQ
退件说明
线上发货中国邮政平常小包+（China Post Ordinary Small Packet Plus）是中国邮政针对订单金额5美金以下、重量2kg以下小件物品推出的空邮产品，运送范围通达全球211个国家和地区。（具体的“国家列表”可查看：产品管理-运费模板-【下载线上发货报价】）
注意金额限制
注意重量限制
一、线路介绍
1. 服务便捷：“中国邮政平常小包+”线上发货旨在为线上卖家提供更便捷的国际小包服务，卖家可以在线下单、打印面单后直接由邮政上门揽收或将邮件交付中国邮政的集货仓，即可享受快捷、便利的国际小包服务。
2. 价格优惠：不需要挂号费，适合货值低、重量轻的物品（仅5美金以下订单可使用“中国邮政平常小包+”发货）
3. 派送范围：派送范围为全球211个国家及地区。
4. 物流信息可查询：中国邮政平常小包+”提供国内段邮件的收寄、封发、计划交航等信息，平台网规认可使用（部分集货仓发往某些国家不能提供这三个节点信息）。
5. 交寄便利：北京、上海、深圳、广州、佛山、中山、汕头、东莞、惠州、珠海、杭州、金华、宁波、义乌、温州、湖州、绍兴、台州、嘉兴、丽水、南京、苏州、无锡、南通、泰州、江阴、徐州、扬州、常州、镇江、宿迁、盐城、福州、厦门、泉州、漳州、南平、宁德、三明、漳浦、合肥、蚌埠、滁州、芜湖、南昌、上饶、赣州、景德镇、武汉、咸宁、成都、南充、郑州、洛阳、南阳、长沙、岳阳、株洲、常德、衡阳、重庆、青岛、济南、潍坊、天津、晋江、石狮、龙岩、莆田、烟台、威海、江门、保定、石家庄、衡水、邢台、沧州、葫芦岛、沈阳、大连、许昌、南宁、梧州、昆明、西双版纳景洪、长春、西安、贵阳 提供上门揽收服务，非揽收区域卖家可自行寄送至集运仓库。
6. 赔付保障：国内段邮件丢失或损毁提供赔偿，可在线发起投诉，投诉成立后最快5个工作日完成赔付。商家可在线发起投诉，查看详情。
二、运送范围及价格
注意可派送地区
1.运送范围：“中国邮政平常小包+”支持发往全球211个国家及地区。
注：危地马拉因当地罢工导致寄往当地的服务暂停，恢复时间待定。
2.价格：运费根据包裹重量按克计费。30g及以下的包裹按照30g的标准计算运费，30g以上的包裹按照实际重量计算运费。每个单件包裹限重在2kg以内，免挂号费。
价格明细请参阅“运费模板”-“下载线上发货报价”

图 8-19　寄送限制

因此，在设置运费模板时，考虑到不同类型的产品（如价值比较高的、比较重的），我们可以针对这些产品分别设置多个运费模板，以便在发布不同类型产品时选用。

另外，如果你想试算到某个国家地区的运费，可点击界面上的“物流方案选择”；如果你想了解更多具体设置方法，可以参考界面上的“运费模板设置教程”。如图 8-20所示。

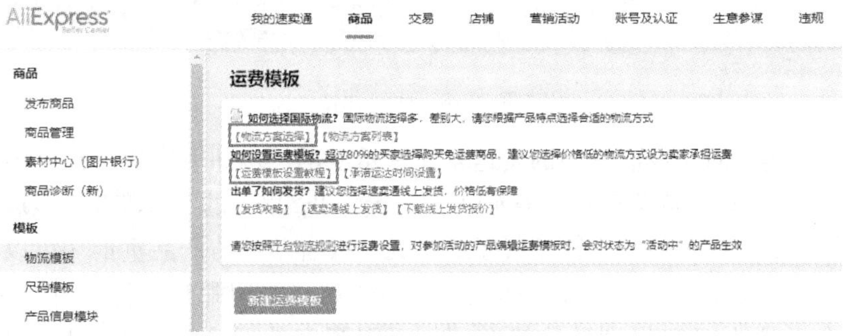
AliExpress
我的速卖通
商品
交易
店铺
营销活动
账号及认证
生意参谋
违规
商品
发布商品
商品管理
素材中心（图片银行）
商品诊断（新）
模板
物流模板
尺码模板
产品信息模块
运费模板
如何选择国际物流？国际物流选择多，差别大，请您根据产品特点选择合适的物流方式
【物流方案选择】【物流方案列表】
如何设置运费模板？超过80%的买家选择购买免运费商品，建议您选择价格低的物流方式设为卖家承担运费
【运费模板设置教程】【承诺运达时间设置】
出单了如何发货？建议您选择速卖通线上发货，价格低有保障
【发货攻略】【速卖通线上发货】【下载线上发货报价】
请您按照平台物流规则进行运费设置，对参加活动的产品编辑运费模板时，会对状态为“活动中”的产品生效
新建运费模板

图 8-20　物流教程

8.2.3.1.2　海外仓运费模板

如果申请开通了海外仓，需要在运费模板中增加相应发货地，否则无法接到海外仓订单。

操作步骤：进入卖家后台→产品管理→运费模板，可以在原来已有的运费模板的基础上增加海外仓发货设置（点击“编辑”），也可以另外新增运费模板，如图 8-21 所示。

图 8-21　海外仓物流设置

在原有发货地区的基础上，点击“增加发货地”，如图 8-22 所示。

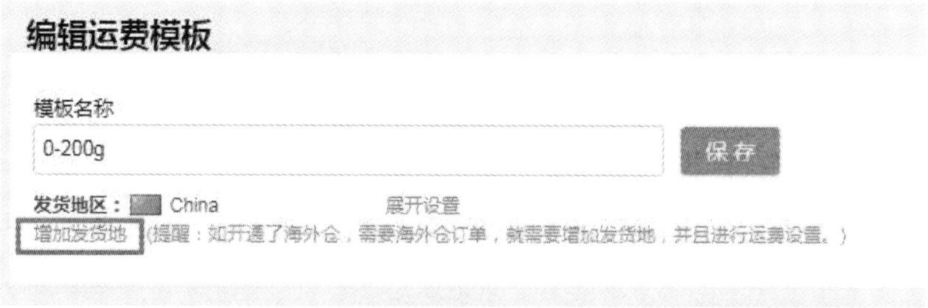

图 8-22 增加发货地

选择“俄罗斯”或“美国”（需要先开通对应国家的海外仓），点击“确认”，添加成功后，点击对应发货地区右侧的“展开设置”，如图 8-23 所示。

图 8-23　展开设置

对其运费进行设置，设置完成点击“保存”即可。这样，采用该运费模板的产品，如果有来自该国家的订单，就可以从该国海外仓进行发货了。

8.2.3.2　设置服务模板

设置你自己的服务模板并与商品关联，你提供的服务会在商品详情页面展示，为买家选择商品和卖家提供参考。创建一个服务模板并在你的产品中引用，可以大大提升买家下单的概率。如果你需要修改售后服务承诺，只需要修改相应的模板即可。

在发布新产品之前，学生需要先完成服务模板的设定。

操作步骤：进入卖家后台→商品→售后和服务，如图 8-24 所示。

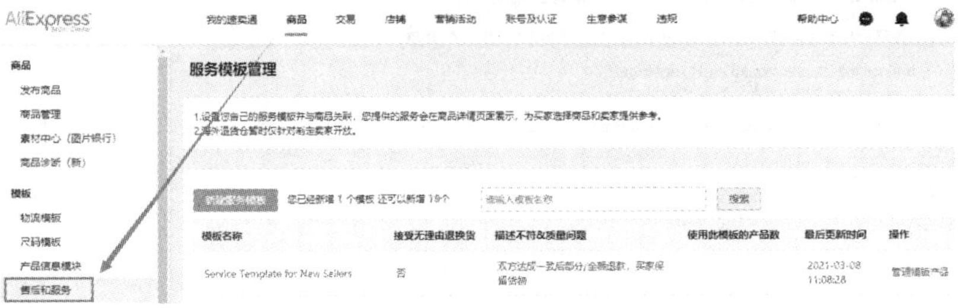

图 8-24　服务模板设置

点击“新建服务模板”，编辑模板的内容，然后点击“确定”进行提交，如图 8-25 所示。

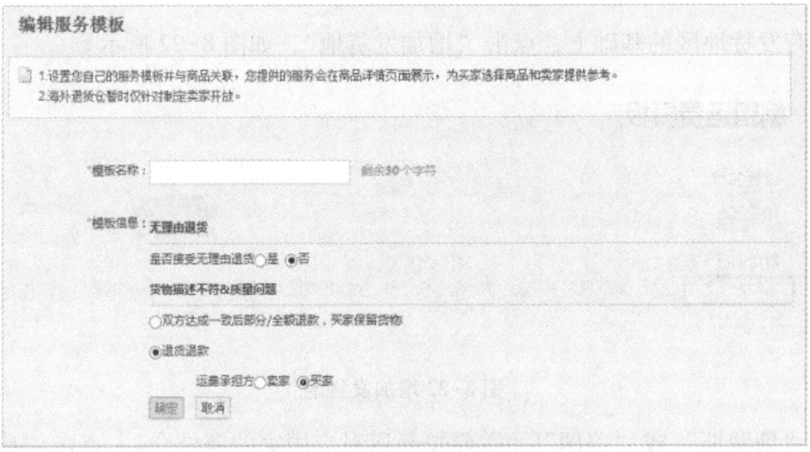

图 8-25　编辑服务模板

8.2.3.3　发布产品

一个好的产品信息，能够更好地提升产品的可成交性，加快买家决定下单的速度。因此，好的产品描述应该做到标题专业、图片丰富、描述详尽、属性完整、价格合理、免运费和备货及时等。

操作步骤：进入卖家后台→产品管理→发布商品，如图 8-26 所示。

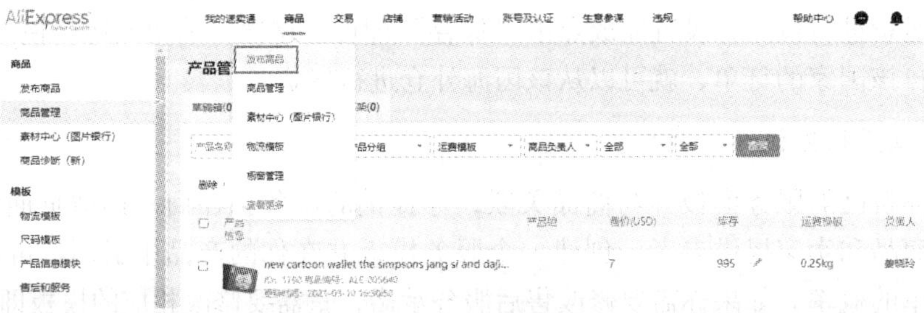

图 8-26　发布产品

（1）选择商品编号：这里的编号与 1688 网中的商品编号一致，如图 8-27 所示。

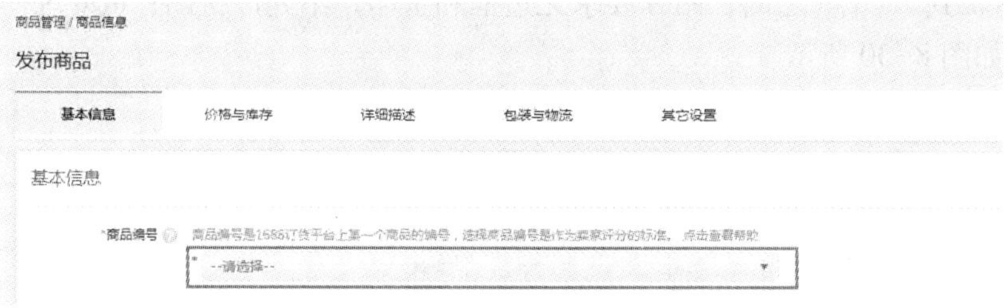

图 8-27　商品编号

（2）产品标题填写：产品标题是买家搜索到你并吸引买家点击进入商品详情页面的重要因素。标题字数不应太多，尽量准确、完整、简洁。一个好的标题可以包含产品的名称、核心词和重要属性。

例如：Baby Girl amice blouse Pink amice Coat With Black Lace /Suit Must Have Age Baby：1-6 Month Sample Support

注意：请不要在标题中罗列、堆砌相同意思的词，否则会被判定为标题堆砌，如图 8-28 所示。

图 8-28　产品标题填写

（3）类目选择：请注意一定要根据自己产品所属的实际类目进行选择，方便买家更加快速地找到你的产品。如果没有该类目的发布权限，需要先点击“立即申请”，申请开通相关经营大类（需支付相应费用）。开通成功后，再进行类目选择，选择完成后点击“我已阅读以下规则，现在发布产品”按钮开始发布，如图 8-29 所示。

图 8-29　类目选择

（4）上传产品主图：在选择产品图片时，可以选择发布多图产品，最多可以展示 6 张图片。多图产品的图片能够全方位、多角度展示你的商品，大大提高买家对商品的兴趣。速卖通对主图有一些统一规范，如：

建议背景底色为白色或纯色，图片尺寸 800px×800px 及以上，图片横向和纵向比例建议 1∶1 到 1∶1.3 之间；图片要求无边框和水印，不允许拼图；logo 统一放在图片左上角，如图 8-30 所示。

图 8-30　上传产品主图

（5）商品视频：可以上传商品相关视频，非必填内容，如图 8-31 所示。

图 8-31　商品视频

（6）商品属性填写：包含系统定义的属性和自定义属性，根据 1688 网中的产品资料填写（如有部分属性找不到相关内容，可自行发挥），如图 8-32 所示。

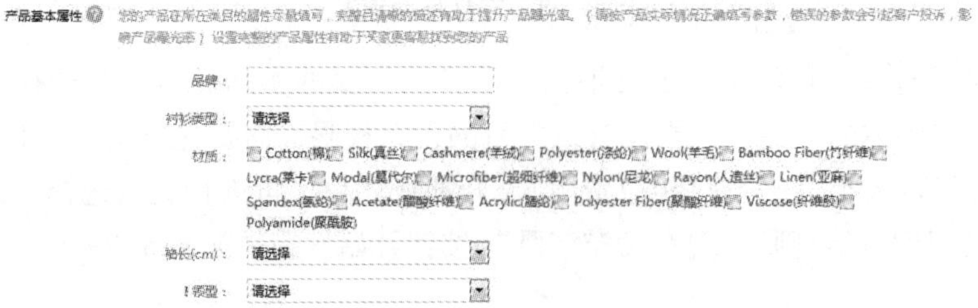

图 8-32　商品属性

（7）价格与库存设置：其中最小计量单位可参考商品资料中的单位；价格的计算方法可参考产品定价，如图 8-33 所示。

图 8-33　价格与库存

（8）详细描述填写：产品的详细描述是让买家全方位地了解商品并有意向下单的重要因素。尽量简洁清晰地介绍商品的主要优势和特点，不要将产品标题复制到简要描述中。优秀的产品描述能增强买家的购买欲望，加快买家的下单速度。一个好的详细描述主要包含以下几个方面：商品重要的指标参数和功能（如服装的尺码表、电子产品的型号及配置参数），5 张及以上详细描述图片，售后服务条款。详细描述相关要求如图 8-34 所示。

图 8-34　详细描述

（9）包装信息填写：在填写包装设置时，一定要填写产品包装后的重量和尺寸，这会直接跟运费价格相关，请一定要准确填写，如图 8-35 所示。

图 8-35　包装信息

（10）其他信息填写：产品有效期指产品在审核成功后展示的时间，如图 8-36 所示。

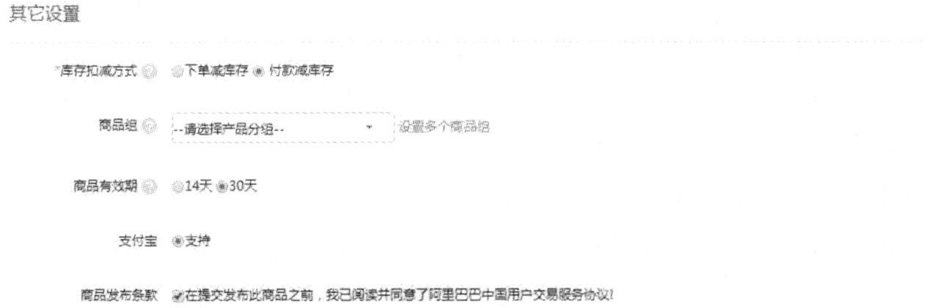

图 8-36　其他设置

在你编辑完产品之后，点击提交，产品会进入审核阶段，审核通过后，买家就可以找到你的产品。

8.2.4 开设店铺

8.2.4.1 管理产品

产品发布成功后，我们还可以对其进行管理、诊断等。

本节主要包括以下几项内容：管理已发布产品、商品诊断、橱窗推荐产品及管理图片银行。

（1）管理已发布产品

操作步骤：进入卖家后台→商品→商品管理。

在这里可以看到所有已上架、编辑中及已下架的产品。对于已上架正在销售中的产品，可以随时进行再次编辑、下架、编辑推荐（推荐到店铺橱窗中展示）及删除功能，也可以同时选中多个产品进行批量操作。

“草稿箱”中的产品指的是已经保存但尚未提交的产品，可以随时点击“编辑”按钮再次进入提交。

超过发布有效期或卖家手工下架的产品会出现在“已下架”列表中，可以随时编辑或重新上架，如图 8-37 所示。

图 8-37 产品管理

（2）商品诊断

商品信息中，标题、类目、属性、图片、详细描述将影响商品在流量场获取流量及商品转化，优化好后，可以提升商品获取流量的能力并提升转化。而商品诊断就是可以帮助卖家更好地了解商品信息中存在哪些问题，同时给予产品相应的优化建议，从而更好地提升产品的流量和转化。

商品诊断模块根据产品的表现，将产品分为优质产品、普通产品和低质产品三种，从而更好地去提升产品的各个维度。

操作步骤：进入卖家后台→商品→商品诊断，如图 8-38 所示。

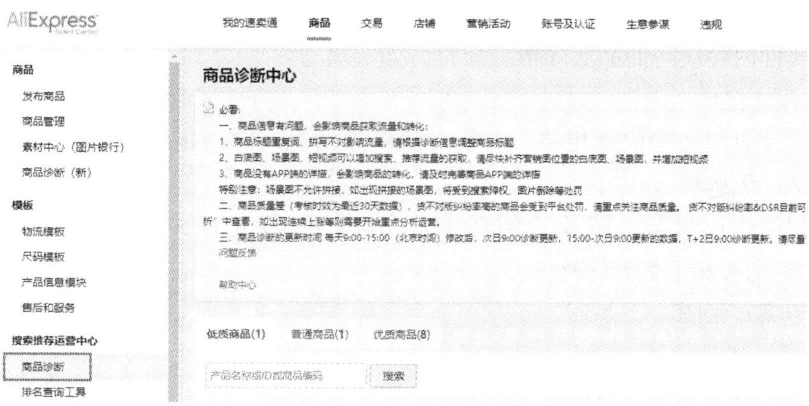

图 8-38　商品诊断

问题描述中可查看诊断中心的优化建议，点击“立即优化”编辑该商品信息，有针对性地去优化，让低质、普通产品得到提升，如图 8-39 所示。

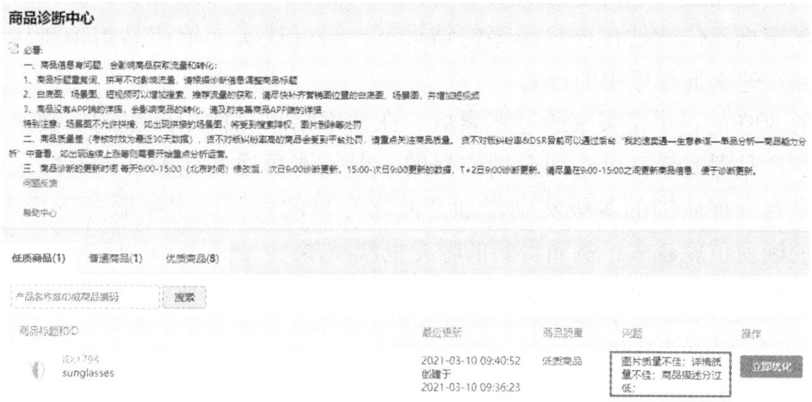

图 8-39　产品优化

优化建议：

a. 标题优化

商品名称应与商品图片、商品描述等其他信息要素相符，尽量准确、完整、简洁。

卖家可设置 1~3 个与商品相符的关键词（可选择品牌、型号、风格、功能、材质等关键词）便于买家搜索，同时可设置商品使用场景的关键词。不具有品牌授权不得使用品牌关键词等有知识产权风险的词汇。

不要出现以下情况：标题无明确商品名称、标题带有联系方式、标题商品名堆砌、标题描述堆砌、标题商品名与商品图片不符、标题描述与详细描述中的买卖意向不符等。

b. 类目优化

商品应选择在相关性高且最合适的最小类目下，卖家应根据商品的实际情况谨慎选择。

c. 属性优化

商品属性内容应与商品实际情况相符，如实填写。

d. 图片优化

商品图片应与文字信息相符，真实反映商品情况。除指定情形外，图片应清晰完整，无涂抹、无遮挡。

图片规格建议满足：图片比例在 1∶1 至 1∶1.3 之间，图片像素大于 800px×800px，白底图有利于提升转化。

建议传满 6 张图。

e. 详细描述优化

商品的简要描述和详细描述应以商品实际情况为准，可以介绍商品的功能、风格、特点、具体使用说明、包装信息、配件，展示商品实物全图、细节图、包装图、效果图等。

(3) 橱窗推荐产品

当买家通过搜索某个关键词或通过类目来到搜索结果页面时，会看到自然的排序结果；而橱窗推荐位就是在自然排序的结果下，通过速卖通给产品增加排序权限，从而提高产品在速卖通排序中的排名。

速卖通 80%的订单是买家通过搜索后，在搜索结果页面中产生的。卖家通过橱窗营销来增加产品曝光量，可达到营销的目的。但是速卖通的橱窗并没有特定的展示位置，只是平台根据店铺的等级奖励增加产品曝光量的资源。卖家服务等级表现越好，店铺获得的橱窗位就越多，从而得到的曝光也就越多。

操作步骤：进入卖家后台→商品→橱窗管理，如图 8-40 所示。

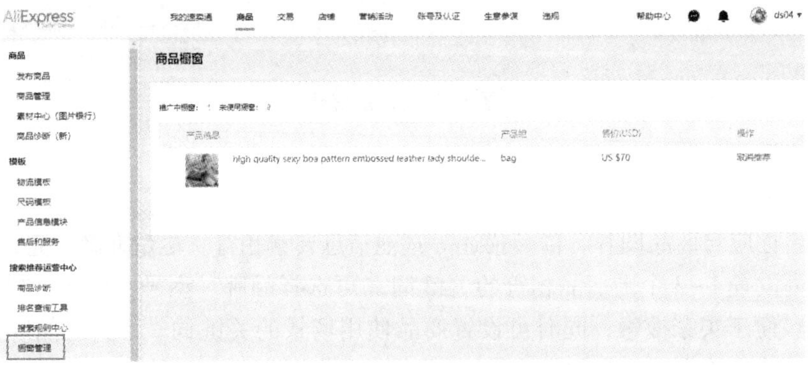

图 8-40　商品橱窗

如果要新增加橱窗推荐的产品，需要到另一个界面“产品管理”中操作，如图 8-41所示。

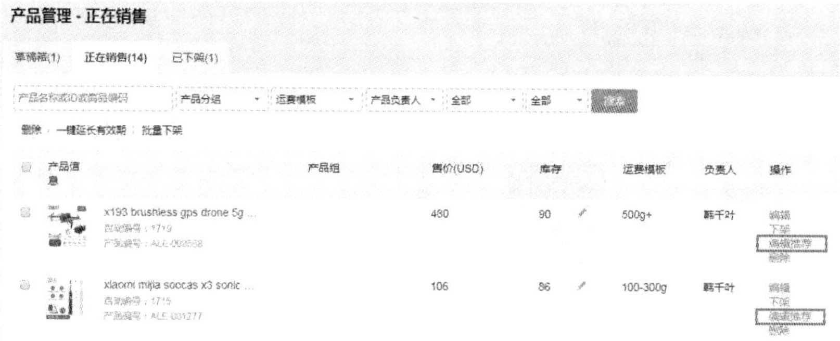

图 8-41　新增橱窗推荐

当选择好橱窗产品去做店铺的橱窗营销时，这些产品尽量选择新款、爆款、活动款。通过一个月的橱窗营销，要观察后台数据和店铺订单，在一个月内，应该及时更换不能带来曝光量、点击量和订单量的产品，让店铺其他的产品有机会成为橱窗产品，通过一系列的更换、循环，最终留下来的橱窗产品才是能带来高曝光量、高点击量、高订单量的新款、活动款和爆款产品。橱窗营销需要时间去观察，只有不断地去更换产品，不断地观察后台数据，才能把橱窗营销做得越来越好。

（4）管理图片银行

网上购物，买家对商品的第一印象就是图片。图片银行集分组管理、图片搜索、图片筛选、图片重命名等功能于一体，能够提供更加强大的图片管理功能，帮助卖家更加方便快捷地管理在线交易图片。

操作步骤：进入卖家后台→商品→素材中心（管理图片银行），如图 8-42 所示。

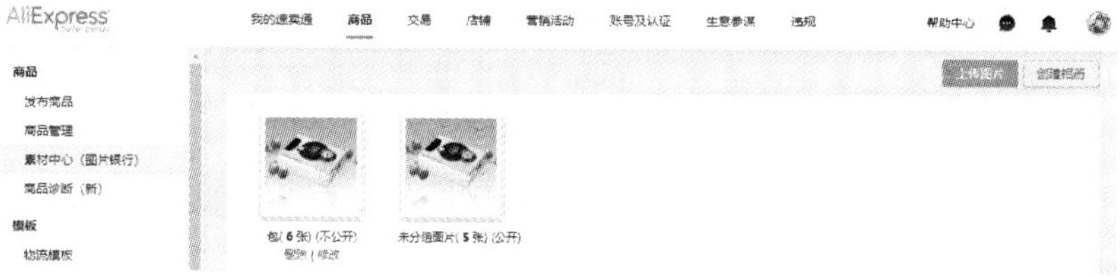

图 8-42　管理图片银行

点击相册对应的图标进入相册管理界面，点击“上传图片”，一次最多可同时上传 4 张图片，如图 8-43 所示。

图 8-43　管理相册

8.2.4.2　店铺管理

完成速卖通注册后，进入卖家后台。卖家可用 PS 等工具自行设计商铺 logo，并制作店招图片（店铺横幅）等图片，然后进入“店铺信息”，填写商铺相关信息，装点自己的门面。店铺管理又包含 3 个部分：店铺资产管理、店铺装修、商品分组。

（1）店铺资产管理

操作步骤：进入卖家后台→店铺→店铺资产管理。

根据平台的规则，完善店铺的信息，有助于引流。店铺信息在提交审核后，全部信息审核通过后，会更新至店铺中，如图 8-44 所示。

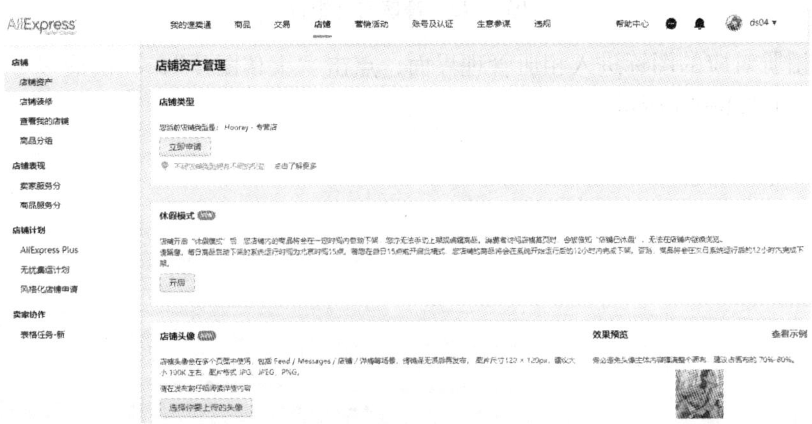

图 8-44　店铺资产管理

店铺类型：注册完成之后，店铺类型默认为“专营店”。

休假模式：如点击开启，所有商品将自动下架；点击关闭，则所有商品自动上架。

店铺头像：店铺头像会在多个页面中使用，请确保无误后再发布。

店铺名称：店铺各项信息请用英文填写，尽量填写完整。其中“店铺标志”和“店铺横幅”需要上传图片，请按照页面上要求的标准尺寸，用 PS 等工具制作相应大小的图片后再上传。信息填写完成后，点击右上角“保存”按钮进行提交，也可以点击“查看我的店铺”，浏览自己店铺的展示效果。

（2）店铺装修

操作步骤：进入卖家后台→店铺→店铺装修。

可以对店铺的展示样式、背景颜色等进行编辑。你可以在此预览模板样式，以选择适合你的商铺模板。设置完成后，点击右上角“确认”按钮进行提交，也可以点击“查看店铺”预览效果，如图 8-45 所示。

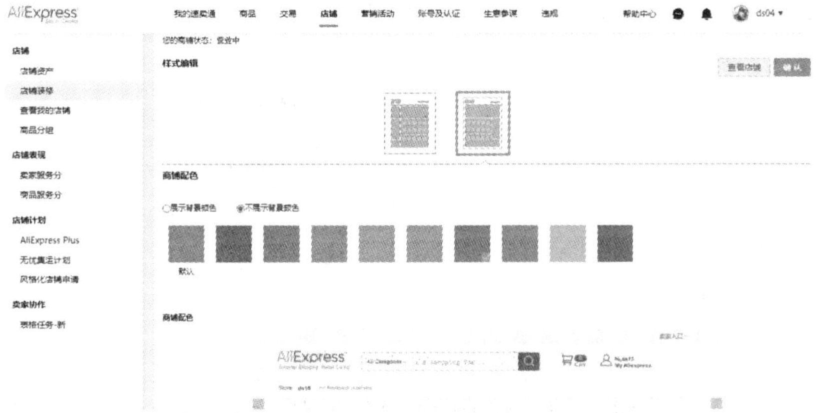

图 8-45　店铺装修

（3）管理产品组

“产品分组”页面上的“商品分组”功能是让买家更容易地检索卖家商铺的产品。而在实际使用过程中很多卖家并不了解怎么调整产品分组更便于买家使用，也不知道如何调整自身产品组在商铺首页的展示。

产品分组用途和好处：

a. 不同品类产品各就其位，方便买家找到产品。

b. 产品线更加清晰，方便卖家管理。

c. 个性化的产品分组方便卖家做营销。

操作步骤：进入卖家后台→店铺→商品分组，如图 8-46 所示。

图 8-46　商品分组

点击“新建分组”，可以创建新的产品组，在产品大组下也可以创建子分组。创建成功后，可以对组进行修改命名、管理组内产品等操作。点击“管理组内产品”，可添加新产品到组内、批量移除等，如图 8-47 所示。

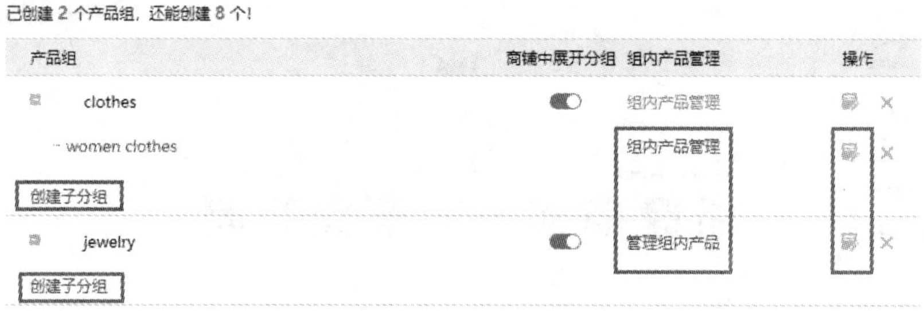

图 8-47　管理组内产品

合理的产品分组排序能够将你商铺的商品用最有可能合理，最能吸引买家购买意愿的方式展现。结合平台商铺的数据分析，如下格式的产品分组会更容易吸引买家。

a. 促销产品分组，如：new arrive（新到）、promotion（促销）、discount（打折）。

b. 热门品类的分组，如：iPhone 配件、iPad 配件。

c. 按照所属行业常用规则的产品分组，如卖平板电脑可以按照屏幕尺寸。

d. 其他，放一些无法归类的商品。

在做产品分组的设置时要注意不要出现如下错误：

a. 不要出现无分组的产品，无分组的产品会导致系统在你的分组里面增加一个额外的 other（其他）分组。

b. 不要只注重促销，促销的分组比重不要过多，最好不要超过 3 个。

c. 不要将不相关的商品加在产品组里面。

d. 不要用买家不容易搞懂的专业信息进行分组。

e. 不要有过多的产品分组，尽可能将产品分组控制在 20 个以内，超过 20 个分组买家是无法记忆的。

8.2.4.3　商品共建平台

商品（SPU）共建平台是卖家后台的快捷看板，这里集中了商品管理、买家消息通知、订单和物流状态提醒，以及纠纷订单情况等，是卖家后台的集中管理平台，方便卖家及时了解店铺运营情况，把控风险，提升服务指标。

操作步骤：进入卖家后台→商品→商品（SPU）共建平台，如图 8-48 所示。

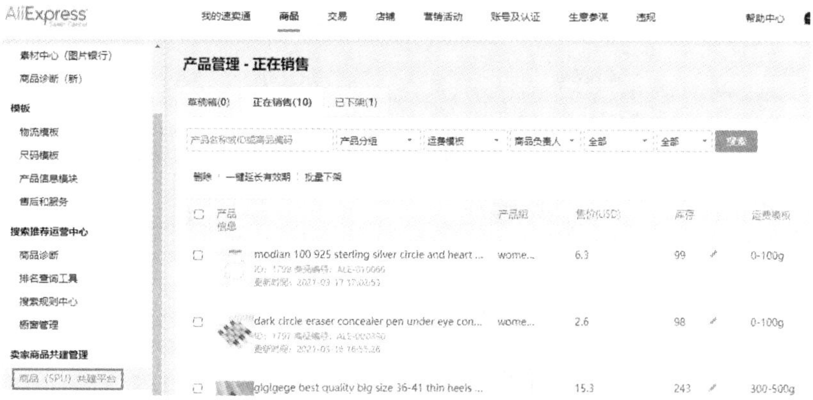

图 8-48　商品共建平台

这里集中了后台的所有重要消息通知，包括商品、订单、物流、买家消息、纠纷、直通车等，是店铺日常运营的好助手，如图 8-49 所示。

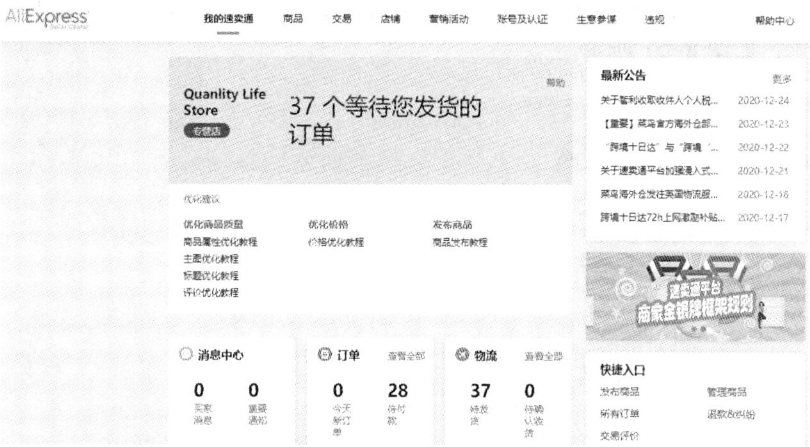

图 8-49　平台信息管理

8.2.5　营销活动

8.2.5.1　*店铺活动*

店铺促销活动：是指平台为了促进卖家成长，增加更多的曝光及交易机会，定期或不定期地组织卖家发起的不同于日常销售的特殊销售行为及活动。促销活动包括多种方式，卖家可根据需要选用。

店铺活动主要包含：单品折扣、满减活动及店铺优惠券。

(1) 单品折扣

操作步骤：进入卖家后台→营销活动→店铺活动→单品折扣。

请注意：同一时间段内，单品折扣活动只能创建一个，如图 8-50 所示。

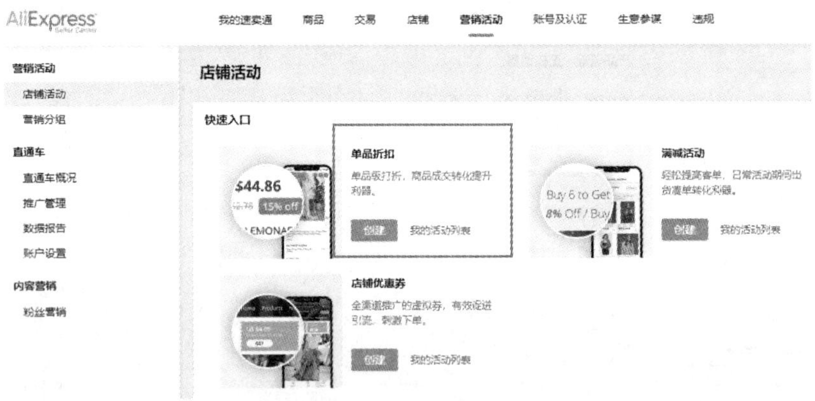

图 8-50 营销活动

点击“创建活动”开始创建，输入活动名称、开始及结束时间，然后点击“确定”。

提示：单品折扣活动一旦创建且开始后，直至活动结束，中间无法进行停止操作，请谨慎创建，如图 8-51 所示。

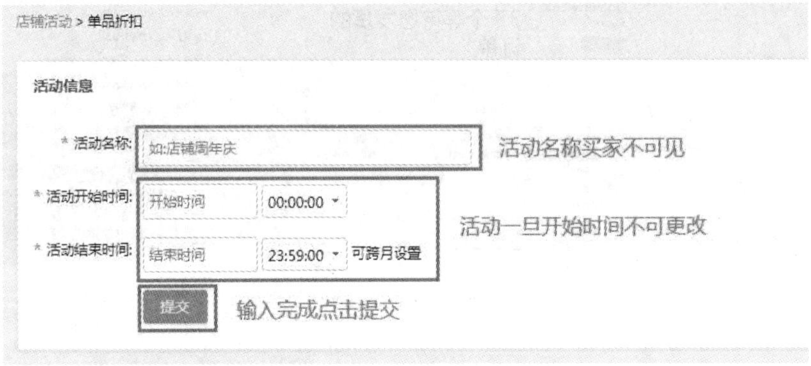

图 8-51 单品折扣

活动创建成功后，还需要往里面添加相应的折扣产品。点击活动对应的“编辑”按钮，如图 8-52 所示。

图 8-52　选择商品

产品加入成功后，还需要对添加的产品设置折扣力度。分别点击要设置的产品对应的“修改”按钮，然后再输入其折扣率即可，如图 8-53 所示。

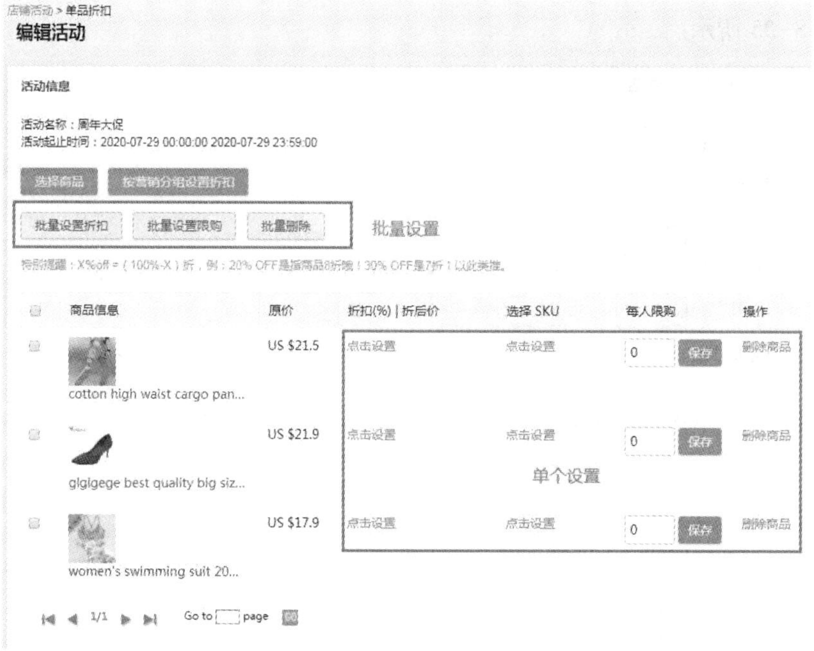

图 8-53　编辑活动

（2）满减活动

满减活动是速卖通推出的店铺自主营销工具。针对全店铺的商品（或部分商品），在买家的一个订单中，若订单金额超过了预先设置的优惠条件（满 X 元），在其支付时系统会自动减去优惠金额（减 Y 元）。这样既让买家感觉到实惠，又能刺激买家为了达到优惠条件而多买，买卖双方互利双赢。优惠规则（满 X 元减 Y 元）由卖家根据自身交易情况设置，正确使用满立减工具可以刺激买家多买，从而提升销售额，拉高平均订单金额和客单价。

操作步骤：进入卖家后台→营销活动→店铺活动→满减活动，如图 8-54 所示。

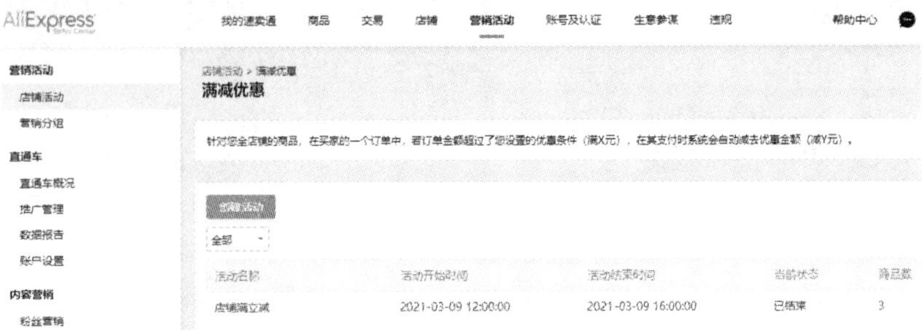

图 8-54　满减活动

输入活动名称、开始及结束时间，设置促销规则。

提示 1：店铺满减活动一旦创建且开始后，直至活动结束，中间无法进行停止操作，请谨慎创建。

提示 2：折扣和满减的优惠是可以叠加的，设置时一定要考虑折上折时的利润问题，如图 8-55 所示。

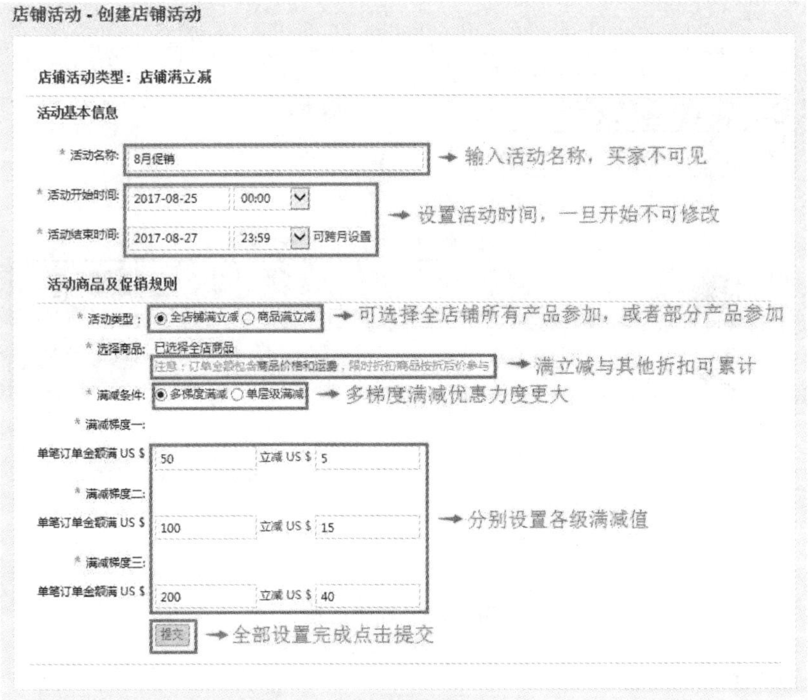

图 8-55　编辑满减活动

（3）店铺优惠券

店铺优惠券是由卖家自主设置优惠金额和使用条件，买家领取后在有效期内使用的优惠券，可以刺激新买家下单和老买家回头购买，提升购买率及客单价。同一时间段卖家可设置多个店铺优惠券活动，满足不同购买力买家的需求，从而获得更多订单！

a. 领取型优惠券活动

操作步骤：进入卖家后台→营销活动→店铺活动→店铺优惠券→领取型优惠券活动，如图 8-56 所示。

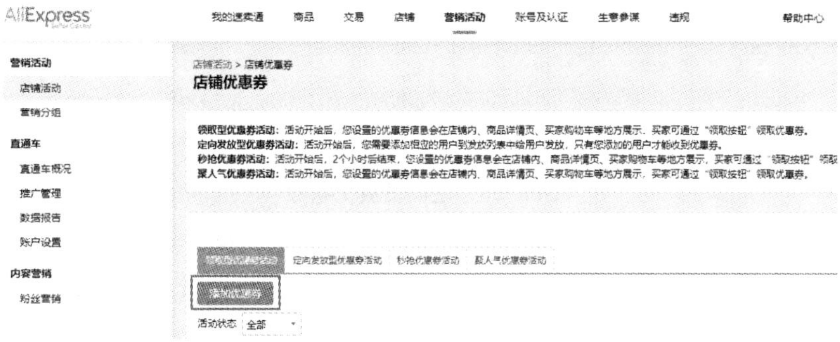

图 8-56　**优惠券活动**

点击“添加优惠券”开始创建，输入活动基本信息、优惠券领取规则及使用规则等，然后点击“确认创建”，如图 8-57 所示。

图 8-57　**添加优惠券**

b. 定向发放型优惠券活动

操作步骤：进入卖家后台→营销活动→店铺活动→店铺优惠券→定向发放型优惠券活动。

提示：该优惠券自动发放到买家账户，无需买家手工领取。如图 8-58 所示。

图 8-58　定向发放优惠券

点击“添加优惠券”开始创建，输入活动基本信息、优惠券领取规则及使用规则等，然后点击“确认创建”。创建成功后，回到定向发放型优惠券活动列表中，点击该活动对应的“查看活动设置”按钮，如图 8-59 所示。

图 8-59　添加优惠券

再点击“添加用户发放优惠券”按钮，如图 8-60 所示。

图 8-60　添加用户发放优惠券

选中发券客户，再点击“确认发放”按钮，该优惠券将自动发到客户账户中，客户在下单时可使用。

c. 秒抢优惠券活动

操作步骤：进入卖家后台→营销活动→店铺活动→店铺优惠券→秒抢优惠券活动，点击“添加优惠券”开始创建，输入活动基本信息、优惠券领取规则及使用规则等，然后点击“确认创建”，如图 8-61 所示。

图 8-61　创建秒抢优惠券

d. 聚人气优惠券活动

操作步骤：进入卖家后台→营销活动→店铺活动→店铺优惠券→聚人气优惠券活动，点击“添加优惠券”开始创建，输入活动基本信息、优惠券领取规则及使用规则等，然后点击“确认创建”，如图 8-62 所示。

图 8-62　创建聚人气优惠券

8.2.5.2　速卖通直通车

速卖通直通车是阿里巴巴全球速卖通平台会员通过自主设置多维度关键词，免费展示产品信息，通过大量曝光产品来吸引潜在买家的全新网络推广方式。简单来说，速卖通直通车就是一种快速提升店铺流量的营销工具。

直通车主要包含 4 个操作界面：账户中心、推广管理、优化工具及数据报告。

（1）账户中心

在进行直通车推广前，你必须先往账户中充值，确保有足够的余额用于支付参加直通车产生的点击费用。账户余额是指你现金账户与红包账户的可用余额。如遇账户余额不足，点击推广服务的使用将自动终止。

操作步骤：进入卖家后台→营销活动→直通车→账户设置，如图 8-63 所示。进入账户中心界面，查看账户余额，如果余额不够则点击“充值”。选择支付账户，再输入充值金额，然后点击“立即充值”确定支付。充值完成。如果要查询账户消费明细，可进入左侧“账户查询”页面。

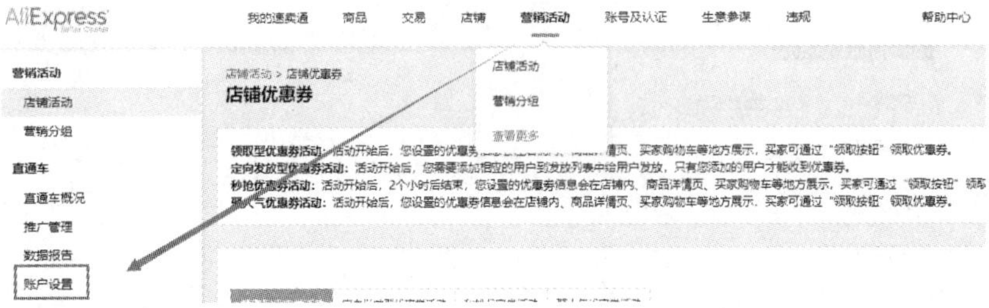

图 8-63　**账户设置**

（2）推广管理

确保账户余额充足，就可以开始直通车推广了。操作步骤：进入卖家后台→营销活动→直通车→推广管理。

进入推广管理界面，点击“新建推广计划”开始创建，如图 8-64 所示。

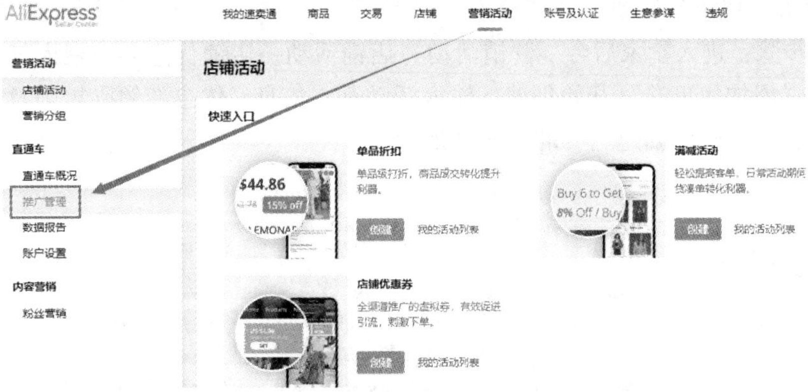

图 8-64　**推广管理**

在新建计划推广时，推广计划又分为两种类型：智能推广和自主推广。自主推广适合稍有基础、对直通车关键词有一定认知的用户。智能推广相对来说更简单一些，卖家选好新品、设置好出价与限额后，系统会自动选词，自动推荐展示。这两类推广效果各有千秋，自主推广目标受众更精准些；智能推广适合低价爆款，出价限额、测款时间都因人而异。

a. 智能推广下有三种推广方式可供选择：智能测款、智能打爆和全店管家 Pro。

智能测款：测试商品市场热度，挖掘潜力爆品。买家需要选择要推广的产品，一般不超过 10 个为佳。设置每日消耗上限（最低 30 元）和广告出价费用即可进行推广。

智能打爆：经过一段时间的测款后，我们会发现有一些商品成交转化较好，这时候就进入第二阶段——打爆。智能打爆推广就是平台提供的便捷打爆工具，将这些潜力商品挑选出来后，直接设置每日消耗上限（最低 30 元）和广告出价费用即可进行推广。

全店管家 Pro：全自动托管，只需要一键开通，系统将自动设置关键词并展现。这种方式虽然省心，效果却没有自己精准设置好，有可能花了钱却没达到想要的推广效果，因此还是建议采用其他推广方式。

b. 自主推广下有两种推广方式可供选择：重点推广计划和快捷推广计划。

重点推广计划：重点推广适用于重点商品的推广管理。卖家最多可以建 10 个重点计划，每个重点计划最多包含 100 个单元。每个单元内可以选择 1 个商品。建议优先选择市场热销或自身有销量、价格优势的商品来进行推广（如参考商品分析中的成交转化率、购物车、搜索点击率等数据）。独有创意推广等功能，可帮助你更好地打造爆款。

快捷推广计划：快捷推广适用于普通商品的批量推广。卖家最多可以建 30 个快捷推广计划，每个计划最多容纳 100 个商品、20 000 个关键词。快捷推广中的批量选词、出价等功能帮助你更加快速地建立自己的计划，捕捉更多流量。

选择好计划类型后，输入计划名称和每日消耗预算，然后点击“开始新建”，如图 8-65 所示。

图 8-65　编辑推广计划

在商品列表中选择要加入推广计划的商品（“重点推广计划”只能选单个商品，“快捷推广计划”可多选），然后点击“下一步”，如图 8-66 所示。

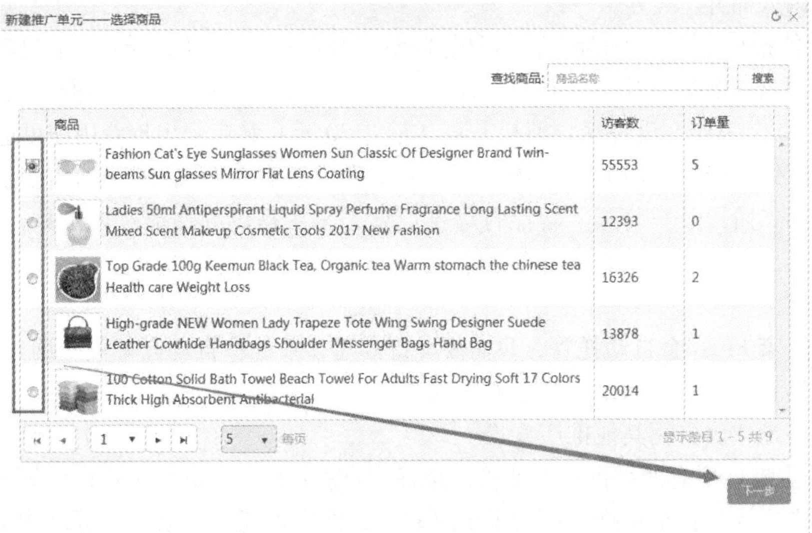

图 8-66 选择推广商品

你可以使用推荐词（通常是一些热搜词），如果推荐词中没有找到与产品适合的关键词，也可以点击后“批量加词”自行添加与产品相关的关键词。

设置好关键词后，在下方设置对关键词的出价（这里为批量设置，创建成功后可再分别对每个关键词的出价进行调整）。其中“默认出价”指在电脑端点击出价，“APP 区出价”指在手机应用程序上点击出价，两者设置可以相同也可以不同。当买家搜索一个关键词，你设置的推广商品如果符合展示条件，就会在相应的速卖通直通车展示位置上出现。推广评分与关键词出价越高，排名靠前的机会越大。当买家点击了你推广的商品时，才会进行扣费。点击花费会受推广评分的影响，且不会超过你为关键词所设定的出价。你的推广商品与相关关键词的推广评分越高，你所需要付出的每次点击花费越低，因此实际的点击花费往往要低于你的出价。设置完成点击“下一步”，如图 8-67 所示。

图 8-67　设置关键词

创建成功后，该计划出现在推广列表中，可直接在列表中对其进行改名、删除、修改、暂停等操作。

点击计划名称或“修改”按钮，进入该计划详情页面。点击“新建推广单元”可在该计划下新增其他商品；点击单元对应的“修改”按钮，则可进入该单元的详情页面，如图 8-68 所示。

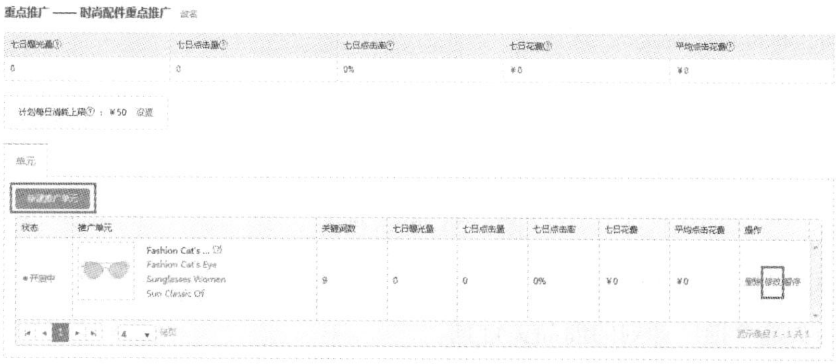

图 8-68　管理推广列表

在单元详情页面，可以查看该商品推广效果（七日内的曝光量、点击量等），也可以添加或移除已设置的关键词，或修改每个关键词的出价。

除此之外，还可以添加创意。创意是指针对重点计划中的推广单元，卖家可以自主选择要展示的图片以及自主撰写标题文案。图片和标题文案只作为直通车展示使用，不影响自然排名。其中，图片来自商品发布时的主图，卖家可以任选其一。标题文案可以根据推广需要自由撰写，比较灵活。好的创意有利于提高流量转化。如果没有自行设置创意，则仍按原始标题和图片来进行匹配推广。

（3）优化工具

直通车是搜索运营过程中不可或缺的一部分，直通车关键词就是买家搜索商品时使用的各种组合的单词，是买家购买需求的直接体现，也是卖家引导流量的重要渠道。因此，找到适合开展直通车活动的商品以及适合商品的关键词，是直通车推广效果的关键。这就需要卖家利用直通车优化工具，不断调整商品、优化关键词从而开好直通车。

直通车优化工具可分别针对商品和关键词进行优化。

操作步骤：进入卖家后台→营销活动→直通车→直通车概况→优化工具，如图 8-69 所示。

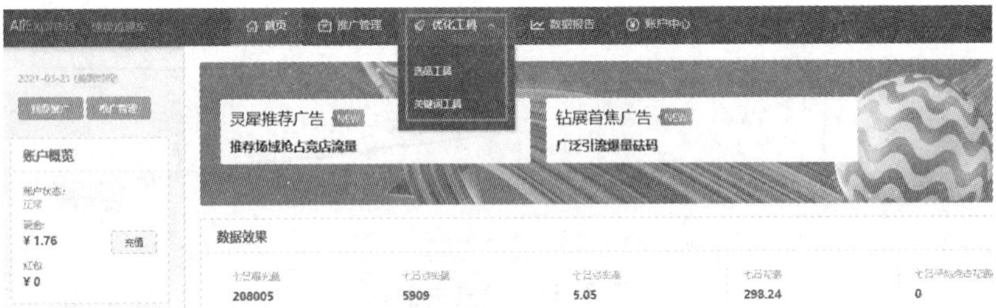

图 8-69　优化工具

a. 进入选品工具界面，这里展示当前店铺还未加入直通车的商品及其访客数和销量情况，帮助卖家判断商品潜力。如需将商品加入先前创建好的推广计划中，点击“加入”，然后选择推广计划并点击“确认”按钮，如图 8-70 所示。

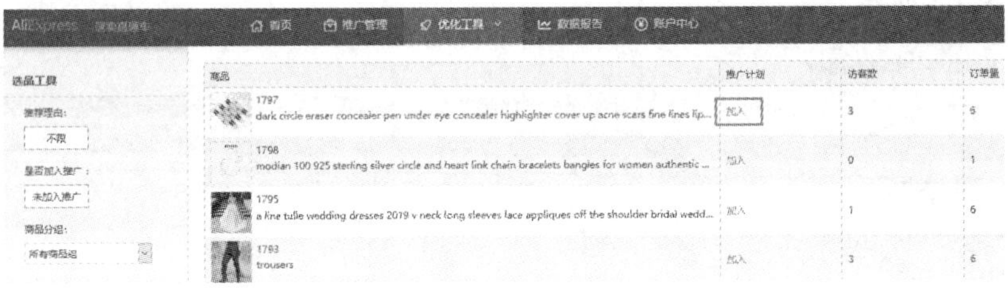

图 8-70　进行优化

b. 进入关键词工具界面，这里可以通过搜索筛选的方式，从平台关键词大数据下，自由挑选购买适合推广计划的商品关键词。

点击左侧“选择推广计划”，选择之前创建好的推广计划和推广单元，点击“确认”，如图 8-71 所示。

图 8-71　推广优化

针对你所选择的推广单元产品，你可在上方搜索框中输入相应关键词，随后该工具便会自动展示平台大数据统计下的所有相关词，点击右侧“添加”按钮可任意添加各词，再点击左侧的“确认添加”按钮，将你所选择的关键词加入推广计划。

当然，你也可以在左侧的自定义输入框中输入目标关键词，设置后点击“全部添加”将其加入推广计划并进行出价设置。

（4）数据报告

学会看数据、分析数据是卖家的必要技能。这里的数据又包括商品报告、关键词报告和操作记录。

操作步骤：进入卖家后台→营销活动→直通车→数据报告。

数据报告是针对你速卖通直通车账户的整体营销状况提供的效果统计分析报告。报告是按天统计的，每一天的账户效果还可以展开，即按照推广计划的维度查看每天的数据。账户报告分为图形和报表两部分内容，反映曝光量、点击量、花费等多项数据指标，可自定义类型、时间段、指标进行查看。分别点击“曝光量”等按钮，可以查看相关数据。

曝光量：指在所选择的时间区间段（如最近 7 天），通过速卖通直通车的推广，你的商品在被海外买家（不包括中国买家）搜索的时候，获得的展现次数。

点击量：指在所选择的时间区间段（如最近 7 天），通过速卖通直通车的推广，你的商品在被海外买家（不包括中国买家）搜索的时候，获得的买家进一步点击查看的次数。

点击率：点击率=点击量/曝光量。如果点击率较高，说明买家对你的推广商品更感兴趣，愿意通过点击进一步查看了解你的商品详情。点击率是反映你的商品是否满足买家的采购需求、是否令买家感兴趣的重要指标。

平均点击花费：指在一段时间内，你为速卖通直通车推广带来的点击所支付的平均点击扣费金额，代表引入 1 个潜在买家的平均成本。计算公式为：平均点击花费=总花费金额/总点击量。商品报告如图 8-72 所示。

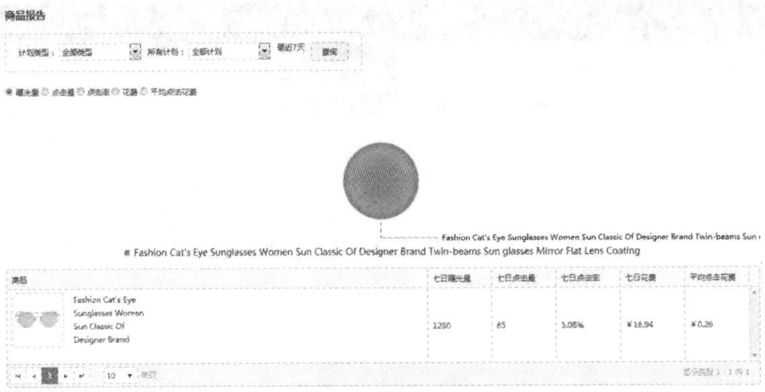

图 8-72　商品报告

你还可以在首页观察直通车整体的数据情况，包括账户余额、推广计划数量、数据效果，以及直通车相关技能课程学习。

8.2.5.3　粉丝营销

速卖通无线特有频道 Store Club（粉丝趴）作为卖家粉丝营销阵地，基于买卖家的关注关系进行内容展示，功能类似淘宝的“微淘”。关注店铺的买家可以收到卖家发布的动态信息，包括店铺上新、买家秀、粉丝专享活动、文章等，且支持买家对相应的内容进行点赞和评论。

操作步骤：进入卖家后台→营销活动→粉丝营销，如图 8-73 所示。

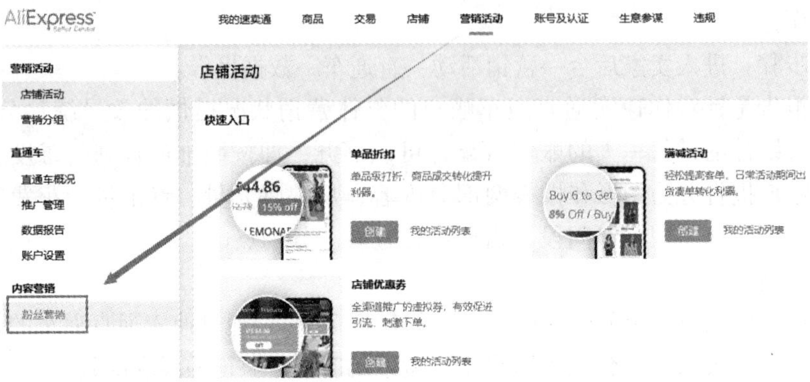

图 8-73　粉丝营销

目前粉丝营销模块支持上新帖的发布，点击“上新帖”按钮，进入上新帖发布页面，对上新主题进行简单描述，然后选择最近上新的产品（目前仅可选择一个商品），设置好和粉丝的互动游戏以及发布时间，还可选择同时发布至站外其他社交媒体端，最后点击发布按钮即可，如图 8-74 所示。

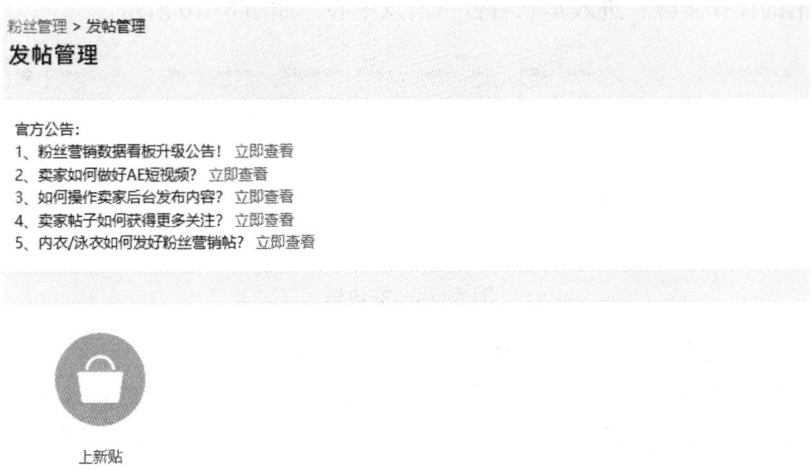

图 8-74 发帖管理

8.2.6 处理订单

8.2.6.1 管理订单

在实训平台中，卖家发布系统产品库内的产品后，系统将根据发布质量自动给卖家下订单（也可由其他同学担任买家手动下单）。卖家对于订单应及时给予关注并及时处理，以免客户流失。

操作步骤：进入卖家后台→交易→所有订单，如图 8-75 所示。

图 8-75 交易管理

订单通常有以下几种状态：

a. 等待卖家发货：买家已经下单付款，而卖家这时需要做的操作是“发货”。

b. 订单完成：买家已确认收货，卖家无须再做任何操作。

c. 等待买家付款：买家已下单，但还未付款。

对于未付款订单，建议卖家采取以下操作：

首先，关注“站内信”，也许买家会主动发来信件，提出一些要求，例如希望降价等。

站内信的操作步骤：进入卖家后台→消息中心，如图 8-76 所示。

图 8-76　站内信

除此之外，卖家也可以考虑主动调整价格，促使买家尽快付款。

调整价格的操作步骤：进入卖家后台→交易→所有订单，先查看订单详情，了解对方所在国家、地区等信息，然后点击“调整价格”，给对方适当降价，如图 8-77 所示。

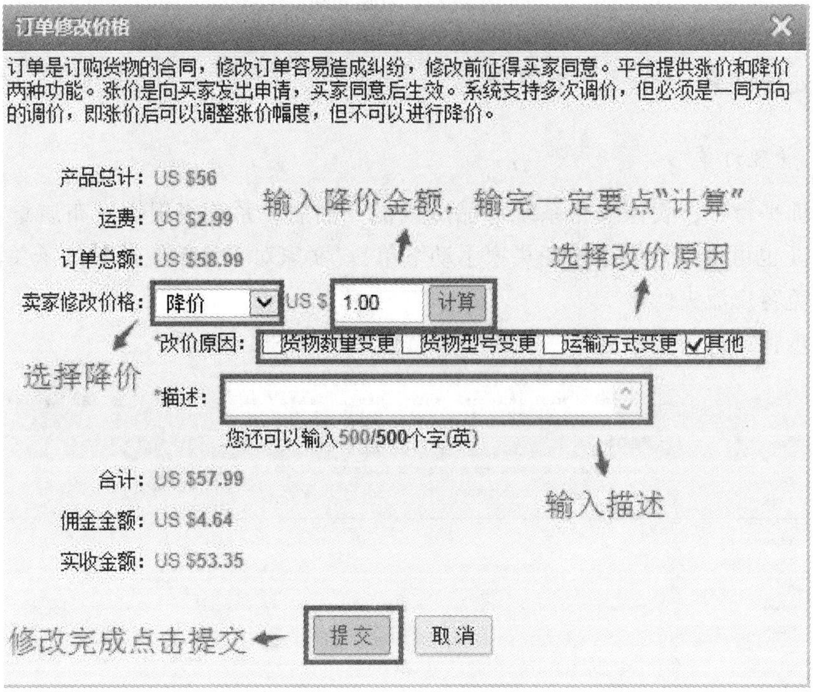

图 8-77　调整价格

8.2.6.2　产品备货

一旦收到买家已经下单并付款的订单，卖家就可以备货了。当然，卖家也可以提前备货，不过这样会有一定的库存风险，万一产品滞销，可能会造成损失。

操作步骤：

首先在订单管理中，确认要发货的商品编号及数量，如图 8-78 所示。

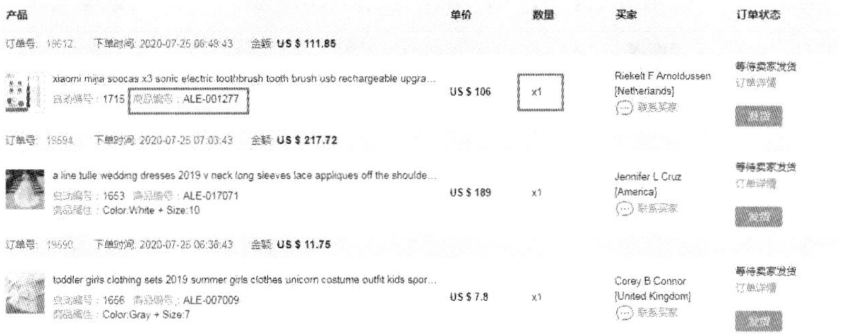

图 8-78　确认发货数量

然后回到实训首页，点击“1688 订货平台”字样，进入 1688 网首页。直接在上方搜索框中输入产品编号进行搜索，订货成功之后，可回到首页进入“库存”页面查看库存情况，也可进入“财务”界面查看费用支出，如图 8-79 所示。

图 8-79　订货

8.2.6.3　包装发货

卖家接到买家已付款的订单，且在库存中备好货物以后，就可以准备包装发货。

发货包括 3 个步骤：线上发货、支付运费和发货通知。

（1）线上发货

操作步骤：进入卖家后台→交易→所有订单。

需要处理的订单主要包括“等待买家付款”和“等待您发货”订单。选择订单状态为“等待买家付款”，找到对应的订单，点击右侧“提醒买家付款”，对买家进行催款，如图 8-80 所示。

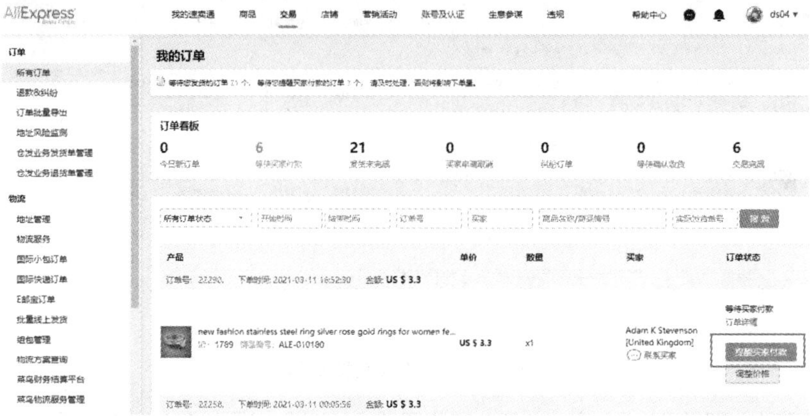

图 8-80　催款

选择订单状态为“发货未完成”，找到对应的订单，点击“发货”，如图 8-81 所示。

图 8-81　发货

首先进入的是订单详情页，可以查看买家的地址信息、成交价格等，确认无误后点击“线上发货”，如图 8-82 所示。

图 8-82 线上发货

进入“选择物流方案”界面。选择发货地址和收货国家，输入计算所得的包裹重量、长宽高等信息（重量按商品资料中的“Package Weight”计算，如果有多件，需乘以件数；长宽高数据则参考“Package Size”直接填写，无需计算），然后点击“计算国际运费”，如图 8-83 所示。

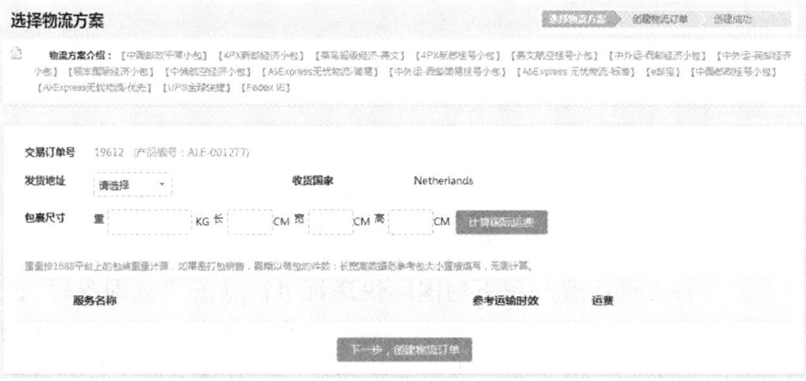

图 8-83 计算国际运费

查询到不同的物流服务商，选择其中一家（应参照订单详情里买家选择的物流公司去选，否则实际工作中可能会被买家投诉），然后点击“下一步，创建物流订单”，确认商品信息、发货信息等，然后点击“提交发货”，成功创建物流单，如图 8-84 所示。

图 8-84　创建物流订单

（2）支付运费

卖家发货后，可直接点击发货成功界面上的“物流订单详情”，或者是进入卖家后台→交易→国际快递订单，找到已发货但尚未支付运费的订单，如图 8-85 所示。

图 8-85　支付运费

选择查看“等待支付运费”项下的国际快递订单，点击“立即支付”，选择一个支付宝账户，点击“确认支付”（如果支付宝账户中余额不足，需要先进入国际支付宝账户中进行充值），如图 8-86 所示。支付完运费之后，发货完成，货物就出运了。接下来需等待买家确认收货并评价。

图 8-86 选择支付账户

(3) 发货通知

完成线上发货后，别忘了还要填写发货通知。

在“国际快递订单”的“等待支付运费”界面（已支付运费的订单可在“发货已完成”界面查找），点击“填写发货通知”，如图 8-87 所示。按照物流订单中的内容，选择物流名称，并输入运单号，点击“确定”提交。

图 8-87 填写发货通知

8.2.7 收款提现

8.2.7.1 账户设置

卖家注册速卖通平台后，会自动创建一个国际支付宝账户和一个速卖通账户。卖家在速卖通中通过出售产品所赚的资金，将随机进入这两个账户中，可以通过申请提现转入到自己的个人账户。但在提现之前，必须先设置两个收款账户：人民币收款账户和美元收款账户。

为什么要设置两个收款账户呢?

(1) 买家通过信用卡支付时，根据国际支付渠道不同，款项会以美元或人民币的形式进入卖家国际支付宝账户，然后分别以美元形式提现和以人民币形式提现。

(2) 买家通过 T/T 银行汇款支付时，款项将以美元的形式放款到卖家的国际支付宝账户。

也就是说，买家采用不同的支付方式，其货款将打入卖家不同的收款账户。

（1）支付宝账户设置

操作步骤：进入卖家中心→交易→支付宝国际账户，如图 8-88 所示。

图 8-88　支付宝账户设置

分别设置美元账户和人民币账户的银行账号（两个账户可用同一张卡绑定）。首先点击美元账户对应的“设置银行账号提现”，根据公司资料填写各项信息，再点击“保存”。人民币账户也用类似方法添加，设置银行账号后才可进行提现，如图 8-89 所示。

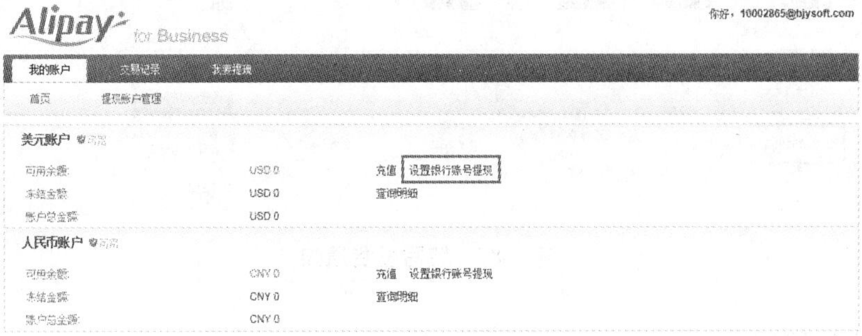

图 8-89　设置提现账号

（2）速卖通账户设置

操作步骤：进入卖家中心→交易→速卖通账户，分别点击美元账户和人民币账户对应的账户数字，进入“提现账户管理”，如图 8-90 所示。

图 8-90　提现账户管理

添加方法与支付宝账户类似，此处不再赘述。

8.2.7.2　资金提现

如果已经设置好收款账户，当支付宝账户或速卖通账户里有可用余额时，卖家可以进行提现。

操作步骤：进入卖家中心→交易→支付宝国际账户或速卖通账户，在要提现的账户页面右侧点击“提现”按钮，如图 8-91 所示。输入提现金额，点击“下一步”（速卖通账户操作方法类似），提现成功，如果要提现人民币账户，也是同样的方法。接下来可以进入实训首页“卖家中心→财务”中查看资金是否到账。

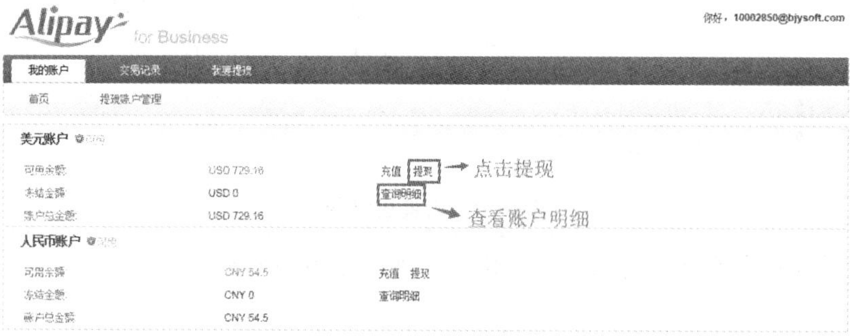

图 8-91　资金提现

8.2.8 数据分析

8.2.8.1 生意参谋

速卖通生意参谋板块的主要功能是为商家运营提供相应的数据支持，它是数据纵横的升级版。新版生意参谋上线后，会取代原先数据纵横的一级菜单位置。商家进入商家后台后，直接会看到生意参谋。

原先的数据纵横并没有下线，在生意参谋首页的右上角，仍然有“返回数据纵横”的入口。平台会不断优化生意参谋的版块和功能，待生意参谋功能较为全面和完善后会下线数据纵横。具体替换时间需要视项目开发进展而定。

“生意参谋”板块主要包括：首页、流量、品类、物流、市场、任务助手等。卖家可以根据生意参谋提供的数据，制定自己的店铺营销方向，做出正确决策。点击下面的菜单分别查看其说明。

（1）首页

操作步骤：进入卖家后台→生意参谋。

首页有 24 小时实时更新的数据，含浏览、访客数据等。这些数据对于操作直通车工具、监控店铺及平台活动效果、发掘潜力产品有较大帮助。

a. 实时查看当前自己店铺各项指标数据，以及当前各项指标的上一日数据，拿上一日数据作为参考线，对自己店铺展开分析诊断，如图 8-92 所示。

图 8-92 店铺运营分析

b. 实时查看当前自己店铺支付额排名，如图 8-93 所示。

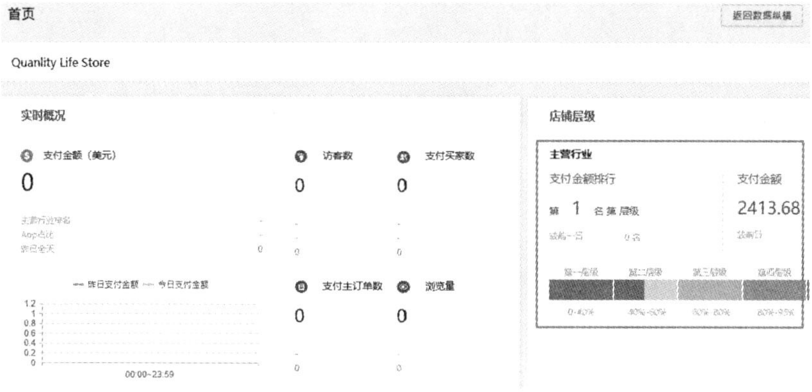

图 8-93　支付金额排名

注：生意参谋板块中涉及的所有指标注释、来源注释、常见问题均可以参考帮助中心，帮助中心位置如图 8-94 所示。

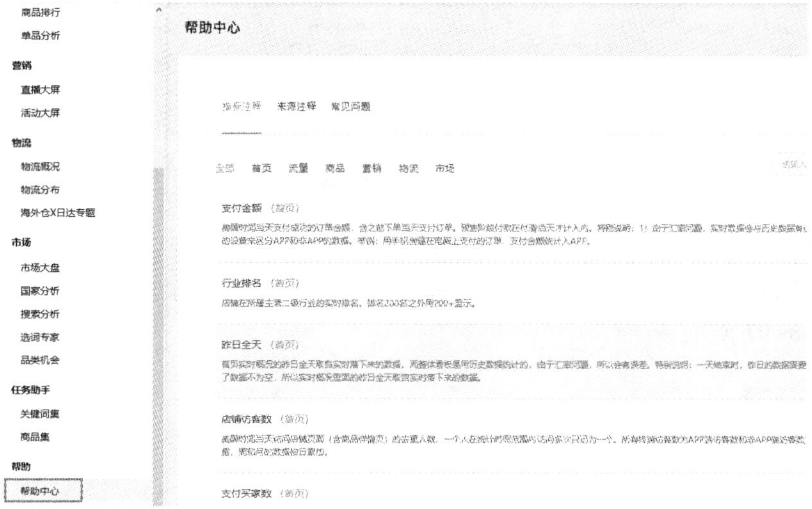

图 8-94　帮助中心

（2）流量

操作步骤：进入卖家后台→生意参谋→流量。

对于许多跨境电商卖家来说，流量就是店铺的生命线，没有高的流量，就很难提高销量。因此，通过引流和转化来获取更多利润，才能将店铺发展得更好。速卖通流量板块集合了流量看板、店铺来源、商品来源，从多角度助力卖家分析流量来源，把控店铺运营。

流量板块由三部分组成：流量看板、店铺来源、商品来源。

a. 流量看板

流量总览：实时统计店铺访客数、商品浏览量、转化率。点击各项会显示该项下的流量构成，如图 8-95 所示。

图 8-95　流量看板

国家排行：从各国支付买家数、支付金额、下单买家数和下单金额等维度综合分析各国情况，方便卖家分析市场，如图 8-96 所示。

国家排行

排名	国家 & 地区	支付买家数	支付金额	下单买家数	下单金额
1	America	14	424.41	20	554.44
2	Australia	1	4.82	2	28.25
3	Belgium	1	29.49	4	61.37
4	Brazil	8	1097.4	8	1097.4

图 8-96　国家排行

b. 店铺来源

页面来源趋势：实时统计页面流量来源构成，来源包括商品页面、购物车、收藏夹，如图 8-97 所示。

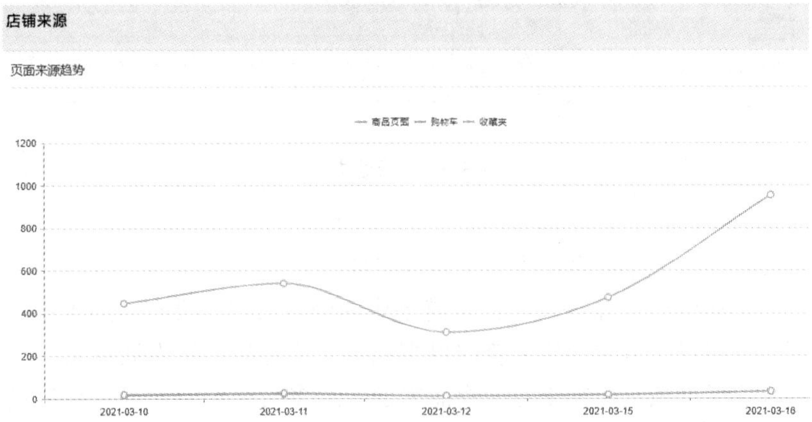

图 8-97　店铺来源

c. 商品来源

商品排行榜：实时统计店铺各商品的浏览量、访客数、加收藏数、加购数、下单数以及转化率等数据，帮助卖家直观分析店铺各商品具体情况，方便卖家调整商品运营方案。点击“编辑”按钮可修改商品详细信息，如图 8-98 所示。

商品来源

商品排行榜

商品信息	浏览量	访客数	加收藏数	加购物车人数	下单数	下单转化率%	操作
japan and south korea rhinestone rings for women silver gold rings fresh wedding female charm knuckle ring crystal jewellery ID:1778　Product Number:ALE-010169	9071	6729	242	422	49	0.73%	编辑
vadim women leopard print ankle length dress bow tie sashes long sleeve retro ladies casual chic dresses vestidos qa472 ID:1783　Product Number:SM-125	8643	6474	204	117	25	0.39%	编辑

图 8-98　商品来源

（3）品类

操作步骤：进入卖家后台→生意参谋→品类。

品类由实时播报、商品排行和单品分析三部分组成，统计店铺整体实时数据和单个商品数据，帮助卖家及时发现问题商品、发掘潜力产品，从而第一时间把控运营方向。

a. 实时播报

实时概况：实时概况里有着 24 小时实时更新的数据，含支付金额、浏览、访客数据等，利用这些数据可帮助卖家操作直通车工具、监控店铺及平台活动效果、发掘潜力产品，从而第一时间调整运营方向，如图 8-99 所示。

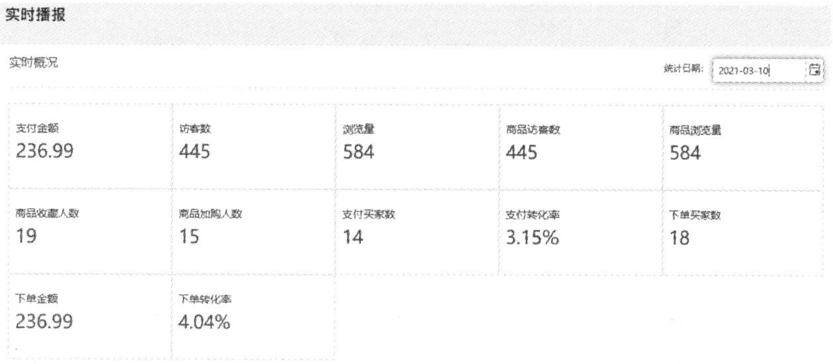

实时播报

实时概况　　统计日期：2021-03-10

支付金额 236.99	访客数 445	浏览量 584	商品访客数 445	商品浏览量 584
商品收藏人数 19	商品加购人数 15	支付买家数 14	支付转化率 3.15%	下单买家数 18
下单金额 236.99	下单转化率 4.04%			

图 8-99　实时播报

实时国家 & 地区排行：从国家地区角度，统计各国在本店铺的支付买家数、支付金额、下单买家数、下单金额。帮助卖家分析市场来源，及时调整运营策略和方向。如图 8-100 所示。

实时国家&地区排行

排名	国家 & 地区	支付买家数	支付金额	下单买家数	下单金额
1	America	2	31.39	2	31.39
2	Brazil	1	32.33	1	32.33
3	Canada	1	23.24	1	23.24
4	France	1	13.64	1	13.64
5	Germany	1	20.15	1	20.15

图 8-100　国家排行

b. 商品排行

统计店铺内所有商品的价格、访客、下单、收藏和加购人数。点击“编辑”按钮可编辑修改商品详细信息；点击“添加到商品集”，便于后续专门追踪这些商品的表现，如图 8-101 所示。

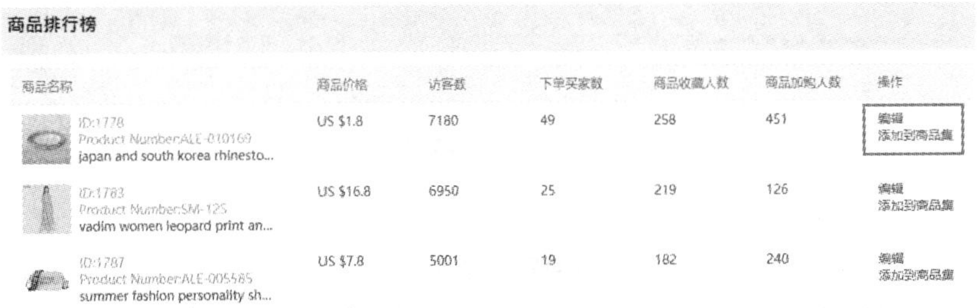

图 8-101　商品排行

c. 单品分析

如果店铺内商品较多，在商品排行中不便找到特定商品，可通过搜索商品 ID，在单品分析找到该商品并查看其各项数据，如图 8-102 所示。

图 8-102　单品分析

（4）物流

操作步骤：进入卖家后台→生意参谋→物流。

高效率、高质量的物流是促进电商发展的保证，而在跨境电商中，物流也同样非常重要。借助生意参谋中的物流各项数据，可观察一定时段内的物流商的服务水平，帮助卖家提升店铺物流服务指数。

a. 物流概况

物流单量：统计店铺时间段内的支付订单量、发货订单量、签收订单量，如图 8-103 所示。

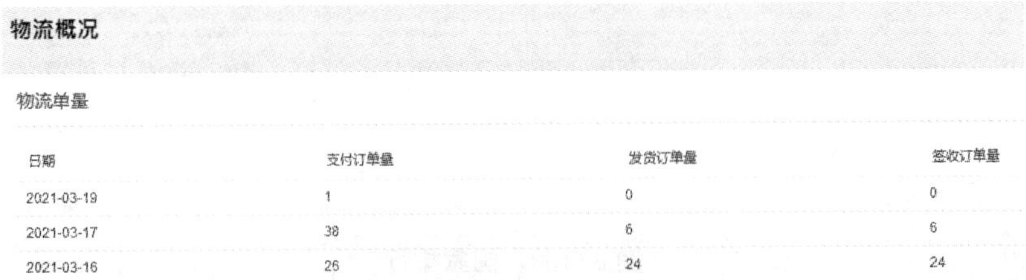

图 8-103　物流概况

物流时效和物流体验：根据前台考核指标，给出店铺的表现和同行业优秀、平均水平（主营二级类目相同的店铺）。考核内容主要包括三个上网率指标（48 小时/72 小时/5 天上网率）和两个体验指标（物流 DSR、未收到货纠纷提起率），如图 8-104 所示。

图 8-104 物流时效

b. 物流分布

物流服务商分布：统计各物流服务商的发货订单量和签收量，帮助卖家分析买家物流偏好，为物流模板设置提供方向，如图 8-105 所示。

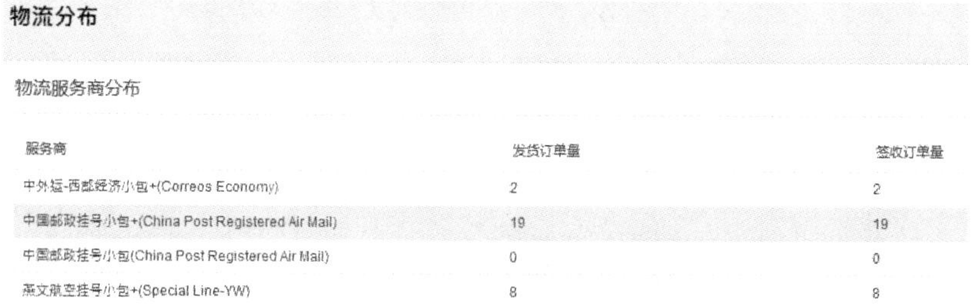
物流分布

物流服务商分布

服务商	发货订单量	签收订单量
中外运-西邮经济小包+(Correos Economy)	2	2
中国邮政挂号小包+(China Post Registered Air Mail)	19	19
中国邮政挂号小包(China Post Registered Air Mail)	0	0
燕文航空挂号小包+(Special Line-YW)	8	8

图 8-105 物流分布

c. 海外仓 X 日达专题

如果卖家开通了海外仓，这里会统计店铺海外仓订单的支付数量和支付金额，并以趋势图的形式帮助分析美国和俄罗斯的订单情况，如图 8-106 所示。

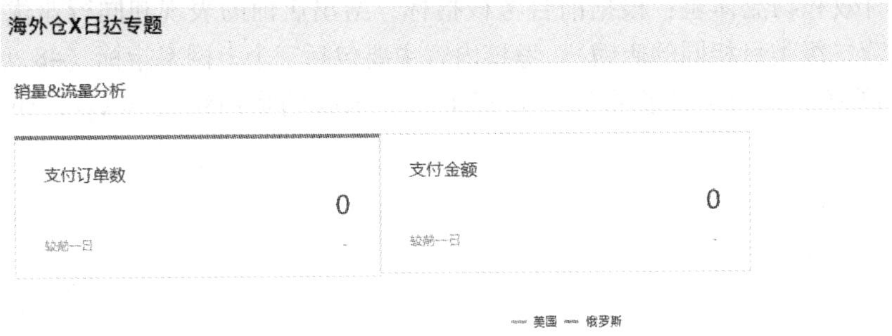

图 8-106　海外仓 X 日达

（5）市场

操作步骤：进入卖家后台→生意参谋→市场。

市场模块是速卖通平台提供的数据化选品工具，在这里，你可以利用市场大盘观察行业趋势；利用国家分析观察机会国家；利用搜索分析观察热门搜索词汇等。

市场板块主要由市场大盘、国家分析、搜索分析、选词专家组成。

a. 市场大盘

行业趋势：在这个界面我们可以选择各一级和二级类目的行业趋势相关数据，并通过对比周期和行业来查看各类目之间的流量关系，如图 8-107 所示。

图 8-107　行业趋势

行业构成：根据所选一级或二级类目，展开该类目下的行业升降序排名，排名维度有搜索指数、交易指数、在线商家占比、供需指数、父类目金额占比、客单价，如图 8-108 所示。

行业构成

排名	行业	搜索指数	交易指数	在线商家占比	供需指数	父类目金额占比	客单价
1	Electrical Equipment & Supplies 较前一日	963168 -7.45%	10417900 -1.71%	0.554 -0.40%	584 -9.95%	0.3978 0.85%	18 1.65%
2	Hardware 较前一日	962161 -8.51%	8646168 -1.01%	0.6181 -0.29%	543 -11.17%	0.2819 2.21%	14 1.66%
3	Bathroom Fixture 较前一日	588559 -6.82%	6262215 -2.56%	0.5125 -0.37%	342 -9.57%	0.1555 -2.57%	26 3.05%

图 8-108　行业构成

国家构成：根据所选一级或二级类目，展开该类目下的国家升降序排名，排名维度有访客指数、浏览数和浏览率、供需指数、客单价、加购和加收藏数，如图 8-109 所示。

国家构成

排名	国家 & 地区	访客指数	浏览商品数	商品浏览率	供需指数	客单价	商品加购人数	加收藏人数
1	德国 较前一日	239548 -4.42%	1720976 -4.37%	0.1489 -2.87%	54 -11.05%	26.65 8.39%	131089 -6.57%	55927 -4.62%
2	比利时 较前一日	159456 -6.41%	966246 -6.49%	0.1297 -4.21%	36 -12.11%	20.9 -1.04%	76428 -6.53%	30073 -6.81%
3	俄罗斯 较前一日	889219 -3.02%	9214966 0.31%	0.1952 -2.30%	258 -6.70%	12.59 2.52%	1764398 -5.00%	812433 -6.05%

图 8-109　国家构成

b. 国家分析

机会国家：根据所选一级或二级类目，展开该类目下的四种国家排名，分别是高 GMV（gross merchandise volume，商品交易总额）高增速、高 GMV 低增速、低 GMV 高增速、低 GMV 低增速。排名维度有支付金额占比、上升指数、物流天数，如图 8-110 所示。

国家分析

统计时间(美国太平洋时间) 2021-03-22

机会国家　单国家分析　商品研究　　30天　家装（硬装）

国家分析

高GMV高增速

国家&地区	支付金额占比	上升指数	物流天数
俄罗斯	16.68%	1010	26
西班牙	8.53%	1045	18

高GMV低增速

国家&地区	支付金额占比	上升指数	物流天数
罗马尼亚	0.79%	959	59
匈牙利	0.84%	912	39

图 8-110　机会国家

单国家分析：根据所选一级或二级类目，展开单个国家该细分市场的支付和访客情况，以及该国各城市、订单均价、购买次数和买家的年龄分布、性别分布，如图 8-111 所示。

图 8-111　单国家分析

商品研究：根据所选一级或二级类目研究买家行为特征。特征包括买家等级、购买次数、网购偏好、下单支付时间，如图 8-112 所示。

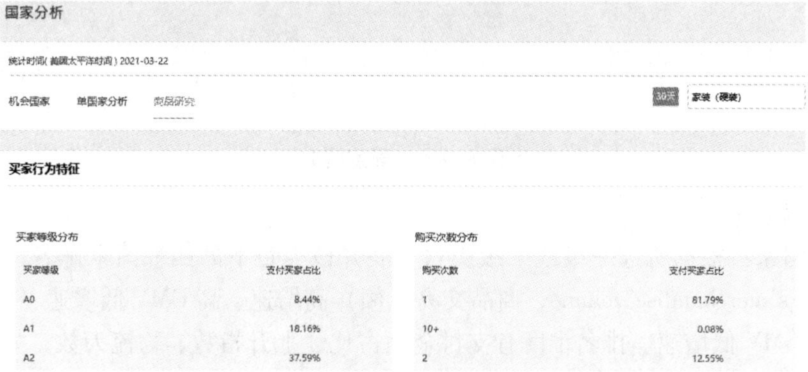

图 8-112　商品研究

c. 搜索分析

热搜词：根据所选一级或二级类目，查看细分类目下相关热搜词数据，也可输入关键词查找相关热搜词，如图 8-113 所示。

图 8-113　热搜词

飙升词：根据所选一级或二级类目，查看细分类目下相关飙升词数据，也可输入关键词查找相关热搜词，如图 8-114 所示。

图 8-114 飙升词

零少词：根据所选一级或二级类目，查看细分类目下相关零少词数据，也可输入关键词查找相关热搜词，如图 8-115 所示。

图 8-115 零少词

d. 选词专家

根据所选一级或二级类目，查看细分类目下相关热搜词、飙升词和零少词数据，也可输入关键词查找。点击“添加到关键词集”可收藏该词。相较于搜索分析，选词专家提供了关键词的各项指数与前 30 日的对比数据，有更直观的参考意义，如图 8-116 所示。

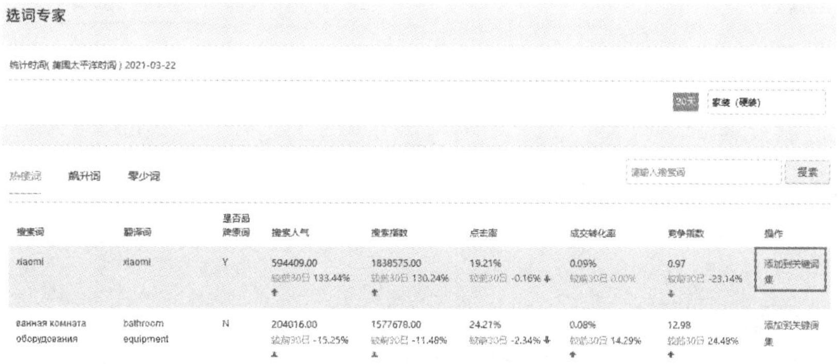

图 8-116 选词专家

(6) 任务助手

操作步骤：进入卖家后台→生意参谋→任务助手。

由关键词集和商品集两个功能组成，功能类似收藏夹，用于收藏卖家需要观察的商品和关键词。

a. 关键词集

你可以在选词专家中对热词进行收藏，以便于后续专门追踪这些关键词表现。后续该功能模块平台会做关键词推荐、关键词诊断，以更好地提升商品质量（标题、详细描述）、提升 SEO（search engine optimization，搜索引擎优化）转化等。

点击右侧的“管理关键词”可批量删除特定关键词；点击“重命名”“删除”可对该词集做相应管理，如图 8-117 所示。

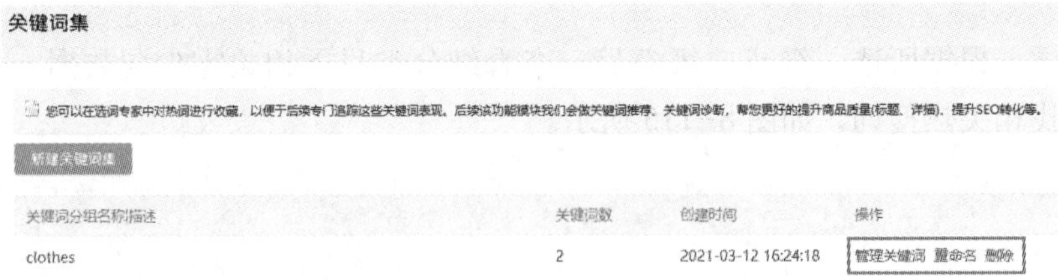

图 8-117　关键词集

b. 商品集

你可以在商品排行榜、单品分析等页面收藏商品，以便于后续专门追踪这些商品的表现。未来该功能模块平台会做商品场景推荐，例如哪些商品适合参加什么样的营销活动、哪些商品适合参加什么样的投放计划。

点击右侧的“管理组内商品”可批量添加或删除特定商品；点击“重命名”“删除”可对该商品集做相应管理，如图 8-118 所示。

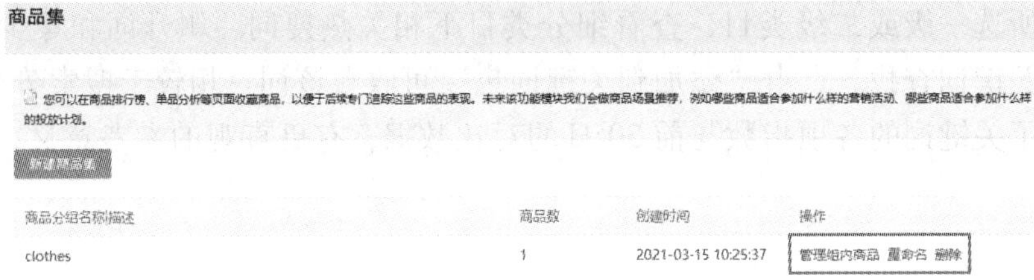

图 8-118　商品集

8.2.8.2　数据纵横

“数据纵横”板块包括：实时风暴、经营分析、商机发现。卖家可以根据数据纵横提供的数据，制定自己的店铺营销方向，做出正确决策。点击下面的菜单分别查看其说明。

（1）实时风暴

操作步骤：进入卖家后台→生意参谋首页→返回数据纵横→实时概况，如图 8-119 所示。

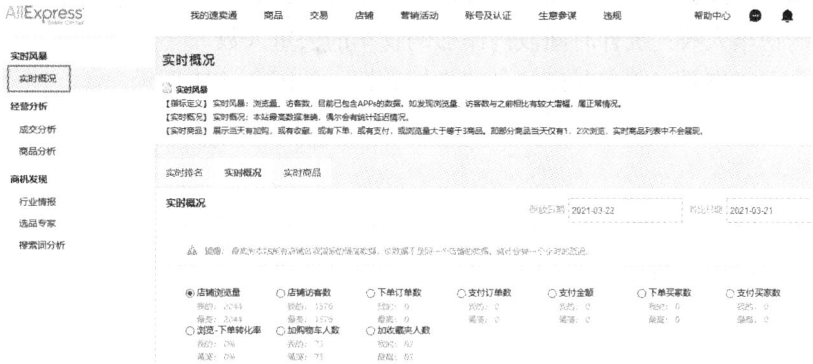

图 8-119　实时概况

实时风暴有着 24 小时实时更新的数据，含浏览、访客数据等，利用技巧在操作直通车工具、监控店铺及平台活动效果、发掘潜力产品、第一时间得到数据。

【指标定义】实时风暴：浏览量、访客数。如发现浏览量、访客数与之前相比有较大增幅，属正常情况。

【实时商品】展示当天有加购，或有收藏，或有下单，或有支付，或浏览量大于等于 3 的商品（即部分商品当天仅有 1~2 次浏览，实时商品列表中不会展现）。

卖家可以实时查看当前自己店铺支付额排名、店铺各项指标数据，以及当前各项指标系统内最高卖家的数据，拿最高卖家数据作为参考，对自己的店铺展开分析诊断，如图 8-120 所示。

图 8-120　实时排名

名词解释：

店铺浏览量：是指买家点击查看产品详情的次数，即在搜索页面点进某个产品详情之后的浏览量。例如：打开大图再回到详情页面，则算该页面有 2 次浏览量。

商品访客数：统计时间段内访问商品详情页的去重人数，一个人在统计时间范围内访问多次只记为一个。所有终端访客数为 PC 端访客数和无线端访客数直接相加之和。

店铺访客数：商铺装修中的访客数是指所选时间段内来访问过你的商铺或店铺的买家人数。同一天同一访客多次访问会进行去重计算，多日合计不计算。

下单订单数：下单订单数是指统计时间段内下单订单数。

支付订单数：支付订单数指的是统计时间段内支付成功订单数。

浏览-下单转化率：统计时间段内下单的买家数（去重）/ 店铺访客数。

添加购物车次数：统计时间段内添加购物车次数，同一个用户添加多次算多次。

添加购物车人数：统计时间段内添加购物车的去重人数。

卖家也可以查看当前实时商品各项指标数据，如图 8-121 所示。

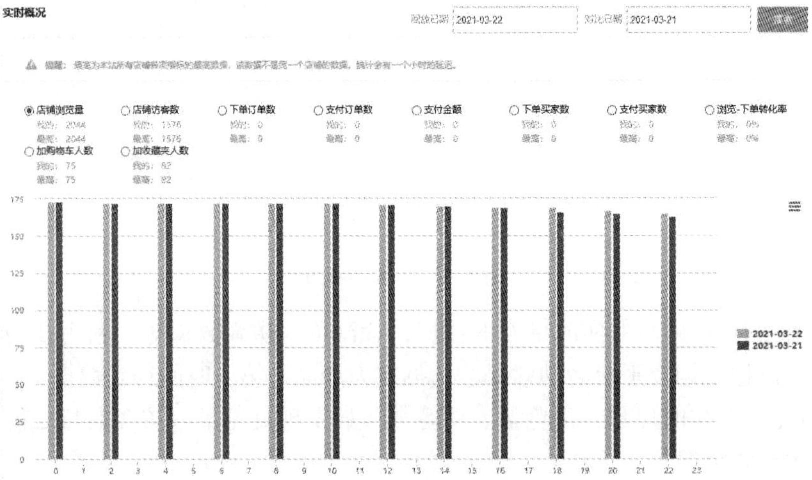

图 8-121　商品实时概况

（2）经营分析

操作步骤：进入卖家后台→数据纵横→经营分析。

对于卖家而言，最重要的是要看到成交。如果我们以成交结果为导向，我们首先要知道成交结果的表现形式，如果中间出现波动，我们就要分析波动的原因，并且定位到波动发生的具体维度，从而分析相关店铺的运营并进行调整。下面我们简单说一下店铺的经营分析功能和构成。

经营分析功能由两部分组成：成交分析和商品分析。

a. 成交分析

店铺的行业排名：速卖通会根据店铺支付成功的金额情况，按照最近 30 天以内支付成功的金额在同行同级中的比例进行排名（注：主营二级行业），如图 8-122 所示。

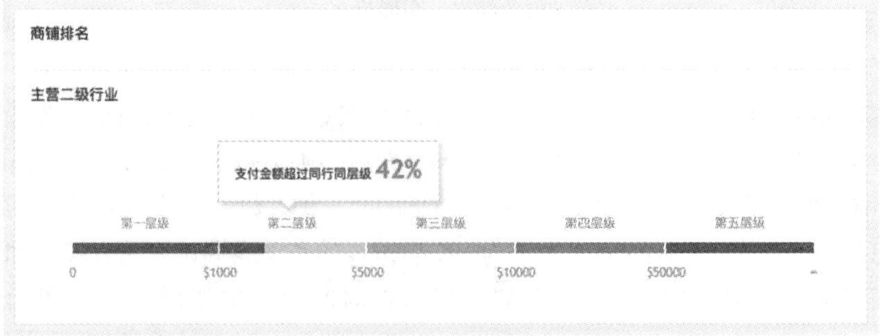

图 8-122　商铺排名

成交概况的构成：它反映了一组公式，即支付金额=访客数×浏览-支付转化率×客单价。比如我们提升店铺 20%的访客量，在支付转化率保持不变的情况下，支付金额相应也提升 20%。当然如何提升数据，应根据每个店铺的自身情况，来决定运营方式侧重点。成交概况如图 8-123 所示。

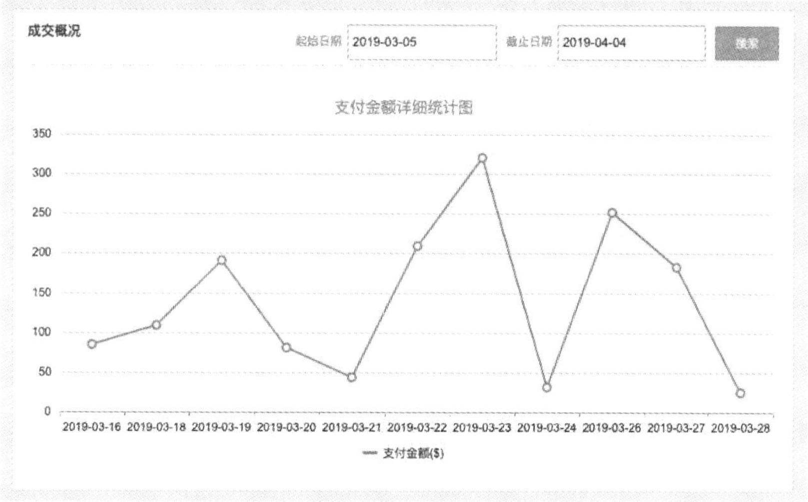

图 8-123 成交概况

成交核心指标分析：查看自定义时间段内，店铺各项成交核心指标数据，并依据当前课程各项指标最高者数据，对自己店铺进行合理分析与诊断，做出相应优化调整，如图 8-124 所示。

图 8-124 成交核心指标分析

b. 商品分析

卖家可查看自定义时间内店铺内每个商品的关键指标，如图 8-125 所示。可查看每个商品各项指标在当前课程中最高数据，并将其作为参考数据，分析及诊断自己店铺运营中的问题。

图 8-125 商品分析

（3）商机发现

操作步骤：进入卖家后台→数据纵横→商机发现。

商机发现功能由三部分组成：行业情报、选品专家和搜索词分析。

①行业情报

行业情报基于速卖通平台的交易数据，主要提供行业趋势。你可以根据行业情报提供的分析，迅速了解行业现状，判断经营方向，如图 8-126 所示。

图 8-126　行业情报

a. 行业数据

数据选择功能：你可以根据行业类目和时间范围选择需要查看的行业数据。

类目选择：你可以选择任意一层级的类目。（如你可以选择查看一级类目“钟表，珠宝首饰，眼镜”下的行业数据，也可以选择查看二级类目“钟表，珠宝首饰，眼镜→珠宝首饰”或三级类目“钟表，珠宝首饰，眼镜→珠宝首饰→项链”下的行业数据。）

时间选择：你可以根据时间查看某个时段内的行业数据，如图 8-127 所示。

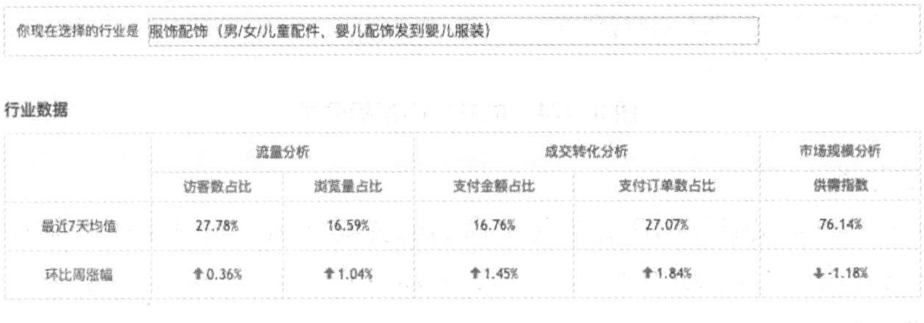

图 8-127　行业数据

名词解释：

访客数占比：统计时间段内行业访客数占上级行业访客数比例。

浏览量占比：统计时间段内行业浏览量占上级行业浏览量比例。

支付金额占比：统计时间段内行业支付成功金额（排风控）占上级行业支付成功金额（排风控）比例。

支付订单数占比：统计时间段内行业支付成功订单数（排风控）占上级行业支付成功订单数（排风控）比例。

供需指数：统计时间段内行业下商品指数/流量指数。供需指数越小，竞争越小。

b. 行业趋势

你可以选择不同指标，了解到某个行业下对应一段时间内的趋势，行业动态一目了然。你还可以选择另外的任意两个行业经行比较，对比不同行业的数据指标。提示：对比的类目可以选择任何一级，如图 8-128 所示。

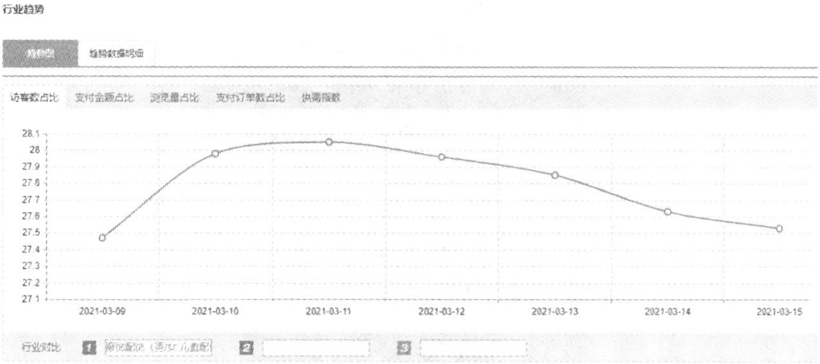

图 8-128　行业趋势

c. 买家地域分布

根据卖家所在行业中买家来自哪里制定针对性的速卖通营销方案，如图 8-129 所示。

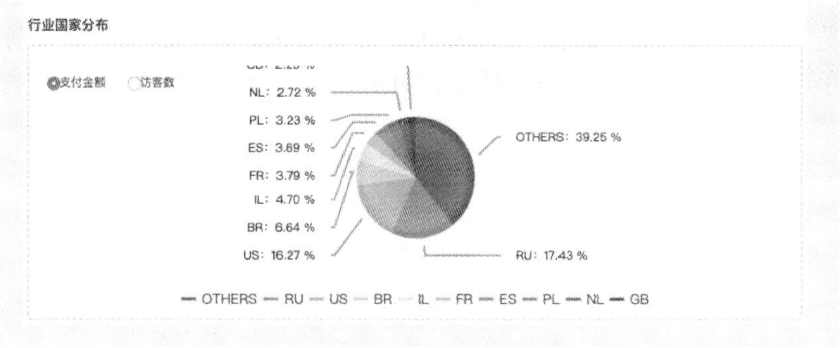

图 8-129　买家地域分布

②选品专家

热销将从行业来看最近主要市场的热销的品类、这些品类的热销的属性，以及这些品类热销的特征、关联销售。快速让你看清市场，方便选品。

a. 行业 TOP 热销产品词

行业下 TOP 国家最近一段时间 TOP 热销的品类，圆圈越大，销量越高。

颜色代表竞争情况，颜色越红，竞争越激烈；颜色越蓝，竞争越小。点击具体产品可查看关联产品及热销属性，如图 8-130 所示。

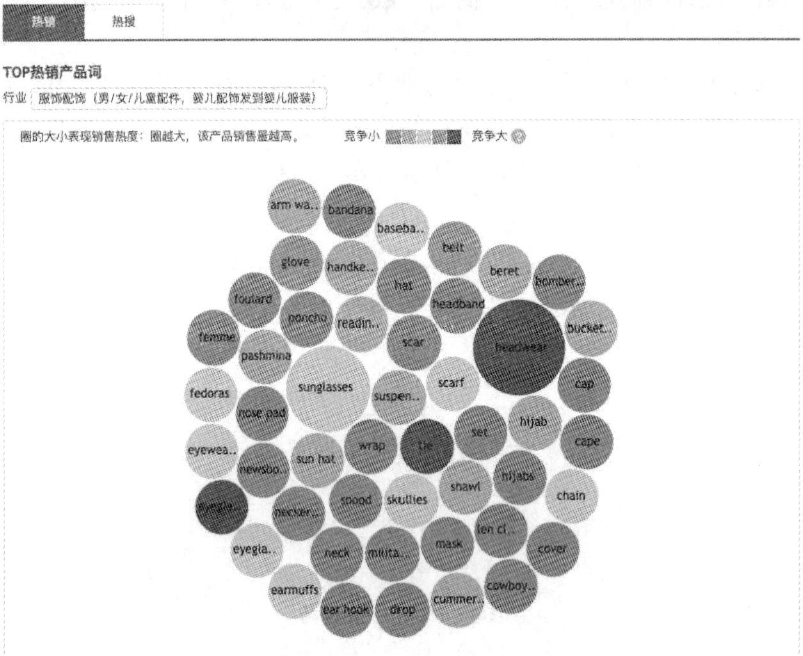

图 8-130　TOP 热销产品

b. 行业 TOP 关联产品

买家同时浏览、点击、购买的商品。连线越粗，产品与产品间的关联越强。即买家同时浏览、点击、购买的人越多，圆圈越大，销量越高；颜色表示竞争情况，颜色越红，竞争越激烈；颜色越蓝，竞争越小，如图 8-131 所示。

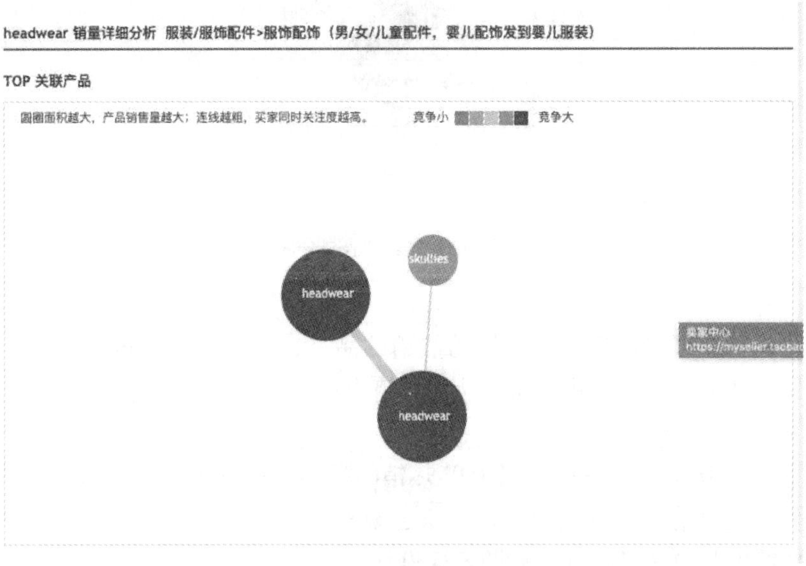

图 8-131　TOP 关联产品

c. 行业 TOP 热销属性

某个品类下热销的属性。属性值的圈越大表示销量越高；同一类颜色在此图只作属性分类用，如图 8-132 所示。

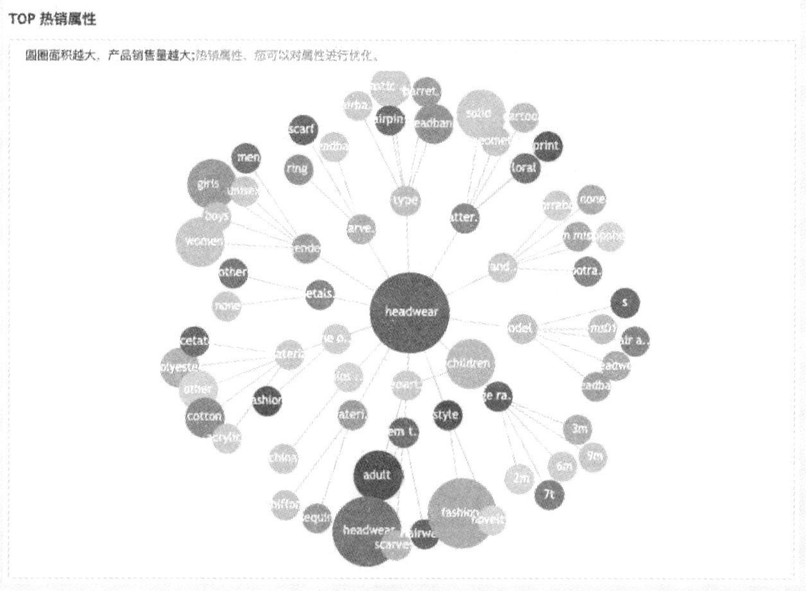

图 8-132　TOP 热销属性

③搜索词分析

搜索词包括热搜词、飙升词和零少词。

a. 热搜词

热搜词可选择细分类目下相关热搜词数据，如图 8-133 所示。

热搜词　飙升词　零少词

行业：全部行业　服饰配饰（男/女/儿童配件，婴儿配饰发到婴儿服装）

搜索：　搜索　下载

是否品牌原词：请注意：发布属于禁限售的商品会被处罚。如要发布品牌产品，请确定发布产品不属违法（如非自家品牌但又未有权利人的合法授权）。此页面的品牌原词提示仅供参考，并不完全代表全球各地现有的品牌原词都全被列出，会员使用品牌原词之前请自行查询有关合法性，如会员因自行使用品牌原词或其变形词后导致有关法律责任，阿里巴巴不会负责。

搜索词	是否品牌原词	搜索人气	搜索指数	点击率	浏览-支付转化率	竞争指数	TOP3热搜国家
xiaomi	y	358013	674264	0.3122	0.0058	1	ru,ua,es
купальник		57355	464933	0.8026	0.0039	50	ru,ua,by
наушники		108892	416969	0.5038	0.0181	12	ru,ua,by
xiaomi	y	156932	409976	0.3893	0.0026	9	ru,br,es
squishy		99803	377582	0.7513	0.0354	12	nl,tr,ro
алмазная вышивка		34588	311839	0.6386	0.007	49	ru,by,ua
сумка женская		34832	311245	0.565	0.0022	76	ru,ua,by
diamond painting		35761	289473	0.4811	0.0124	70	nl,us,be

图 8-133　热搜词

热搜词指标说明：

是否速卖通品牌词：如果是禁限售商品，销售此类商品将会被处罚，对于品牌商品如果拿到授权可以进行销售。

搜索指数：搜索该关键词的次数经过数据处理后得到的对应指数。

搜索人气：搜索该关键词的人数经过数据处理后得到的对应指数。

点击率：搜索该关键词后并点击进入商品页面的次数。

成交转化率：关键词带来的成交转化率。

竞争指数：供需比经过指数化处理的结果。供需比：所选时间段内每天关键词曝光出来的最大产品数/所选时间段内每天平均搜索人气。该值越大竞争越激烈。

TOP3 热搜国家：所选时间段内搜索量最高的三个国家。

b. 飙升词

飙升词可选择细分类目下相关飙升词数据，如图 8-134 所示。

热搜词 飙升词 零少词

行业：服饰配饰（男/女/儿童配件，婴儿配饰发到婴儿服装）

搜索： 搜索 下载

是否品牌原词：请注意：发布属于禁限售的商品会被处罚。如要发布品牌产品，请确定发布产品不属违法（如非自家品牌但又未有权利人的合法授权）。此页面的品牌原词提示仅供参考，并不完全代表全球各地现有的品牌原词都全被列出，会员使用品牌原词之前请自行查询有关合法性，如会员因自行使用品牌原词或其变形词后导致有关法律责任，阿里巴巴不会负责。

搜索词	是否品牌原词	搜索指数	搜索指数飙升幅度	曝光商品数增长幅度	曝光卖家数增幅
очки		234953	0.107	0.095	0.0564
sunglasses women		139156	0.1639	0.0854	0.0732
очки солнцезащитные женские		110443	0.2086	0.1538	0.1696
hair accessories		88763	0.0474	0.0382	0.0391
sunglasses		76507	0.1646	0.173	0.0967
кепка		75687	0.1143	0.0009	0.0162
sunglasses men		68300	0.1315	0.1373	0.0881
резинки для волос		56484	0.0415	-0.0491	-0.0753
glasses		55741	0.0397	-0.0488	-0.0355
солнцезащитные очки		52198	0.1844	0.1331	0.1073

图 8-134　飙升词

飙升词指标说明：

是否品牌词：如果是禁限售商品，销售此类商品将会被处罚，对于品牌商品如果拿到授权可以进行销售。

搜索指数：搜索该关键词的次数经过数据处理后得到的对应指数。

搜索指数飙升幅度：所选时间段内累计搜索指数同比上一个时间段内累计搜索指数的增长幅度。

曝光商品数增长幅度：所选时间段内每天平均曝光商品数同比上一个时间段内每天平均曝光商品数增长幅度。

曝光卖家数增长幅度：所选时间段内每天平均曝光卖家数同比上一个时间段内每天平均曝光卖家数增长幅度。

c. 零少词

零少词可选择细分类目下相关零少词数据。

8.3　买家操作步骤

8.3.1　注册认证

8.3.1.1　填写个人资料

实训中，每个学生不仅拥有卖家身份（公司），也同时拥有一个买家身份（个人）。在担任买家进行实训之前，需要先填写一些个人资料，如买家收货地址等，然后才能进入速卖通买家中心进行操作。

操作步骤：

在实训首页上的买家中心点击“未注册”字样，进入填写个人资料的界面，如图8-135所示。

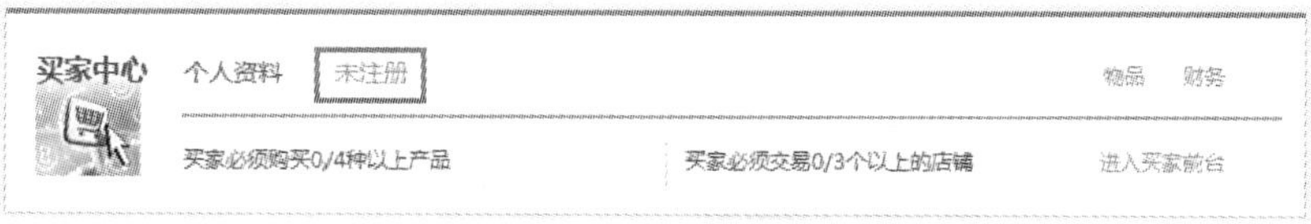

图8-135　买家注册

系统中提供了近50个国家供买家选择，相关的地址、城市等资料也应该根据国家来填写，填写完成后点击“提交”，如图8-136所示。提交后，相关资料不可再修改。

图8-136　买家资料填写

8.3.1.2　注册速卖通（买家）

完成个人资料的填写后，可在速卖通注册买家账户。注册完买家账户以后，就可以自由浏览卖家发布的产品，并且对心仪的产品进行下单购买了。

操作步骤：

在实训首页上点击“进入买家前台”字样，如图 8-137 所示。

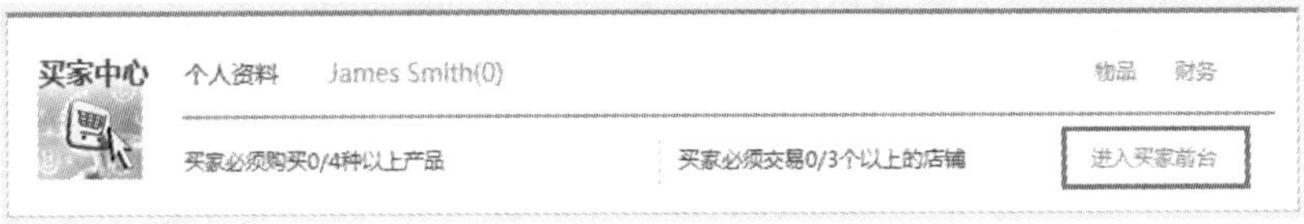

图 8-137　进入买家前台

如果是第一次进入，需要先填写以下账号信息，点击“Confirm”提交，如图 8-138 所示。

图 8-138　填写账号信息

8.3.1.3　申请信用卡

在模拟实训过程中，当学生以买家身份（个人）进行订单支付时，均使用信用卡进行结算。因此，买家需要先申请信用卡才能进行支付订单等操作。

操作步骤：

在实训首页上的“买家中心”点击“财务”字样，如图 8-139 所示。

图 8-139　申请信用卡

进入财务页面，点击左侧“填写信用卡申请表”，其余步骤与卖家申请信用卡一致，在此不再赘述。

8.3.2　下单付款

8.3.2.1　在线沟通

买家在浏览商品，准备下单的过程中，可以先通过速卖通的站内信功能与卖家取得联系，确认细节、讨论运费，或者是争取更大的优惠折扣等。

操作步骤：

在实训首页上点击“进入买家前台”字样，进入速卖通买家首页，如图 8-140 所示。

图 8-140　速卖通首页

在速卖通主页上，买家可以直接浏览卖家发布的产品，也可以通过产品分类进行查看，或者是直接在搜索框内输入关键词搜索，找到自己心仪的产品，找到有购买意向的商品后，可仔细浏览其各项属性，包括售价、运费、详情、买家评价等。在正式下单前，如果有任何关于品质细节或价格方面的疑问，建议先与卖家进行沟通。具体方法为点击产品详情页面右上角的“Contact Now”，如图 8-141 所示。

图 8-141　选择产品

进入站内信发送页面，输入信件内容发送给卖家，如图 8-142 所示。

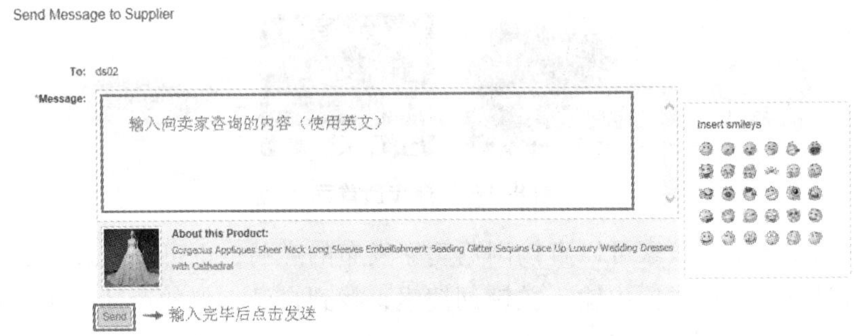

图 8-142　发送站内信

卖家可进入站内信界面浏览并回复买家，卖家回复后，买家可以在速卖通首页上点击“Message Center”进入查看，如图 8-143 所示。

图 8-143　消息中心

8.3.2.2　买家下单

买家找到心仪的产品，并与卖家就各项条件沟通完毕达成一致后，就可以下单了。

打开准备购买的产品详情页面，选择相应的尺码、颜色，输入购买数量，选择物流公司，然后点击“Buy Now”立即购买；或点击“Add to Cart”加入购物车。如果是加入了购物车，可以在卖家店铺中再选择其他的产品，一并加入购物车后，点击进入购物车，再次确认产品的相关信息，无误后点击“Buy All”进行购买，如图 8-144 所示。

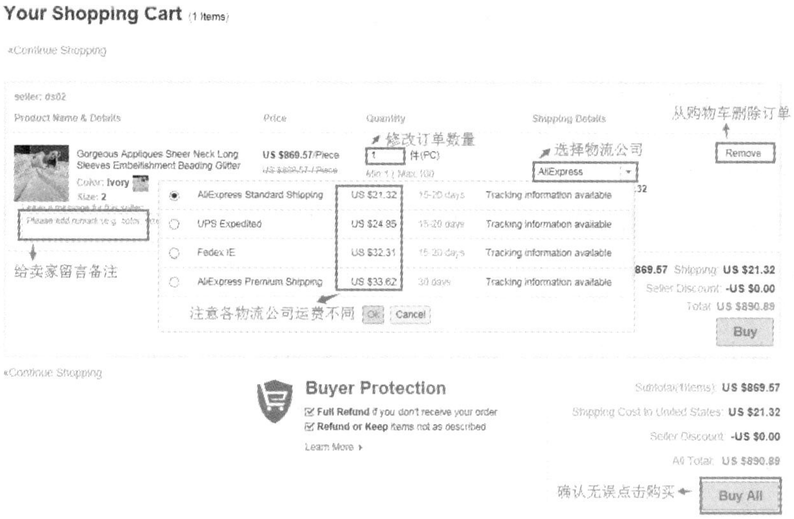

图 8-144　购物车

进入下单界面，再次确认各项信息（买家收货地址已由系统根据买家资料自动填写），确认无误后点击“Place Order”按钮，这样买家下单就完成了，接下来进入支付订单环节

8.3.2.3　买家付款

买家下单成功后，会直接进入付款界面。在支付订单之前，需要先完成申请信用卡操作。

如果买家在下单后并没有立即支付，而是关掉了页面，可以通过在首页上点击“My Orders”进入订单页面，继续支付操作。点击“Pay Now”继续支付订单，输入银行卡号等信息（参照“买家-财务”中的信用卡信息填写），再点击“Pay for order”，支付成功，接下来就等待卖家发货了，如图 8-145 所示。

图 8-145　买家付款

8.3.3　确认收货及评价

8.3.3.1　确认收货

卖家发货后，买家需要进行确认收货操作。进入买家前台，在速卖通首页上点击“My Orders”进入订单页面。点击“Awaiting goods”，找到卖家已发货的订单，点击其对应的“Confirm the goods”按钮，确认收货成功，如图 8-146 所示。接下来可以回到实训首页，点击买家中心对应的“物品”按钮，查看收到的货物。

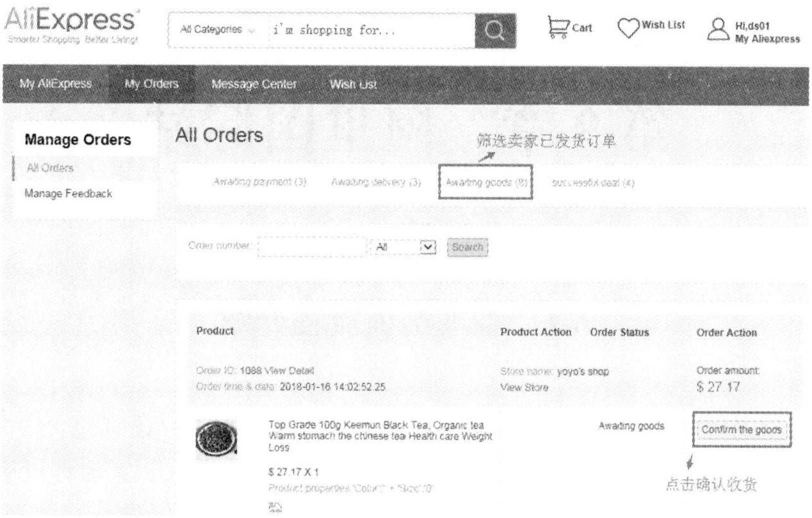

图 8-146　确认收货

8.3.3.2　交易评价

确认收货完成后，买家还可以给予卖家关于产品质量、服务等方面的评价。进入买家前台，在速卖通首页上点击"My Orders"进入订单页面。点击左侧下方的"Manage Feedback"进入管理订单评价页面。点击"Orders Awaiting My Feedback"筛选出要评价的订单，然后点击对应的"Post feedback"按钮进行评价（如图 8-147 所示），对商品是否与描述相符、运输时间等项目打分，输入评价内容，并可上传产品图片，最后点击"Submit your feedback"提交。

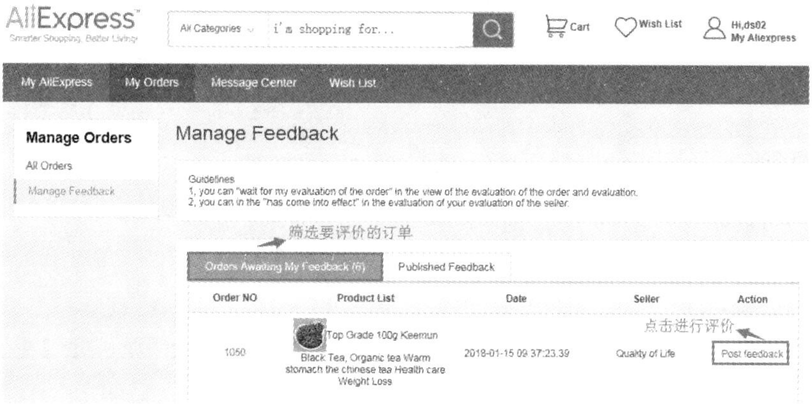

图 8-147　交易评价

评价提交成功，此笔订单完成。

第 9 章　阿里国际站

9.1　基本实训流程介绍

学生根据老师分配的用户名、密码登录课程。登录时可选择语言包含中文、英文。已经成功注册学习账号的用户，请输入账号及密码，点“登入”按钮即可进入系统。尚未注册学习账号的用户，请点击画面左边的“注册”。输入信息后，点击“确认注册”按钮，成功后即可登录。

学生登录后，选择课程进入。进入课程后，首先进入主界面，如图 9-1 所示。然后在首页上查看课程要求，修改个人密码，进入速卖通模拟实训模块；实训过程中，学生可随时查看自己的分数及排名。

阿里国际站主界面上包括通知、资料查询、新手入门（帮助）、任务要求、我的公司、后台管理等内容，如图 9-1 所示。

图 9-1　阿里国际站主界面

根据不同的任务要求，学生可扮演外贸公司负责人，进行开店、推广、订单交易等跨境业务。具体操作详见主界面左侧“新手入门”。点击“新手入门”中实训操作流程导航，根据图示进行具体操作，点击相关步骤可查看详细说明，如图 9-2 所示。

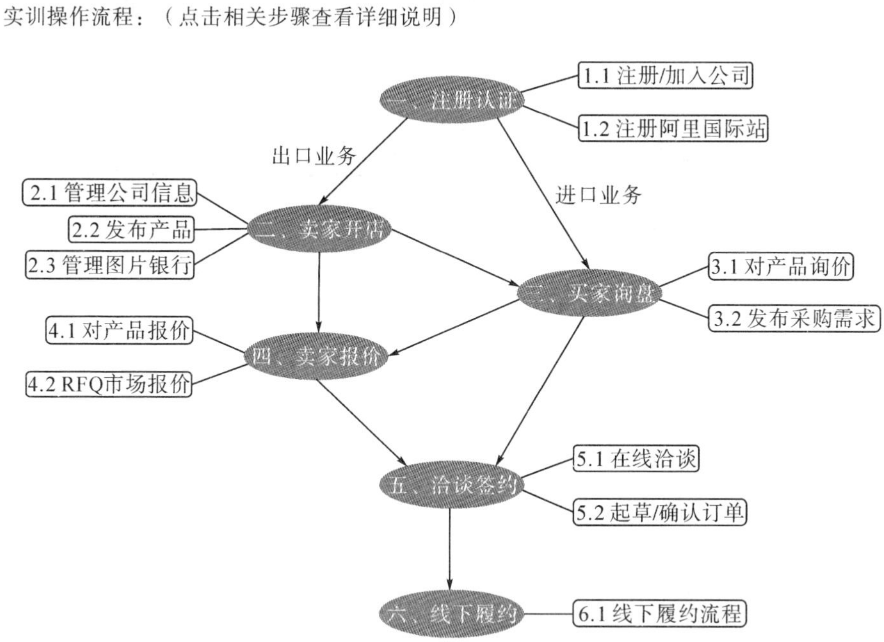

图 9-2　实训操作流程

9.2　操作步骤

9.2.1　注册认证（卖家）

9.2.1.1　注册/加入公司

在正式开启阿里国际站实训历程前，我们需要先拥有企业身份。

操作步骤：

在实训首页上的卖家中心点击“未注册”字样，进入注册/加入公司的界面，如图 9-3 所示。

图 9-3　注册认证

在这里有 2 个选择：

第一，注册新公司：所有相关资料需自行填写。系统中提供了近 50 个国家供选择，相关的地址、邮编等资料也应该根据国家来填写（提示：不同国家之间才能交易，因此不要都选择相同的国家），填写完成后点击“确定注册”按钮，如图 9-4 所示。

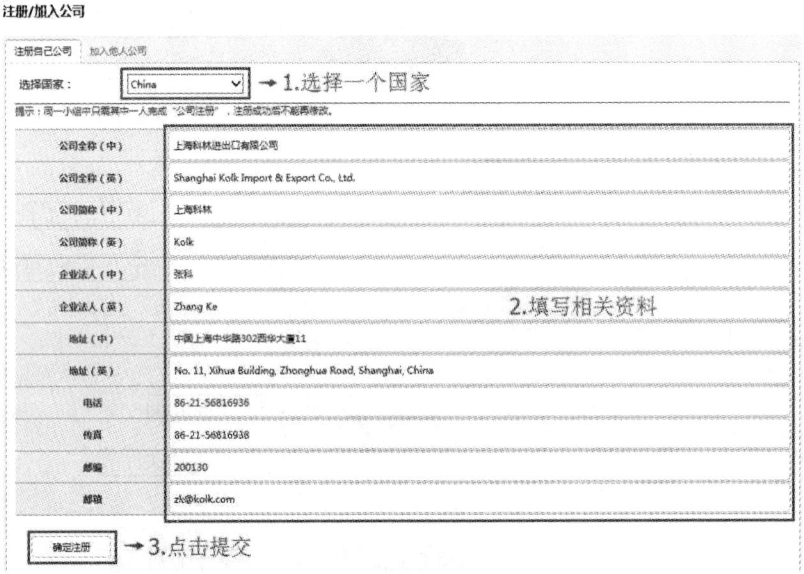

图 9-4　注册自己公司

第二，加入已有公司：系统中提供一批已注册公司，可直接加入，无须再填写任何资料，如图 9-5 所示。

图 9-5　加入他人公司

注册/加入公司完成后，相关资料不可再修改。如果是小组模式，一个小组中只需一人注册或加入公司即可，其他人将自动一起加入该公司。

9.2.1.2　注册阿里国际站

完成注册/加入公司后，就可以在阿里国际站注册账户了。

操作步骤：

在实训首页上点击“后台管理”字样，如图 9-6 所示。

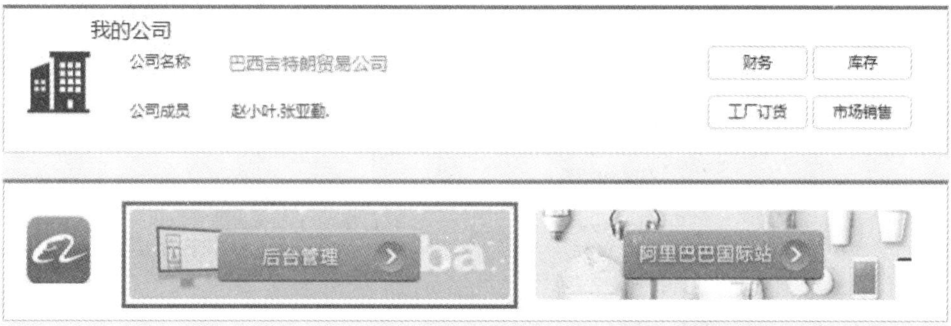

图 9-6　进入后台管理

在左侧菜单中选择“建站管理—注册阿里巴巴”，如图 9-7 所示。

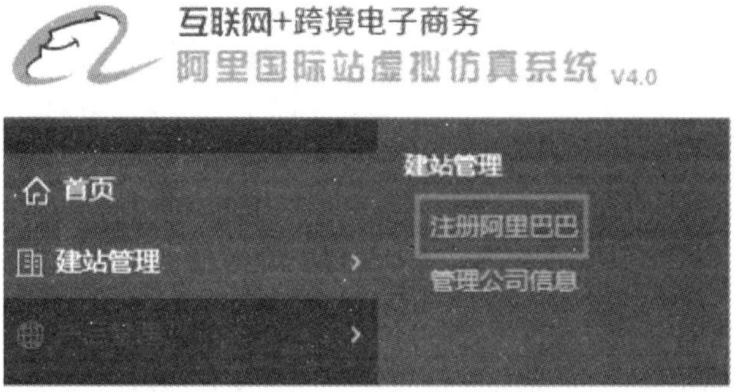

图 9-7　注册阿里巴巴

如果是第一次进入，需要先填写账号信息，点击“确定”提交，如图 9-8 所示。

图 9-8　填写账号信息

相关信息均根据“公司管理—公司信息”中的资料填写。所有信息一经确认提交，则无法修改，应谨慎填写。

9.2.2　卖家开店

9.2.2.1　管理公司信息

完成阿里国际站注册后，卖家可先行用 PS 等工具自行设计公司标志，并制作公司形象展示图等图片，然后进入“建站管理”，完善公司的基本信息及其他展示信息，装点自己的门面。

操作步骤：

在左侧菜单中选择“建站管理—管理公司信息”，如图 9-9 所示。

图 9-9　管理公司信息

根据平台的规则，完善公司信息，有助于引流。公司信息又包括基本信息、工厂信息、贸易信息、展示信息和证书、商标及专利 5 项，一般来说基本信息和展示信息必不可少，其他 3 项可根据需要自行决定是否填写，如图 9-10 所示。

图 9-10　填写公司基本信息

9.2.2.2　发布产品

一个好的产品信息，能够更好地提升产品的可成交性，加快买家的下单决定。因此，好的产品描述应该做到标题专业、图片丰富、描述详尽、属性完整、价格合理、免运费和备货及时等。

在发布产品之前，我们需要先进行“选品”工作——从系统提供的产品库中挑选合适的产品。

（1）选择产品。实训平台中提供了一批产品供卖家发布时选择，不支持发布其他非系统提供的产品。

查看系统提供的产品，可在课程首页上点击“工厂订货”，如图 9-11 所示。

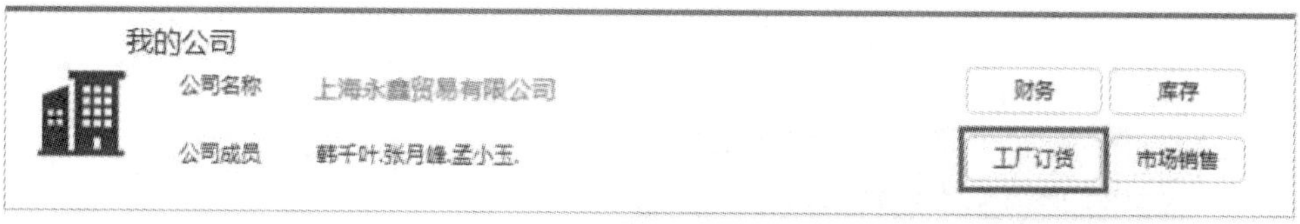

图 9-11　进入工厂订货界面

进入工厂订货界面，即可看到产品列表，如图 9-12 所示。请注意：此处只是挑选产品，不需要订货，等到产品发布完成收到订单了，再根据订单数量来订货。

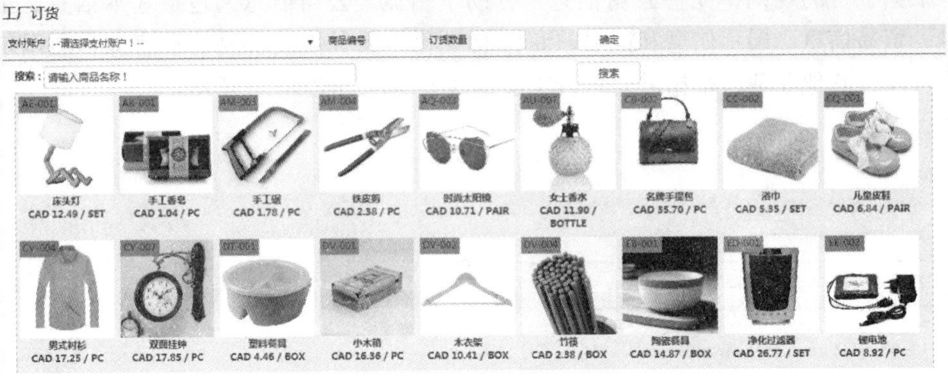

图 9-12　产品列表

选择好要发布的产品后，将鼠标移动到该产品的图片上，会分别出现“详细信息”和“下载资料”按钮，如图 9-13 所示。点击“下载资料”可打包下载产品相关的图片及描述说明等资料（下载的文件夹为压缩文件，需安装解压软件进行解压），根据这些资料，就可以准备发布产品了。

图 9-13　下载资料

（2）产品定价。产品价格不是影响海外买家购买产品的唯一因素，但绝对是一个至关重要的因素。合理的产品定价可以帮助卖家迎合国外买家的需求，从而使卖家赢得更多的订单；不合理的产品定价则可能使卖家和订单失之交臂，甚至是影响卖家的交易信用和利益。

（3）发布产品。在左侧菜单中选择“产品管理—发布产品”，如图 9-14 所示。

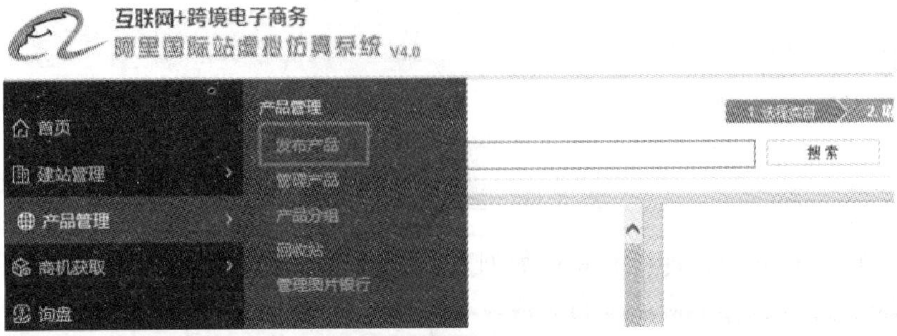

图 9-14　发布产品

①类目选择。请注意一定要根据自己产品所属的实际类目进行选择，以方便买家更加快速地找到产品，如图 9-15 所示。

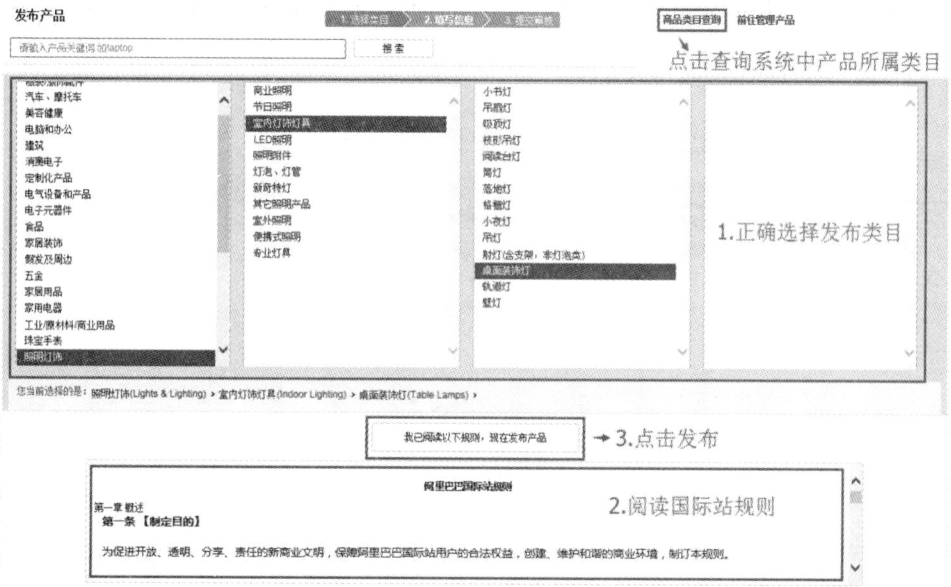

图 9-15　类目选择

②选择产品编号，如图 9-16 所示。

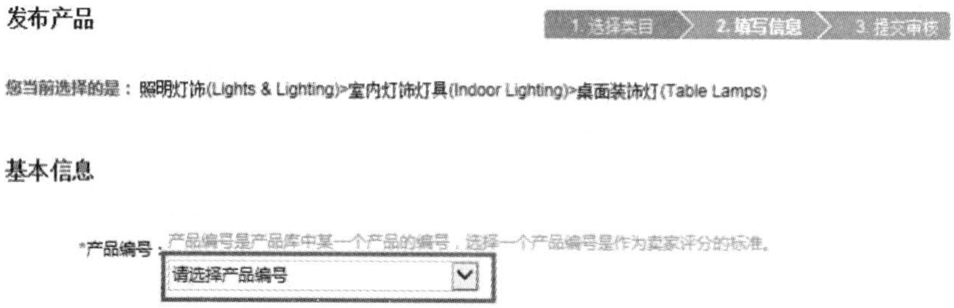

图 9-16　选择产品编号

③产品标题填写。产品标题是买家搜索到产品并吸引买家点击进入产品详情页面的重要因素。字数不应太多，尽量准确、完整、简洁。一个好的标题中可以包含产品的名称、核心词和重要属性。产品名称填写界面如图 9-17 所示。

图 9-17　填写产品名称

例如：Baby Girl amice blouse Pink amice Coat With Black Lace /Suit Must Have Age Baby：1-6Month Sample Support

请注意：请不要在标题中罗列、堆砌相同意思的词，否则会被判定为标题堆砌。

④产品关键词及产品图片。卖家可添加多个关键词，提高产品被搜索到的概率；在选择产品图片时，可以选择发布多图产品，最多可以展示6张图片，如图9-18所示。多图产品的图片能够全方位、多角度展示产品，大大提高买家对产品的兴趣。

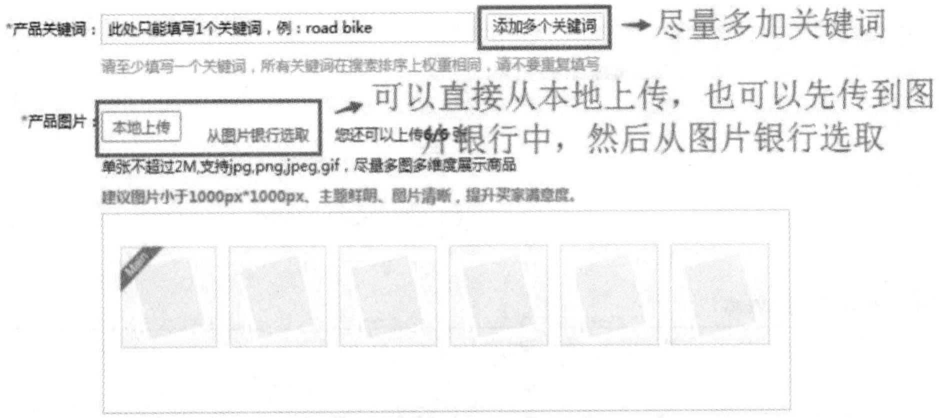

图9-18　添加产品关键词及产品图片

⑤产品属性填写。属性包括系统定义的属性和自定义属性，根据产品的详细资料填写，如图9-19所示。

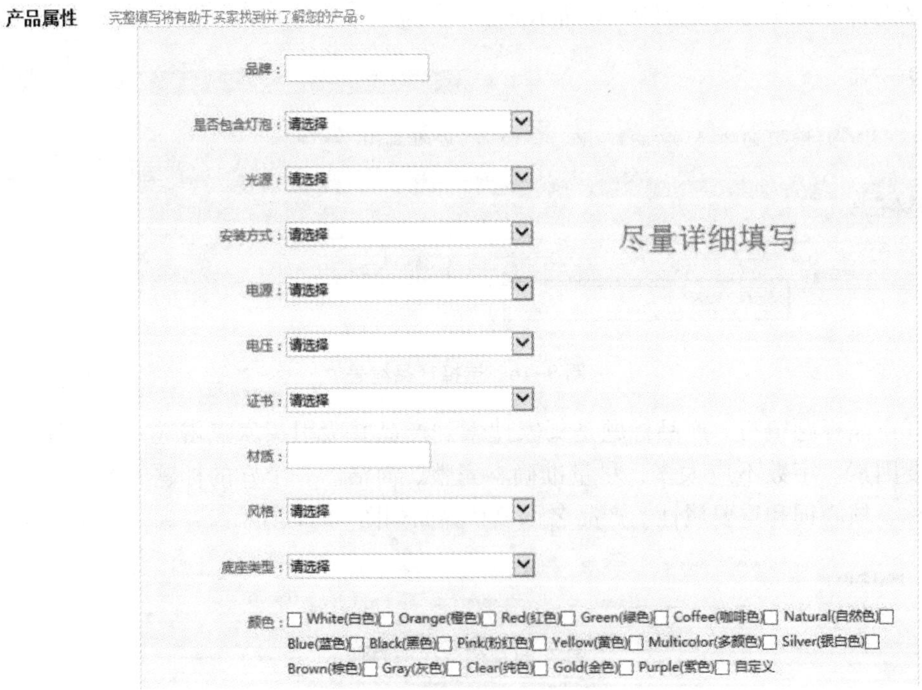

图9-19　填写产品属性

⑥交易信息填写，如图 9-20 所示。

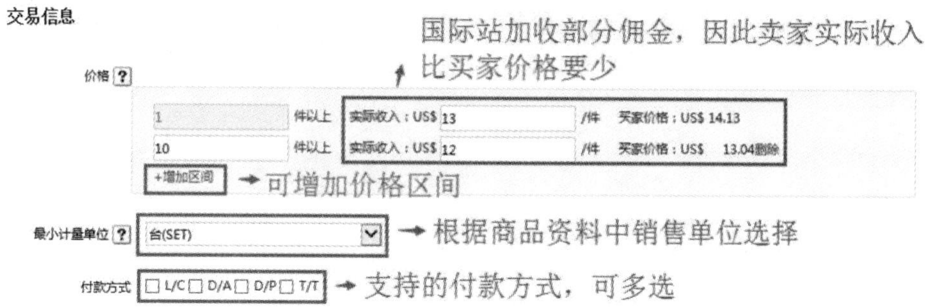

图 9-20 填写交易信息

⑦物流信息填写，如图 9-21 所示。港口信息可在左侧菜单“资料查询—港口”中查找；在填写包装设置时，一定要填写产品包装后的尺寸，这直接与运费价格相关，故应准确填写。

图 9-21 填写物流信息

⑧产品详细描述填写，如图 9-22 所示。卖家应尽量简洁清晰地介绍产品的主要优势和特点，不要将产品标题复制到简要描述中。

产品的详细描述是让买家全方面了解商品并有意向下单的重要因素。优秀的产品描述能增强买家的购买欲望，加快买家下单速度。一个好的详细描述主要包含以下几个方面：

a. 商品重要的指标参数和功能（如服装的尺码表、电子产品的型号及配置参数）。

b. 5 张及以上详细描述图片。

c. 售后服务条款。

图 9-22　填写产品详细描述

⑨选择产品分组：如果事先已经建好产品组，此处可直接选择；也可暂时不选，以后再对产品组进行管理，如图 9-23 所示。

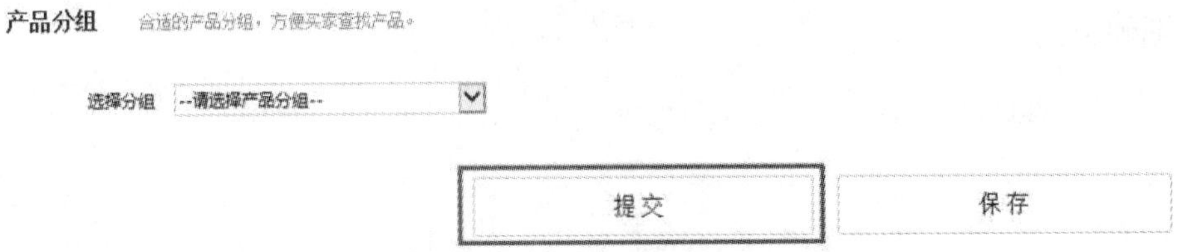

图 9-23　选择产品分组

在编辑完产品之后，点击“提交”，产品会进入审核阶段，审核通过后，买家就可以找到产品。

9.2.2.3　管理图片银行

操作步骤：

在左侧菜单中选择“产品管理—管理图片银行”，如图 9-24 所示。

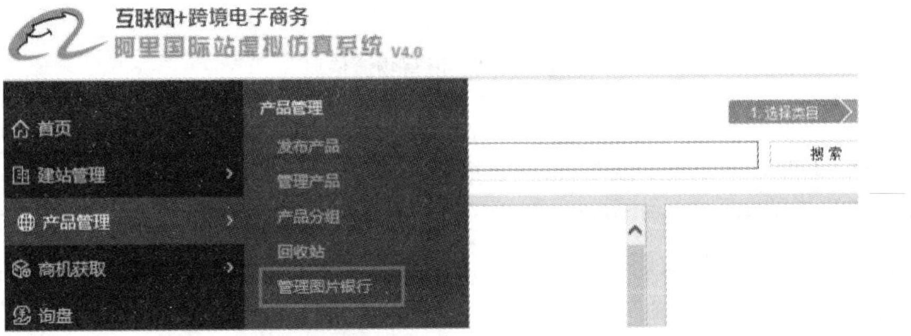

图 9-24　管理图片银行

点击相册对应的图标进入相册管理界面，如图 9-25 所示。

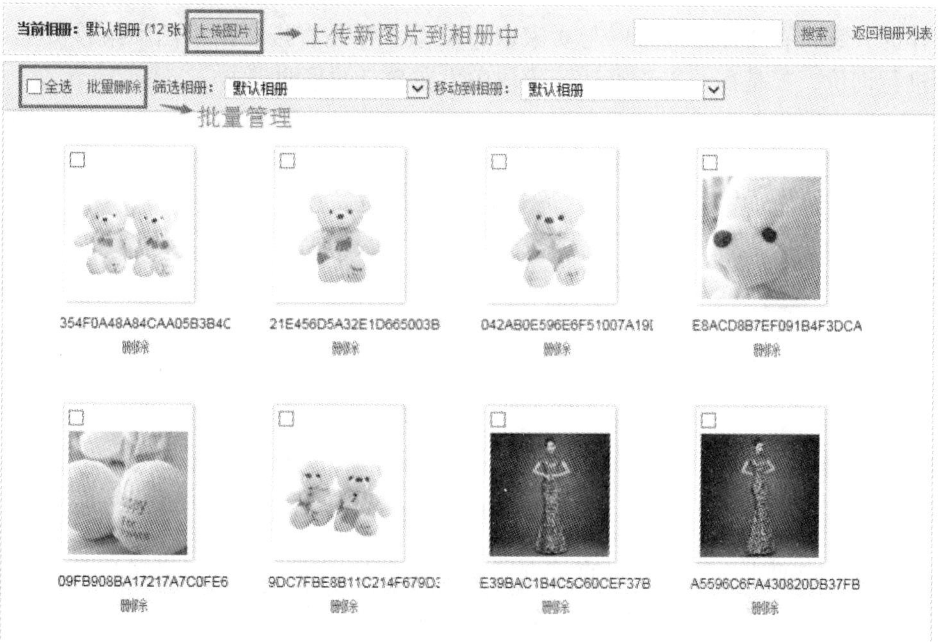

图 9-25　相册管理界面

点击“本地上传”，一次最多可同时上传 4 张图片，如图 9-26 所示。

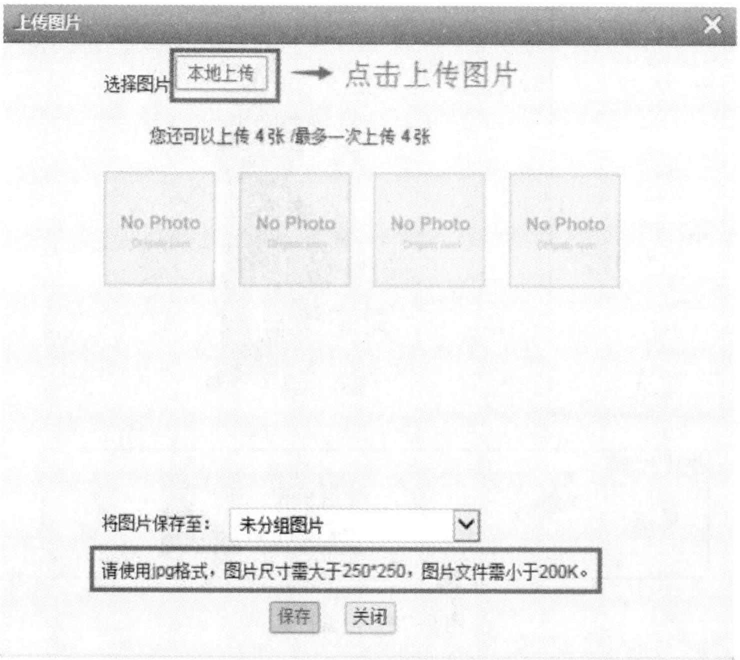

图 9-26　上传图片

9.2.3 买家询盘（进口业务）

作为买家，有 2 种方式可以与卖家取得联系：一是直接在阿里国际站首页上寻找产品进行询价，二是在“采购直达”模块中发布自己的采购需求。

9.2.3.1 对产品询价

在实训首页上点击“阿里巴巴国际站”字样，进入买家首页，如图 9-27 所示。

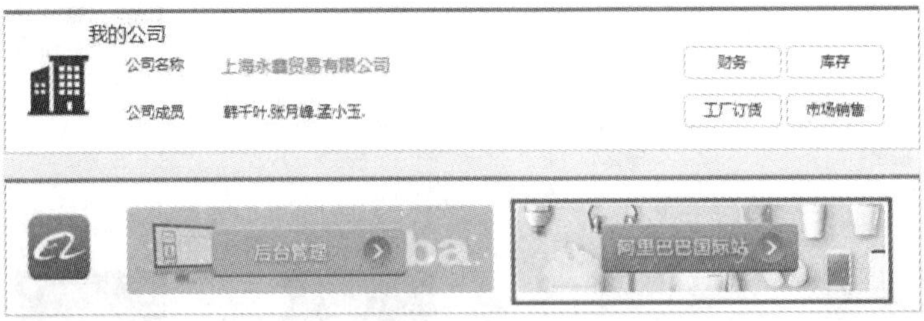

图 9-27　进入阿里巴巴国际站买家首页

在国际站首页上，买家可以直接浏览卖家发布的产品，也可以通过产品分类进行查看，或者是直接在搜索框内输入关键词搜索，找到自己心仪的产品，如图 9-28 所示。

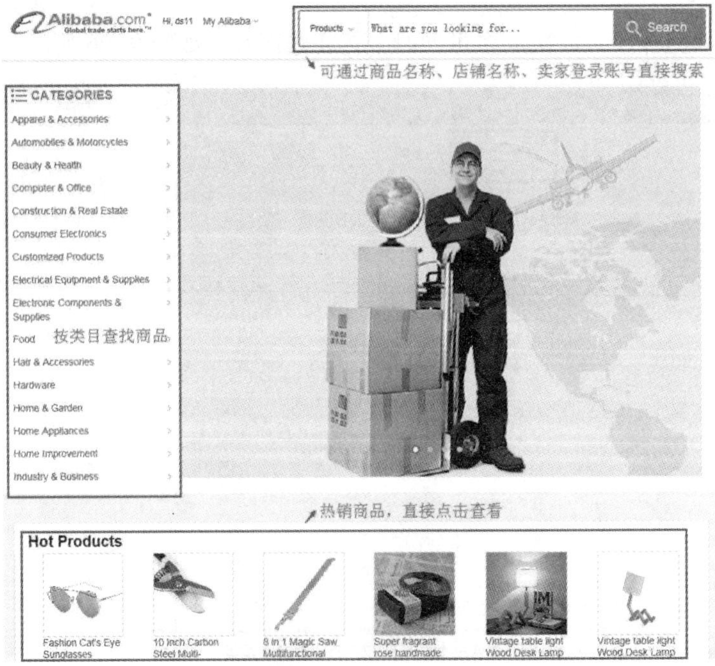

图 9-28　搜索产品

买家找到有购买意向的产品后，可仔细浏览其各项属性，然后点击“Contact Supplier”联络卖家进行询盘，如图 9-29 所示。

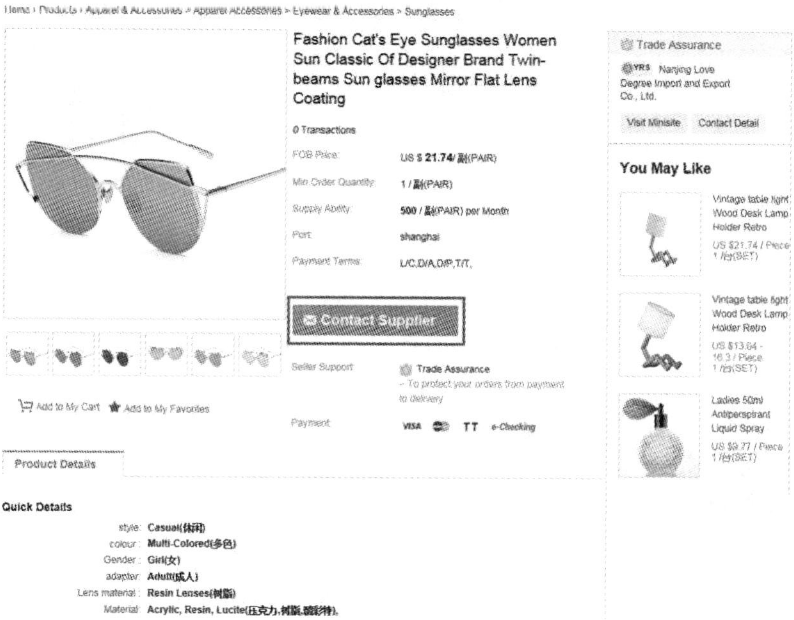

图 9-29　联络卖家

输入准备订购的数量及询盘内容，点击右下角“Contact Supplier”发送给卖家，如图 9-30 所示。

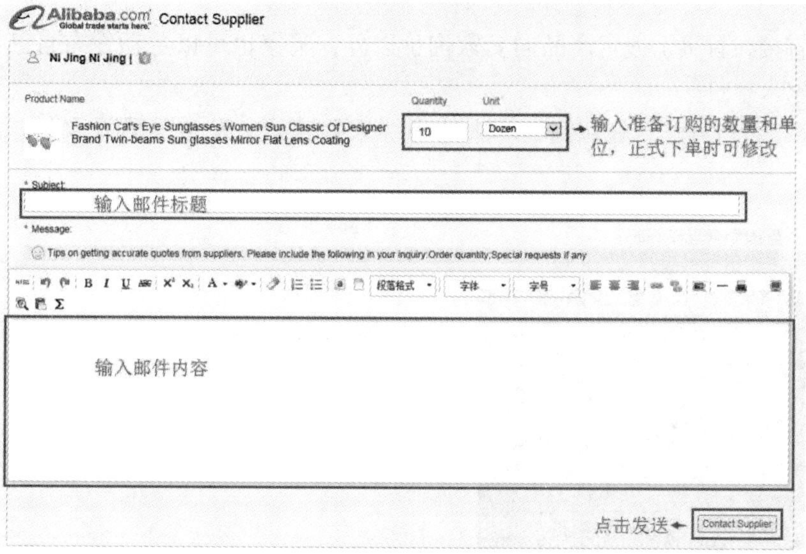

图 9-30　询盘

询盘发送后，回到实训首页，点击“后台管理”，如图 9-31 所示。

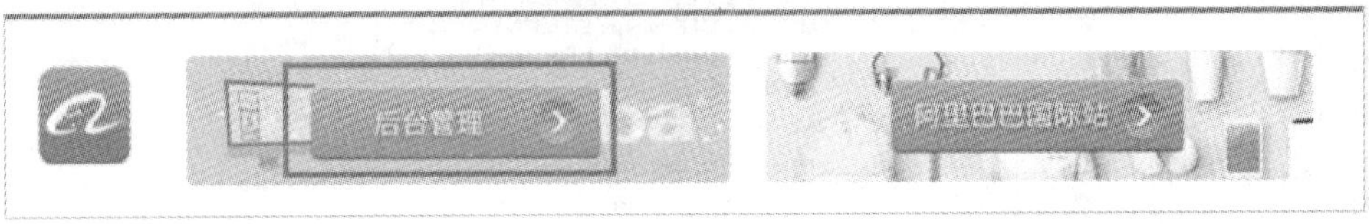

图 9-31　进入后台管理

进入后台，在左侧菜单中选择“询盘”进入，就可以看到刚才发送询盘的这笔业务。当卖家回复后，买家可以点击“查看详情”，查看卖家的回复，如图 9-32 所示。

图 9-32　查看询盘

9.2.3.2　发布采购需求

除了直接在首页上搜索产品向卖家询价以外，买家也可以主动发布自己的采购需求，让卖家来报价。

进入“后台管理”，在左侧菜单中选择“采购直达—发布采购需求”，如图 9-33 所示。

图 9-33　发布采购需求

进入发布采购需求操作界面，输入相关内容，填写完成后点击“Submit Buying Request”提交，如图 9-34 所示。

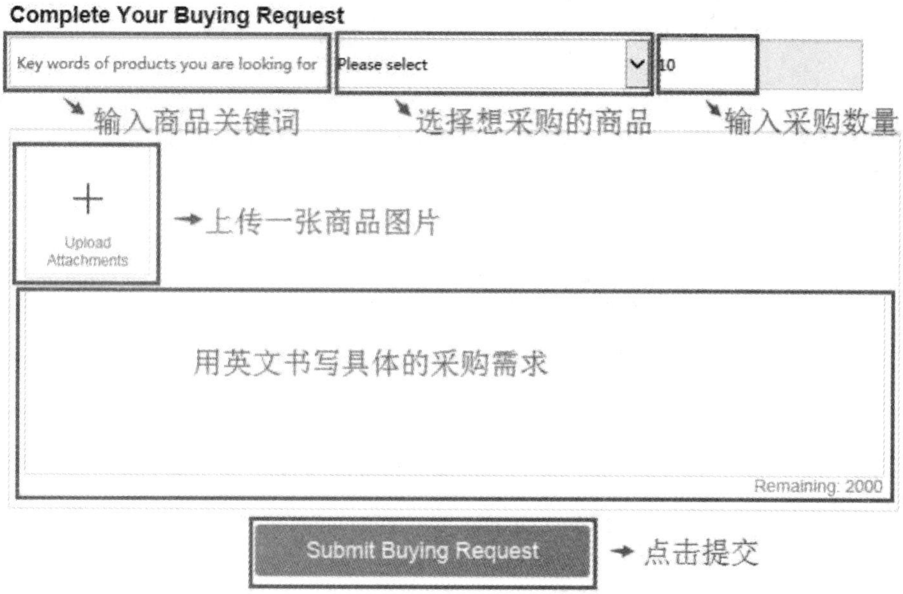

图 9-34　提交购买请求

发布采购需求后，在左侧菜单中选择“采购直达—我的采购”进入，就可以看到刚才发布的采购需求，如图 9-35 所示。

图 9-35　我的采购

买家在采购需求列表中，可以查看是否收到卖家的报价。分别点击“报价 1”“报价 2”……查看卖家的回复，如图 9-36 所示。

图 9-36　查看报价

在报价详情界面中，点击“Start Order”进入订单洽谈界面。后面的操作请查看“在线洽谈”，如图 9-37 所示。

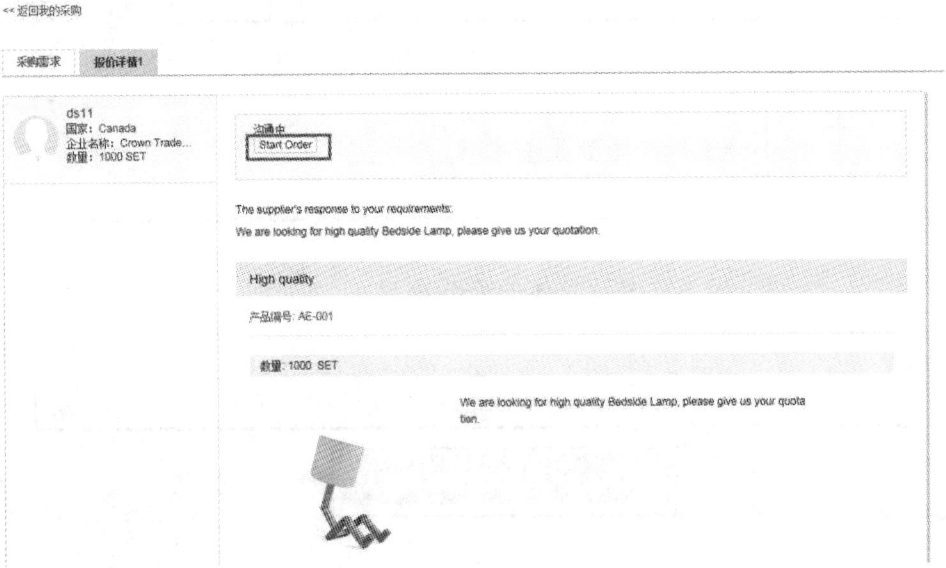

图 9-37　进入洽谈界面

9.2.4　卖家报价（出口业务）

9.2.4.1　对产品报价

卖家应该时刻关注收到的买家询盘消息，并及时给予回复。

操作步骤：

在左侧菜单中选择“询盘”，查看收到的买家消息，如图 9-38 所示。

图 9-38　查看买家询盘

点击“查看详情”按钮，进入订单洽谈页面，在页面右侧可看到买方发送邮件的具体内容，如图 9-39 所示。

图 9-39　查看邮件

在正式给买家报价之前，需要先进行价格预算。操作方法为：在订单洽谈界面中，点击“打开预算表”按钮，如图 9-40 所示。

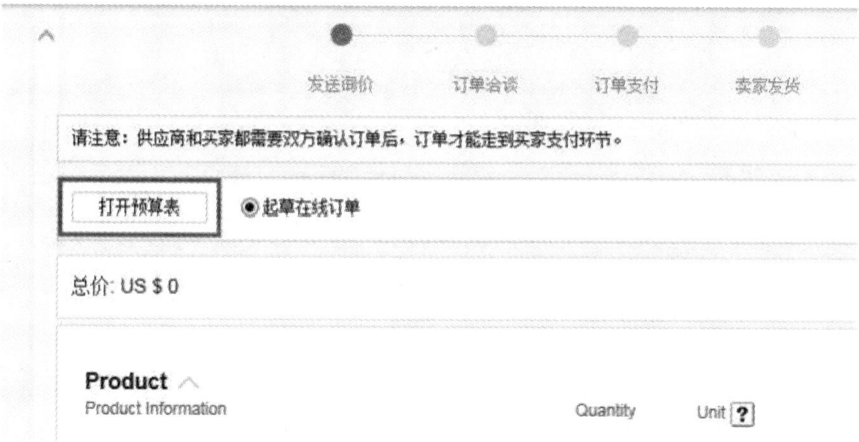

图 9-40　打开预算表

打开出口预算表进行填写，按照下方的计算帮助核算各项费用。核算完成后，再在洽谈界面右下角输入框内输入邮件内容，对进口商进行报价，如图 9-41 所示。

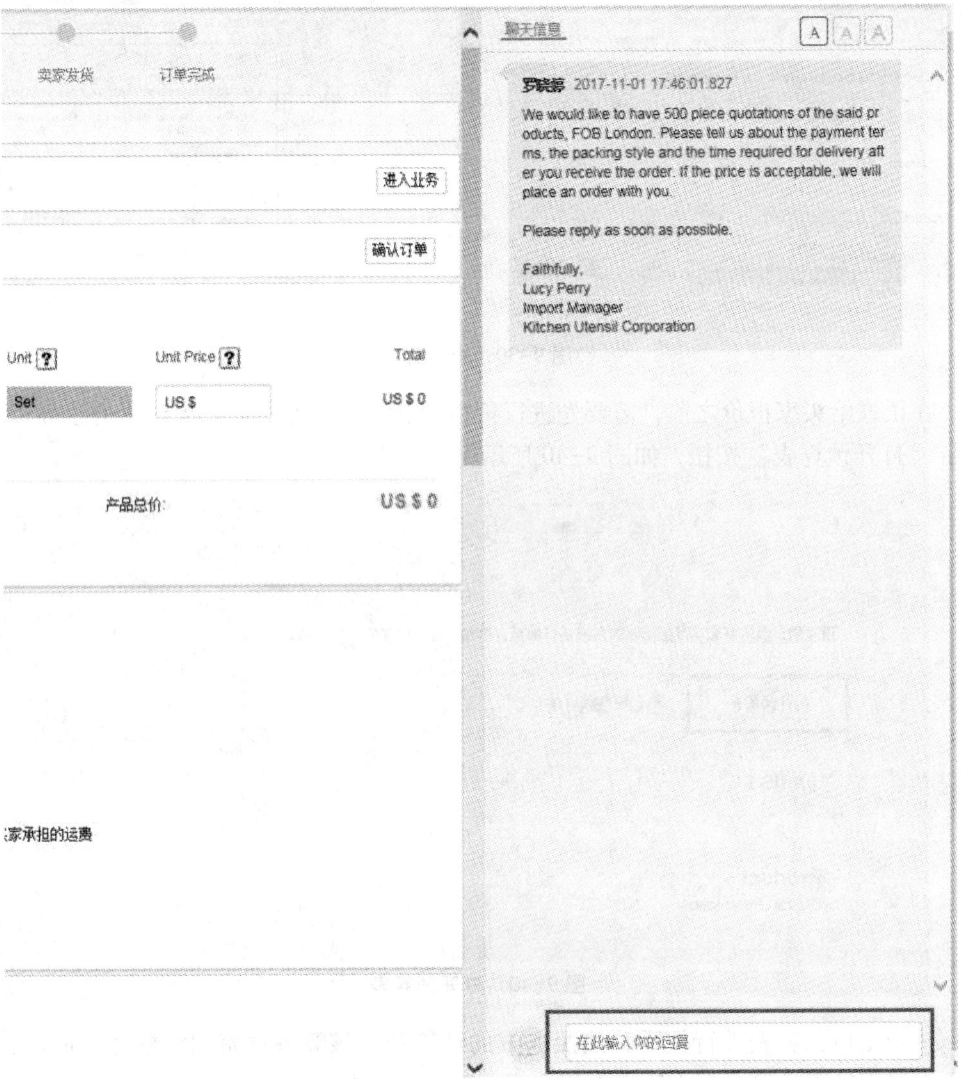
卖家发货
订单完成
进入业务
确认订单
Unit
Unit Price
Total
Set
US $
US $ 0
产品总价:
US $ 0
聊天信息
2017-11-01 17:46:01.827
We would like to have 500 piece quotations of the said products, FOB London. Please tell us about the payment terms, the packing style and the time required for delivery after you receive the order. If the price is acceptable, we will place an order with you.
Please reply as soon as possible.
Faithfully,
Lucy Perry
Import Manager
Kitchen Utensil Corporation
在此输入你的回复

图 9-41　卖家报价

9.2.4.2　RFQ 市场报价

除了关注买家对产品发送的询盘以外，卖家还应随时关注 RFQ（Request for Quotation，报价请求）市场，查看客户的采购需求。

操作步骤：

在左侧菜单中选择“商机获取—RFQ 市场”，如图 9-42 所示。

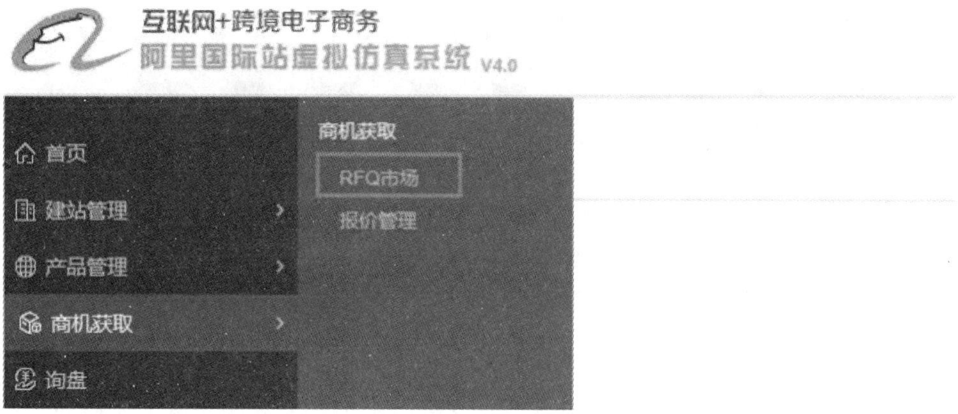

图 9-42　RFQ 市场

进入 RFQ 市场，查看买家发布的采购需求信息，从中寻找合适的项目进行报价，如图 9-43 所示。

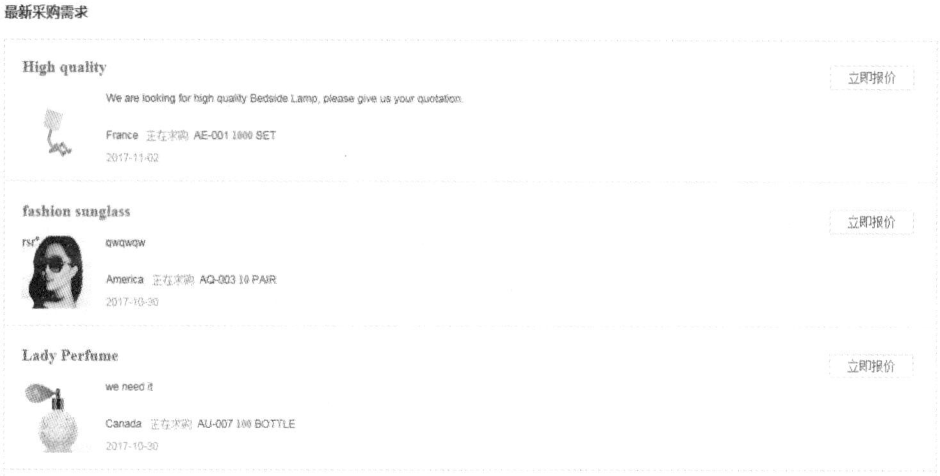

图 9-43　查看买家采购需求

在对具体产品进行报价之前，卖家需要查看该商品的采购成本。具体方法为：在首页上点击“工厂订货”，进入工厂订货界面，如图 9-44、图 9-45 所示。

图 9-44　进入工厂订货

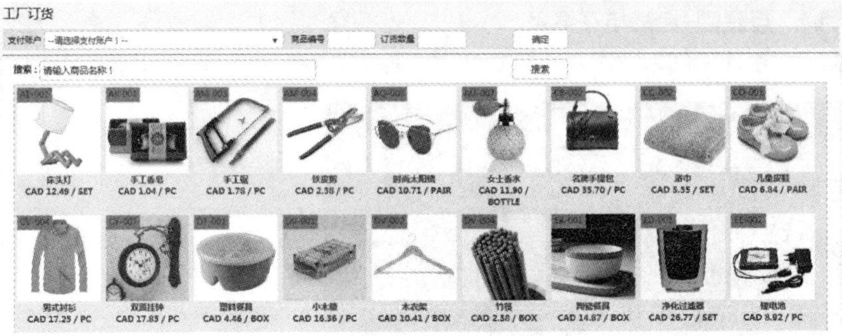

图 9-45　工厂订货界面

参考此处的工厂采购成本进行报价（注意换算汇率，在左侧菜单中选择“资料查询—汇率”进行查找）。建议报价范围参考：EXW（采购成本＊110%～120%），FOB/FCA/FAS（采购成本＊115%～125%），CFR/CPT（采购成本＊120%～130%），CIF/CIP/DAT/DAP（采购成本＊125%～135%），DDP（采购成本＊155%～165%）。

确定报价后，回到 RFQ 市场，点击对应采购信息的“立即报价”按钮进行报价，如图 9-46 所示。

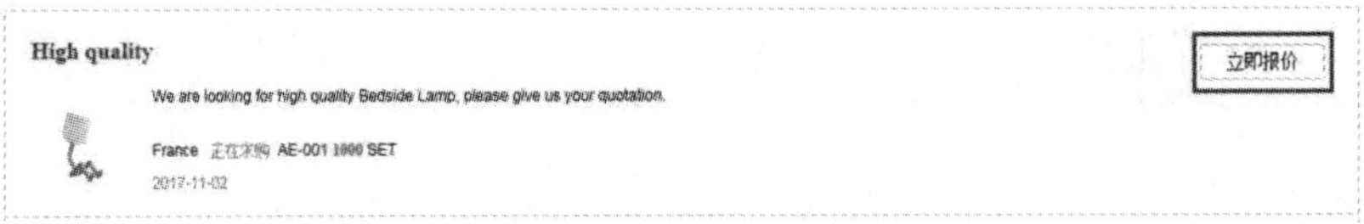

图 9-46　进入立即报价界面

输入报价函的标题与内容，然后点击右下角“立即报价”按钮发送给对方，如图 9-47 所示。

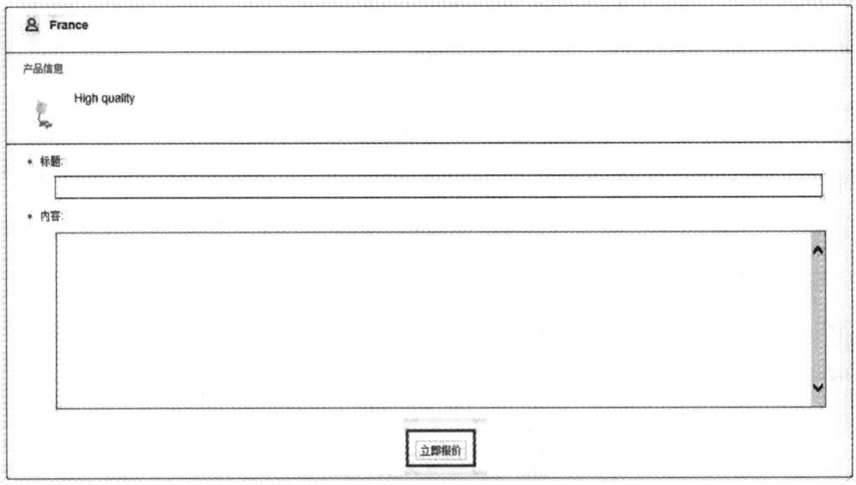

图 9-47　填写报价

报价完成后，可在左侧菜单进入“商机获取—报价管理”，查看自己发送过的历史报价，如图 9-48 所示。

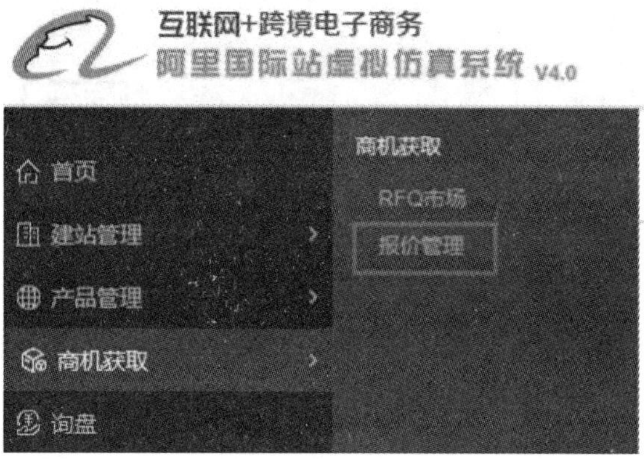

图 9-48　报价管理

点击“详情”进入报价详情界面，如图 9-49 所示。

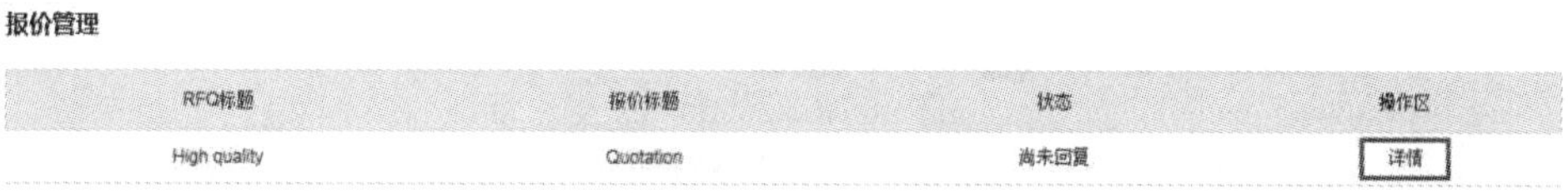
报价管理

RFQ标题	报价标题	状态	操作区
High quality	Quotation	尚未回复	详情

图 9-49　进入报价详情界面

在报价详情界面中，点击“Start Order”进入订单洽谈界面。

9.2.5　洽谈签约

买卖双方磋商完成，就各项交易条件达成一致后，就可以准备签订单了。

操作步骤：

卖家进入订单详情页面，可根据双方磋商情况，详细填写产品数量、单价、装运信息、付款信息等各项内容，填写完成后点击“确认订单”按钮发送给买家，如图 9-50 所示。

卖家发送订单后，买家同样进入订单洽谈页面，就可以看到卖家填写的各项条款，如果同意，可直接点击右上方的“确认订单”；如果不同意，可直接修改，然后点击“确认订单”发送给对方再次确认，直到双方均同意所有条款为止。

图 9-50　确认订单

9.2.6　线下履约

如图 9-51 所示，合同签订完成后，即可开始履行合同。

图 9-51　合同已完成

进入左侧菜单“交易管理”，点击最下排的“履约办理”按钮（见图 9-52），可进入履约流程图，按照步骤顺序进行线下操作（见图 9-53）。

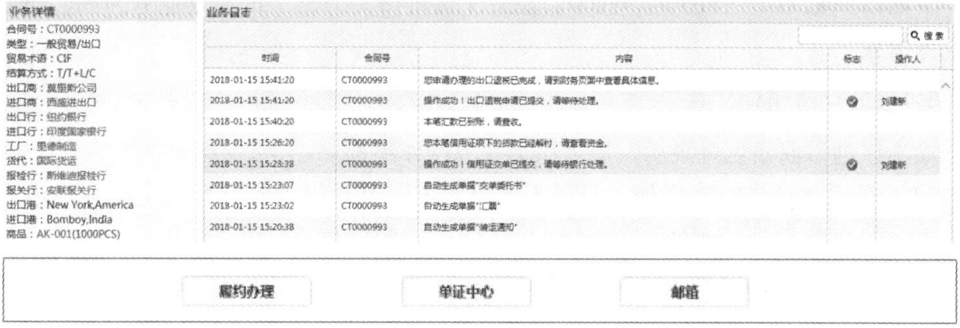

图 9-52　履约办理

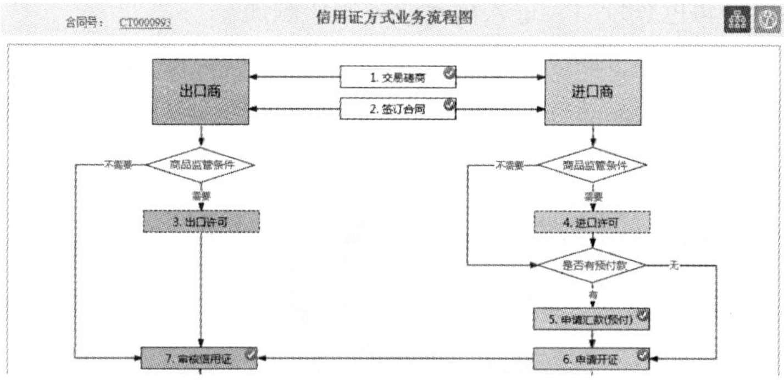

图 9-53　信用证方式业务流程图

点击“履约办理”右侧的“单证中心”，则可进行单据的添加与制作，如图 9-54 所示。

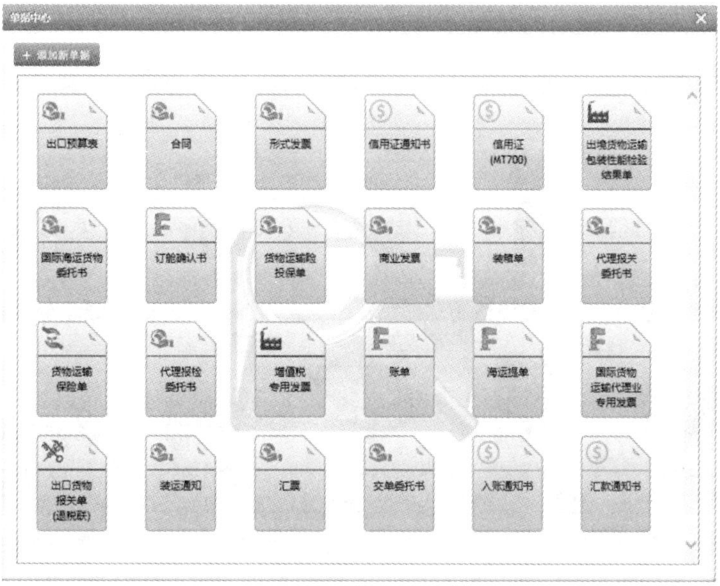

图 9-54　添加与制作单据

下面以一笔 FOB（Free on Board，船上交货价格）方式下的海运业务为例，简述整笔业务流程。

9.2.6.1 进口商预付货款

学生以进口商角色登录后，进入该笔业务操作界面。

（1）在“单证中心”添加“境外汇款申请书”并进行填写（填写完成后点击左边“!”检查，如果单据标题处打上绿色的“√”，说明填写通过可以使用）。

（2）进入“履约办理”，在流程图上点击“申请汇款（预付）”。

（3）选择提交合同、形式发票、境外汇款申请书，完成申请汇款。

9.2.6.2 出口商订货

学生以出口商角色登录后，进入该笔业务操作画面。

（1）在“单证中心”打开“合同”，查看合同中的商品编号和数量，如图 9-55 所示。

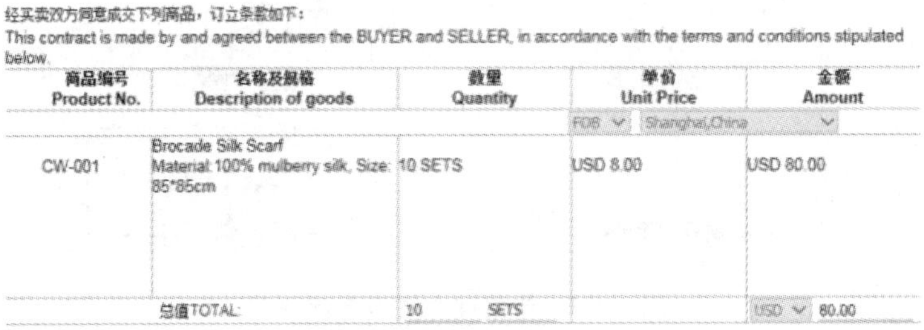
经买卖双方同意成交下列商品，订立条款如下：
This contract is made by and agreed between the BUYER and SELLER, in accordance with the terms and conditions stipulated below.

商品编号 Product No.	名称及规格 Description of goods	数量 Quantity	单价 Unit Price	金额 Amount
			FOB Shanghai,China	
CW-001	Brocade Silk Scarf Material:100% mulberry silk, Size: 85*85cm	10 SETS	USD 8.00	USD 80.00
	总值TOTAL:	10 SETS		USD 80.00

图 9-55 查看合同

（2）进入“履约办理”，在流程图上点击“订货”，根据“合同”中的商品编号和数量，输入购买对应数量的商品编号及数量，如图 9-56 所示。

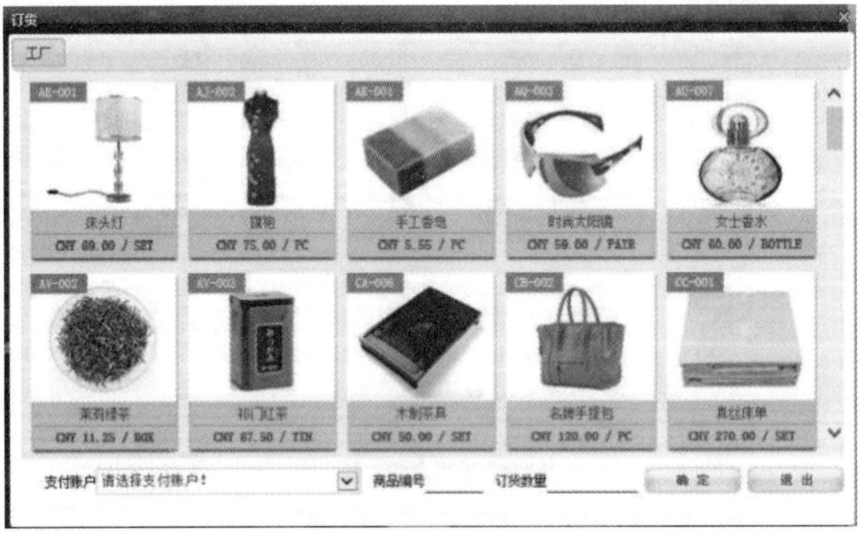

图 9-56 订货

订货申请提交后，需等待工厂生产货物。

9.2.6.3　出口商申请产地证

（1）出口商在“单证中心”打开“合同”，查看合同中的“Documents required（单据）”相关规定。

系统中的产地证包括一般原产地证、普惠制产地证、东盟产地证及亚太产地证 4 种，合同中勾选哪种即需申请哪种产地证，如图 9-57 所示。如果 4 种均未勾选，则直接跳过下面的步骤不用做。

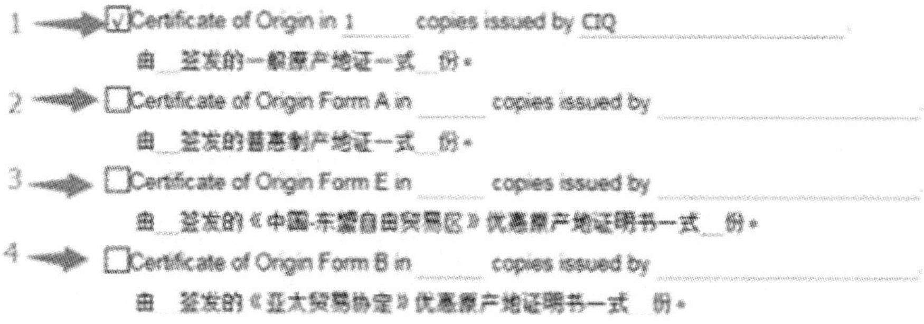

图 9-57　勾选产地证

（2）如果需要申请产地证，则仍在“单证中心”界面，分别添加“商业发票”“装箱单”“原产地证明书申请书”以及合同中要求的对应产地证书（“一般原产地证”“普惠制产地证”“东盟产地证”“亚太产地证”4 种其中之一）进行填写（每张单据填写完成后点击左边的“!”检查，如果单据标题处打上绿色的“√”，说明填写通过可以使用）。

（3）进入“履约办理”，在流程图上点击“申请产地证”。

（4）选择提交“商业发票”“装箱单”“原产地证明书申请书”和合同要求的相应产地证书，完成申请产地证。

申请提交后，需等待检验机构进行处理，签发相关产地证。

9.2.6.4　进口商委托货代

当合同为 FOB 贸易术语时，货物运输由进口商负责，需要进口商先完成委托货代并指定货代给出口商，出口商才可以委托货代订舱。

学生以进口商角色登录后，进入该笔业务。

（1）在“单证中心”添加“国际海运货物委托书”（合同规定运输方式为海运“By sea”）或“国际空运货物委托书”（合同规定运输方式为空运“By air”），并进行填写。

（2）进入“履约办理”，在流程图上点击“委托货代—询价”，填写询价单然后发送。

（3）接受报价后，点击“委托货代”。

（4）选择提交“国际海运货物委托书”或“国际空运货物委托书”，完成委托货代。

9.2.6.5 出口商委托订舱

学生以出口商角色登录后，进入该笔业务。

（1）在“单证中心”添加“国际海运货物委托书”（合同规定运输方式为海运“By sea”）或《国际空运货物委托书》（合同规定运输方式为空运“By air”），并进行填写。

（2）进入“履约办理”，在流程图上点击“委托订舱—询价”，填写询价单然后发送。

（3）接受报价后，点击“委托订舱”。

（4）选择提交“国际海运货物委托书”或“国际空运货物委托书”，完成委托订舱。

申请提交后，需等待货代公司进行处理。

9.2.6.6 出口商提供报关资料

（1）出口商在“单证中心”添加“代理报关委托书”“代理报检委托书”（商品资料中海关监管条件含“B”或合同中要求提交检验证书的才需要“代理报检委托书”，否则可不填）并填写。

（2）进入“履约办理”，在流程图上点击“提供报检报关资料”（出口方）。

（3）选择提交相应的单据（具体可查看界面上的操作步骤说明），完成提供报关资料。

申请提交后，需等待货代公司进行处理。

9.2.6.7 出口商支付费用

（1）出口商收到出口货代签发账单的消息后，进入“履约办理”，在流程图上点击“支付货代费用”（出口）。

（2）选择提交“账单”，完成支付费用。

9.2.6.8 出口商发送装运通知

（1）出口商在“单证中心”添加“装运通知”并填写。

（2）在流程图上点击“装运通知”按钮，再点击“发送装运通知”。

（3）点击左上角“Compose”新建邮件，输入标题“Subject”（如 Shipping Advice）和内容“Text”，在标题右侧下拉列表中选择“Shipping Advice”（一定要选对），然后点击“Send”按钮，发送装运通知。

申请提交后，系统将自动将装运通知单据发送给进口商。

9.2.6.9 出口商寄单

（1）出口商进入“履约办理”，在流程图上点击“寄单”。

（2）选择提交相应的单据（具体可查看界面上的操作步骤说明），完成寄单。

9.2.6.10 出口商国际收支网上申报

（1）出口商进入“履约办理”，在流程图上点击“国际收支网上申报”。

（2）点“登录”按钮，选择“国际收支网上申报系统（企业版）”，打开申报信息录入列表。

（3）点击待申报业务条目的申报号码，进入该笔业务的申报信息录入页面，进行填写（大部分信息已由银行自动生成，只需填写中间部分栏位）。

（4）填写完成后，点击“保存”，再点击“提交”，即为申报成功。

9.2.6.11 出口退税

（1）出口商进入“履约办理”，在流程图上点击“出口退税”。

（2）选择提交“商业发票”“增值税专用发票”“出口货物报关单（退税联）”，完成出口退税。

至此，出口方所有流程完成。

9.2.6.12 进口商投保

进口商角色登录后，进入该笔业务。

（1）在“单证中心”添加“货物运输险投保单”，并进行填写。

（2）进入“履约办理”，在流程图上点击“进口投保—逐笔投保”。

（3）选择提交“货物运输险投保单”，完成逐笔投保。注：如果此时货物已经抵达进口港，则无法再投保。

申请提交后，需等待保险公司进行处理。

9.2.6.13 进口提供报关资料

（1）进口商在“单证中心”添加“代理报关委托书”“代理报检委托书”（商品资料中海关监管条件含“A”的才需要“代理报检委托书”，否则可不填）并填写。

（2）进入“履约办理”，在流程图上点击“提供报检报关资料”（进口）。

（3）选择提交相应的单据（具体可查看界面上的操作步骤说明），完成提供报关资料。

申请提交后，需等待货代公司进行处理。

9.2.6.14 进口商支付费用

（1）进口商进入“履约办理”，在流程图上点击“支付货代费用”（进口）。

（2）选择提交“账单”，完成支付费用。

9.2.6.15 进口商外汇监测系统申报

（1）进口商进入“履约办理”，在流程图上点击“外汇监测系统申报”。

（2）点“登录”按钮，选择“货物贸易外汇监测系统（企业版）”，打开申报信息录入列表。

（3）选中待申报的业务条目后，再点击右下方的“新增”按钮，进入该笔业务的申报信息录入页面，进行填写（大部分信息已由银行自动生成，只需填写下面几栏）。

（4）填写完成后，点击“保存”，再点击“提交”，即为申报成功。

9.2.6.16 销货

学生以进口商角色登录后，进入业务操作画面。

（1）进入“履约办理”，打开业务流程图。

（2）点击流程图上的“销货”按钮，打开商品列表，然后再点击要销售的商品对应的“售出”按钮，在弹出的界面中点击“确定售出”即可。

第 10 章 亚马逊

10.1 基本实训流程介绍

10.1.1 登录系统

根据老师分配的用户名、密码登录课程。登录时可选择语言包含中文、英文。已经成功注册学习账号的用户，请输入账号及密码，点“登录”按钮即可进入系统，如图 10-1 所示。

图 10-1 登录界面

尚未注册学习账号的用户，请点击画面上的“注册”。在如下画面输入信息后，点击“确认注册”按钮，如图 10-2 所示，成功后即可登录。

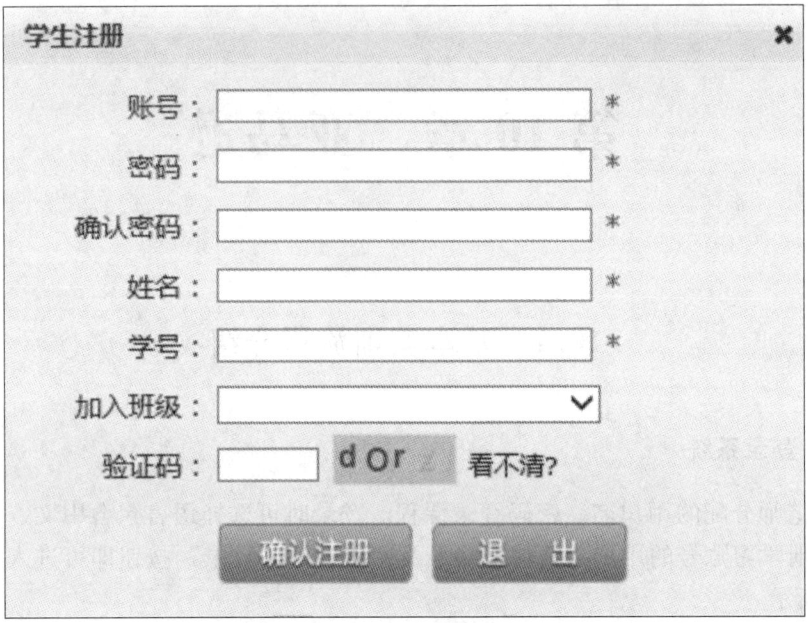

图 10-2 学生注册

10.1.2 跨境电商基本操作流程

（1）登录后，选择课程进入，然后在首页上查看课程要求，修改个人密码。

（2）进入亚马逊模拟实训模块。

（3）实训过程中，随时查看自己的分数及排名。

10.1.3 主界面介绍

进入课程后，首先进入主界面，如图 10-3 所示。

图 10-3　亚马逊仿真系统主界面

主界面介绍如下：

仿真实训：学生根据不同的任务要求，扮演卖家或买家，进行开店、推广、订单交易等跨境业务。具体操作详见“新手入门”。

我的成绩：包含亚马逊排名和详细分项两部分内容。

仲裁系统：实训中如有纠纷，可提交给教师仲裁。

资料查询：包含公司信息、港口信息、汇率等资料。

新手入门：软件操作指引，请详细阅读。

10.2　卖家操作步骤

开始亚马逊平台实训，应按以下步骤顺序操作，点击相关步骤可查看详细说明，如图 10-4 所示。

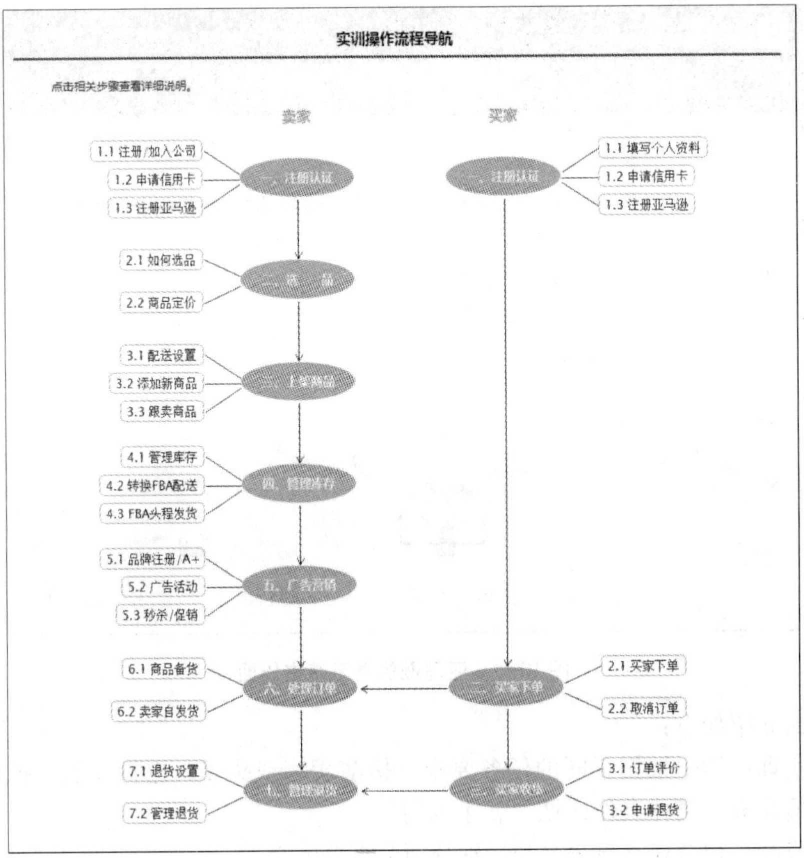

图 10-4　流程导航

10.2.1　注册认证

10.2.1.1　注册/加入公司

要在亚马逊平台上注册全球开店，卖家必须以企业身份注册认证。因此，在正式开启亚马逊实训历程前，需要先拥有企业身份。

具体操作步骤：

在实训首页上的亚马逊卖家区域点击“公司信息”字样，进入到注册/加入公司的界面，如图 10-5 所示。

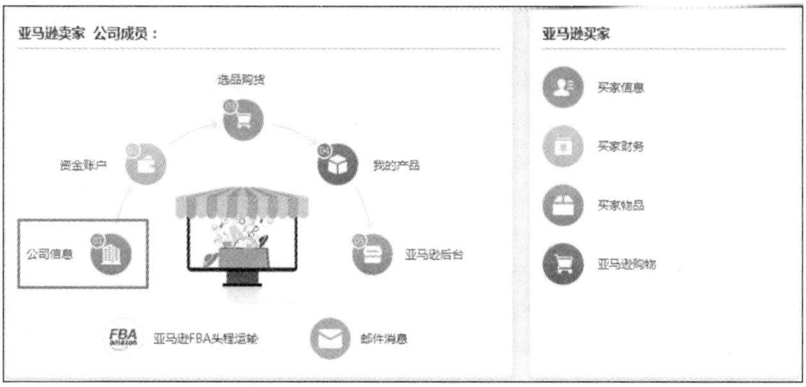

图 10-5　公司信息

在这里你有两个选择。

（1）注册新公司：所有相关资料需自行填写，然后点击“确定注册”按钮，如图 10-6 所示。

图 10-6　注册公司

（2）加入已有公司：系统中提供一批已注册公司，可直接加入，无须再填写任何资料。注册/加入公司完成后，相关资料不可再修改。如果是小组模式，一个小组中只需一人注册或加入公司即可，其他人将自动一起加入该公司，如图 10-7 所示。

图 10-7　加入公司

10.2.1.2　申请信用卡

卖家公司注册完成后，会自动生成一个公司账户，里面有一笔初始资金，卖家可以用于订货。此外，卖家还需要申请一张信用卡，用于亚马逊运营中支付运费、仓储费等费用以及收款。因此，卖家在注册亚马逊前，还需要先申请信用卡。

操作步骤：在实训首页上的“亚马逊卖家”区域点击“资金账户”字样，如图 10-8所示。

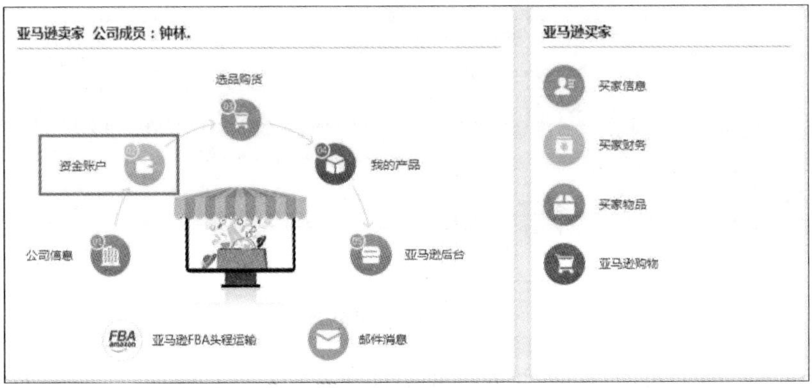

图 10-8　资金账户

再点击标签“信用卡账户”，进入信用卡页面，点击左侧“填写信用卡申请表”，如图 10-9 所示。

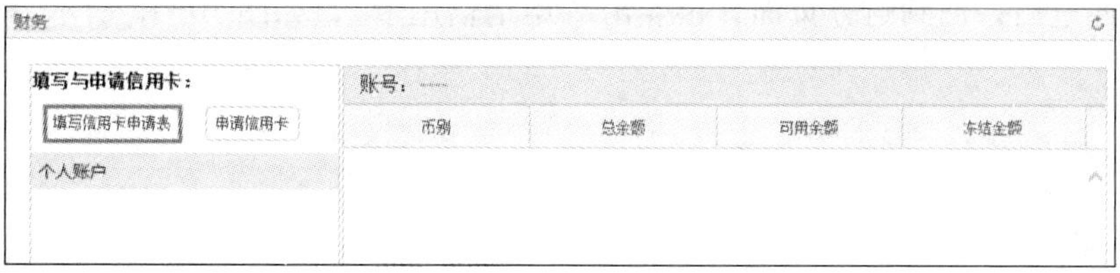

图 10-9　信用卡页面

在弹出页面中点击“添加”按钮，添加一张信用卡申请表，再打开进行填写，如图 10-10 所示。

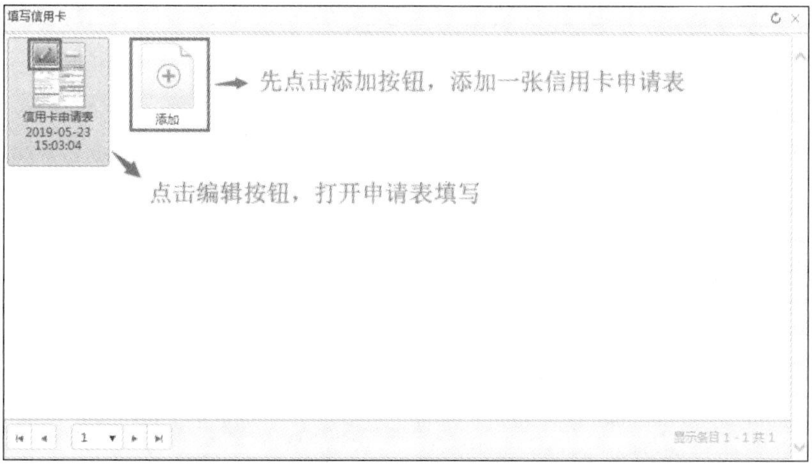

图 10-10　添加信用卡

填写完成后点击左边“！”检查，如果单据标题处打上绿色的“√”，说明填写通过可以使用，如图 10-11 所示。

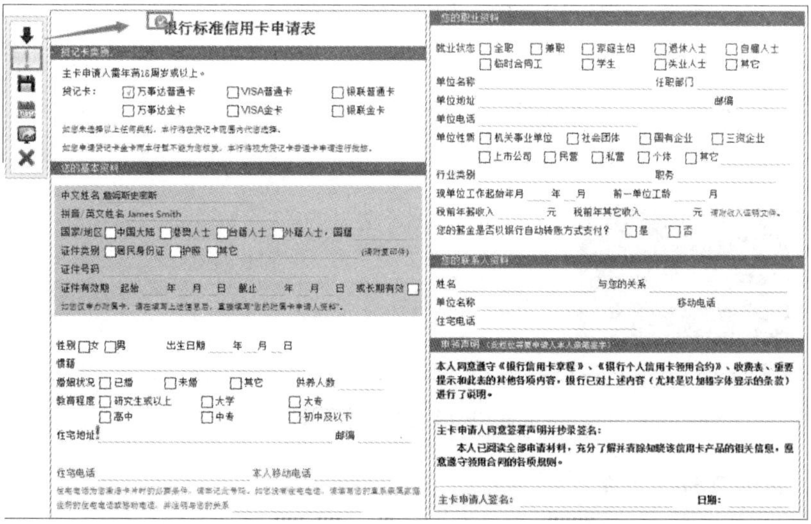

图 10-11　填写信用卡

填写通过后，回到财务页面，再点击“申请信用卡”，如图 10-12 所示。

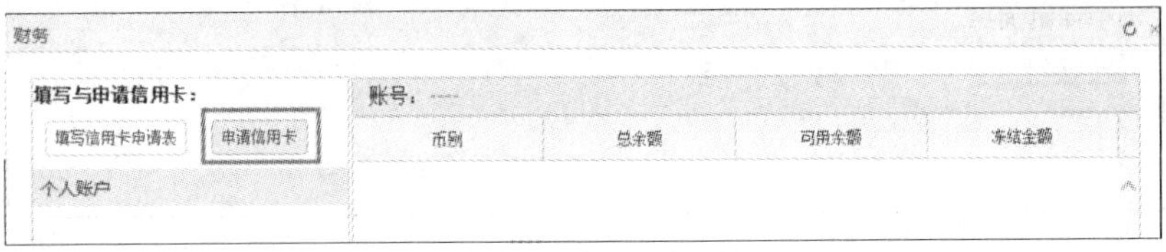

图 10-12　**申请信用卡**

点击单据上的“+”，将信用卡申请表添加到右侧“已选择的单据”中，然后再点击右下方“确定”进行提交，如图 10-13 所示。

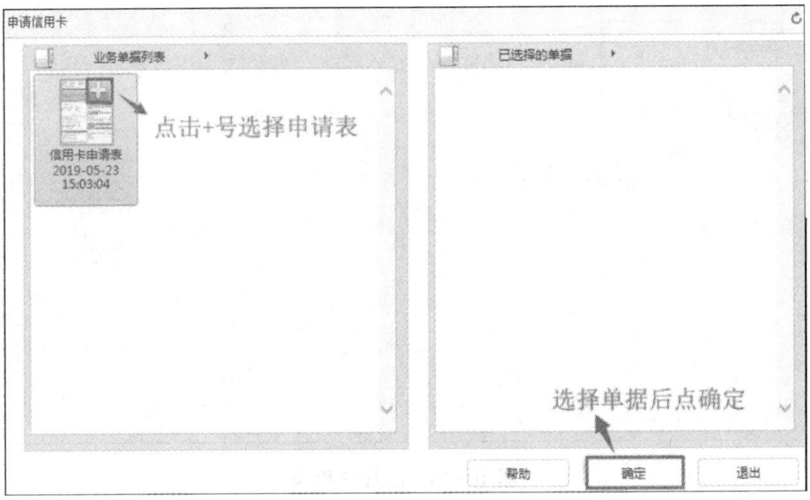

图 10-13　**提交信用卡**

信用卡申请成功后，回到“财务”页面（需刷新），即可看到个人账户中的信用卡，点击信用卡可查询卡内可用余额，如图 10-14 所示。

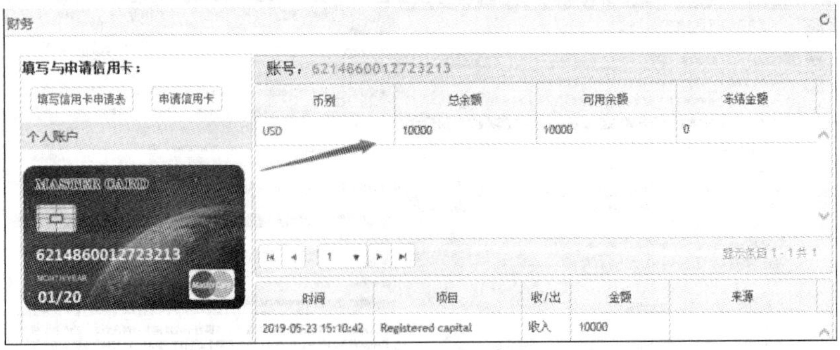

图 10-14　**查询信用卡**

10.2.1.3　注册亚马逊（卖家）

完成注册/加入公司后，可在亚马逊注册卖家账户。

操作步骤：

在实训首页上点击“亚马逊后台”字样，如图 10-15 所示。

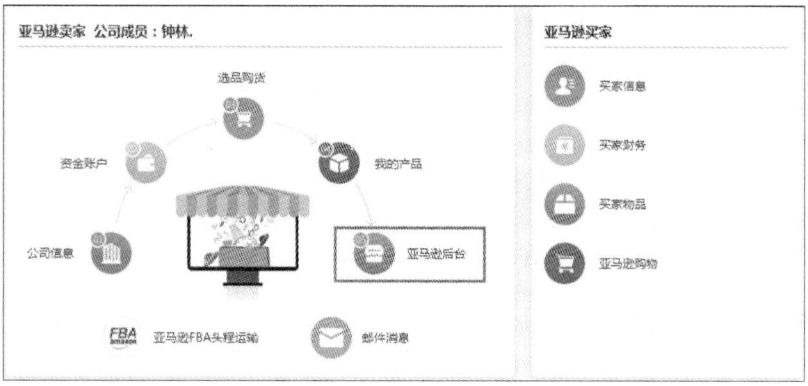

图 10-15 实训首页

如果是第一次进入，需要先创建账户，如图 10-16 所示。

图 10-16 创建账户

输入姓名和手机号后点击“注册”提交后，进入设置亚马逊销售账户界面，如图 10-17所示。

图 10-17　亚马逊销售账户

输入商铺名称（自行设定）后点击“下一条”，进入公司详细信息填写页面，如图 10-18 所示。

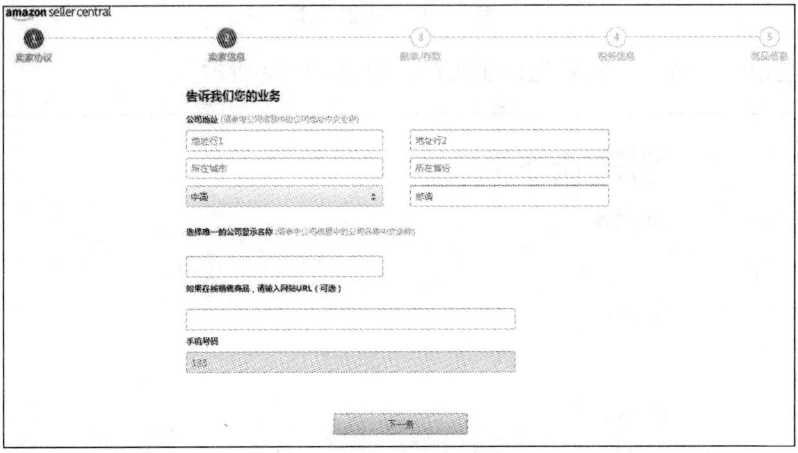

图 10-18　公司详细信息

按照公司资料输入相关信息后点击“下一条”，进入设置收款方式页面，如图 10-19 所示。

图 10-19　设置收款方式

输入之前申请的信用卡信息（在“资金账户→信用卡账户”中申请并查看）及存款方式信息（其中银行信息在公司资料中查看，借记卡号填写“资金账户→公司账户”里的“企业账号”），然后点击“下一条”，进入税务信息页面，如图 10-20 所示。

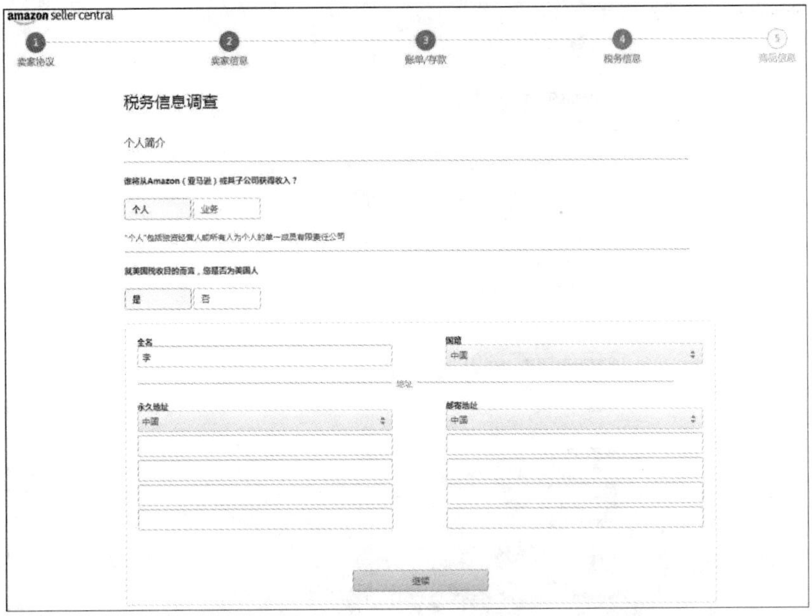

图 10-20　税务信息

输入完成后点击“继续”，进入签名确认页面，如图 10-21 所示。

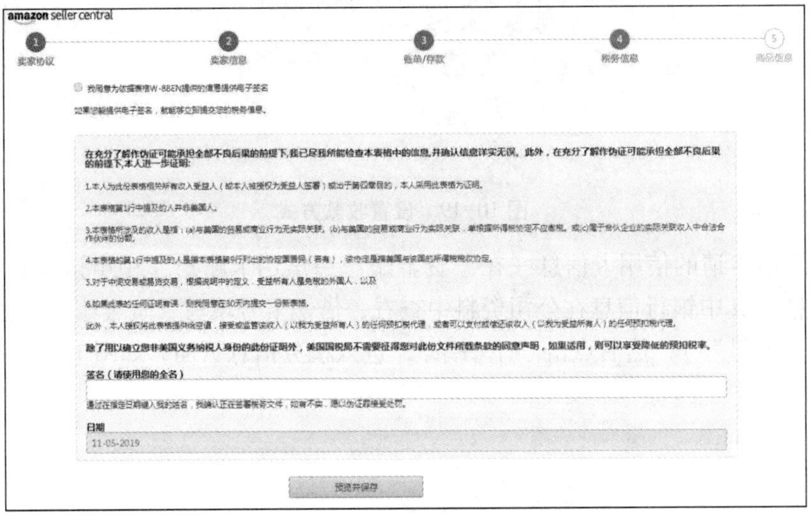

图 10-21　签名确认

签名完成点击“预览并保存”，进入预览页面，核对无误后再点击“提交表格”，进入商品信息页面，如图 10-22 所示。

图 10-22　商品信息

根据自身情况勾选相应选项后，点击“下一步”，注册完成。

10.2.2　选品

10.2.2.1　如何选品

我们可以从系统提供的产品库中挑选具体的产品。

操作步骤如下：

实训平台提供了一批产品库供卖家发布时选择（注：只包含部分类目，不是所有类目都有）。查看系统提供的产品，需在实训首页上点击“选品购货”字样，进入 1688 网，如图 10-23 所示。

图 10-23　1688 网首页

进入 1688 首页后，可以直接点击左侧产品类目查找商品，或通过上方的搜索功能查找。

注意：此处只是挑选产品，暂不需要实际购买，等到产品发布完成收到订单了，再根据订单数量来订货，如图 10-24 所示。

图 10-24　查找商品

选择好感兴趣的产品后，点击进入产品的详情页面，可以查看产品的详细资料与相关图片。如果需要下载图片，可直接在图片上点击鼠标右键，选择“另存图像为”，将图片保存到本地电脑上。根据这些资料，就可以准备发布产品了。请记住这里的产品编号（如：SM-001），这是发布产品时的重要依据，如图 10-25 所示。

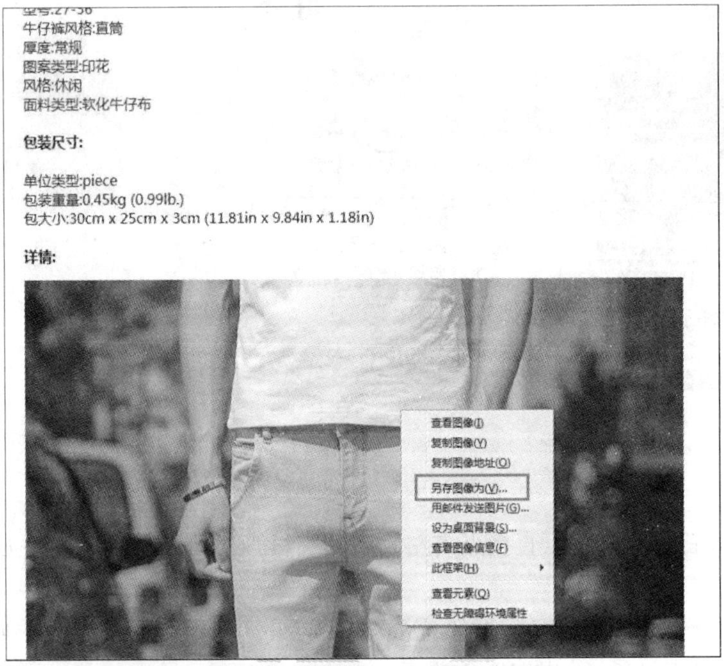

图 10-25　保存图片

10.2.2.2　产品定价

产品价格不是影响海外买家购买产品的唯一因素，但绝对是一个至关重要的因素。合理的产品定价可以帮助你迎合国外买家的需求，从而赢得更多的订单；不合理的产品定价则可能使你和订单失之交臂，甚至影响你的交易信用和利益。

在核算价格之前，我们需要了解几个名词：

上架价格（LP）：是产品在上传的时候所填的价格。

销售价格/折后价（DP）：产品在店铺折扣下显示的价格，是买家看到的产品售价。

成交价格（OP）：用户在最终下单后所支付的单位价格。

这几个价格直接的联系是：

销售价格=上架价格×店铺折扣，成交价格=销售价格-营销优惠（满立减、优惠券、卖家手动优惠）

搞清楚这几个价格的关系，我们就可以有针对性地对不同定位的产品采取不一样的定价策略。

以下介绍几种产品定价的主要策略，你可以根据自己的需求作为参考：

策略 1——基于成本定价。

卖家自发货 FBM 价格（买家承担运费）：商品成本×（1+利润率）/（1-佣金-销售税）/汇率=上架价格

FBA（Fulfillment by Amazon，亚马逊物流）发货价格：（商品成本+FBA 头程费用+仓储费+库存配置服务费）×（1+利润率）/（1-佣金-销售税）/汇率=上架价格

其中：亚马逊佣金比例固定为 15%，销售税为 6%，FBA 相关费用可以在“FBA 专区”中查找。

计算示例：某商品在 1688 网可查得其订货成本为“CNY 5.37/PC”，在系统首页左侧“资料查询-最新汇率查询”中查到“USD 100 =CNY 668.03”。假设预期利润率为“30%”，卖家自发货的情况下，试计算商品定价。

解：价格=5.37×（1+30%）/（1-15%-6%）/6.680 3≈1.32（美元）（保留 2 位小数）

基于成本的亚马逊定价策略可以让卖家避免亏损，但它有时可能会导致利润下降。比如你的顾客可能会乐意为商品支付更多的费用，从而增加利润；或者你的价格可能太高，导致你销售的商品数量较少，利润下降。

策略 2——参考同行、同类商品的价格。

策略 3——后续营销。

策略 4——神奇的数字。

10.2.3　上架商品

10.2.3.1　配送设置

在发布产品前，卖家需要完成配送设置。亚马逊平台中的配送分为 FBA 配送和卖

家自配送，此处的配送设置仅针对自配送。当买家下单订购时，需要按你的设置支付相关的国际运费。

操作步骤：

进入卖家亚马逊后台→设置（右上角）→配送设置，如图 10-26 所示。

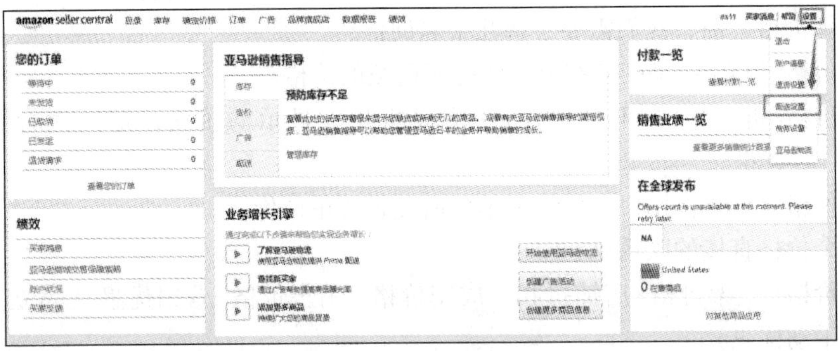

图 10-26　配送设置

进入配送设置页面，点击“创建新配送模板”，如图 10-27 所示。

图 10-27　创建配送模板

选择是要创建新模板，还是复制之前的模板，然后点击“确定”，如图 10-28 所示。

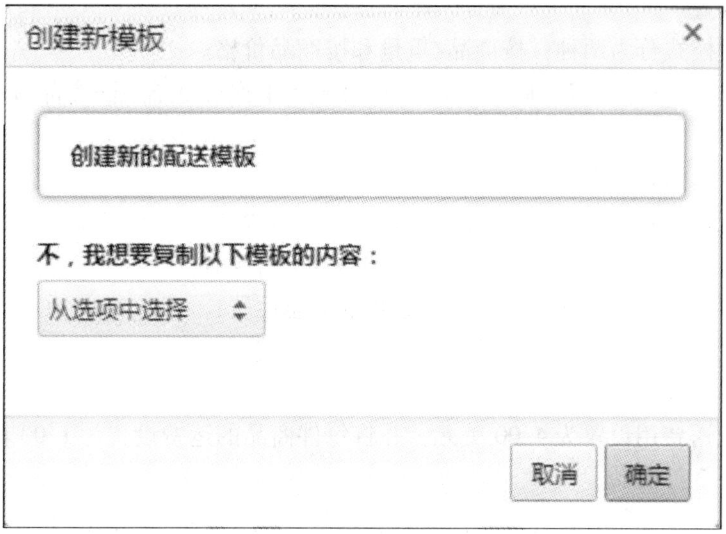

图 10-28　确认模板

进入编辑模板页面。在开始设置之前，你应当先了解国际物流公司及其运输费用。点击“下载线下物流报价”，如图 10-29 所示。

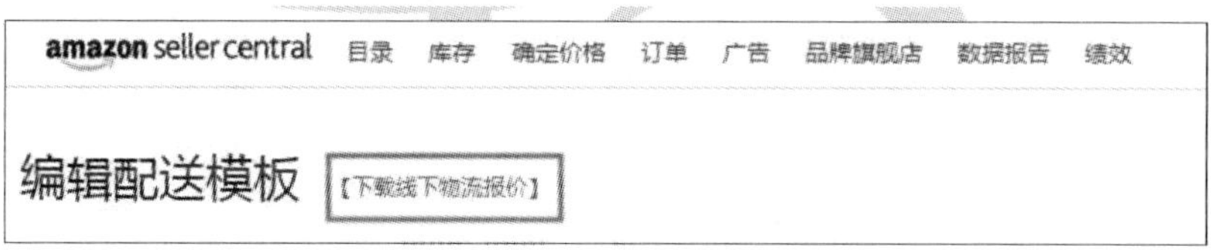

图 10-29　下载线下物流报价

下载下来的 Excel 表格里目前包括 5 家物流公司（中邮系列的挂号小包、E 邮宝、燕文专线、UPS 和 DHL），可以分别查到它们的物流计算标准，然后根据自己想要经营的产品的包装重量（在 1688 网产品资料中可查到）计算出运到各国的最低物流费用。

计算出具体物流费用以后，就可以进行配送设置了：输入模板名称，选择运费模型，并进行各地区的具体运费设置。建议尽可能地简化运费，如图 10-30 所示。例如，可以免运费以帮助提高销量。

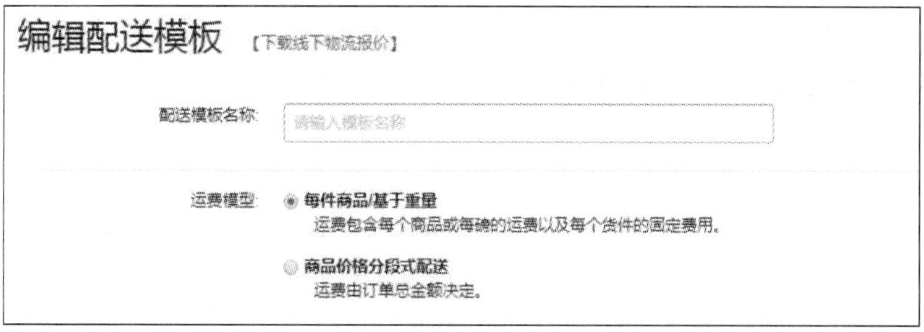

图 10-30　编辑配送模板

①运费设置

运费设置模式分为两种：按商品/重量和按商品价格。

按商品/重量计算运费：此模式的计费公式=单次配送金额+商品件数/商品重量金额。

基于重量的运费示例：

将单次配送运费设置为4.00美元，并将每磅运费设置为0.50美元。一位买家购买了两件商品：一台25磅的电视和一台1磅的DVD播放器。

亚马逊将按照如下方式计算要向买家收取的总运费：

4.00美元+0.50美元×（25磅+1磅）=17.00美元。

基于商品的运费示例：

将单次配送费用设置为4.00美元，并将每件商品的运费设置为1.00美元，一位买家向你购买了2件商品。

亚马逊将按照如下方式计算要向买家收取的总运费：4.00美元+1.00美元×2件商品=6.00美元，如图10-31所示。

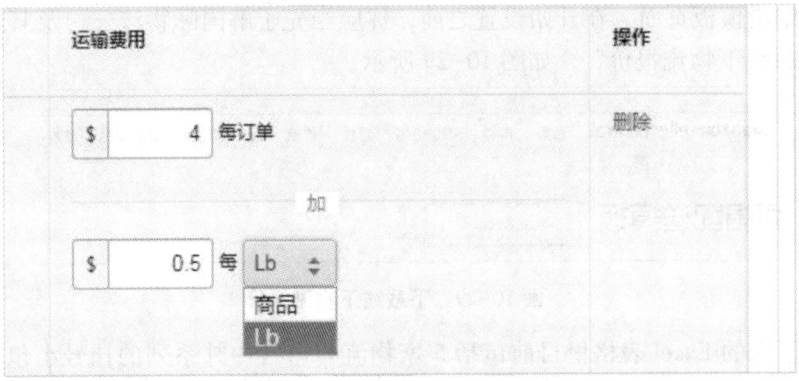

图10-31　基于商品的运费示例

除此之外，也可以选择商品价格分段式配送：

借助商品价格分段式配送，能够创建订单价格范围或分段。每个商品价格分段均对应各自的运费。买家购买商品时，亚马逊会检查订单总额、识别总额所属的分段，然后收取你为该价格分段指定的运费。

商品价格分段式配送示例：

你可以创建价格分段，如图10-32所示。

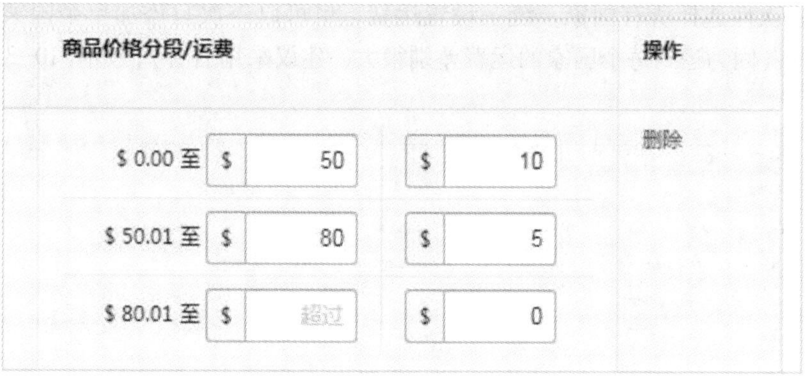

图 10-32 商品价格分段示例

买家的订单总额为 75 美元

亚马逊根据你的商品价格分段式配送费用进行计算，应向买家收取的总运费为 5.00 美元。

在这里，你可以根据自己产品的情况选择一种运费设置。

②配送地区设置

a. 国内配送：指配送到美国。

国内配送包括“标准配送（14~28 天）”“加急配送（1~2 天）”“隔日达（2 天）”和“当天送次日达（1 天）”，如果是卖家从中国自发货，建议只设置“标准配送”（如图 10-33 所示），其他的模板删除（因为达不到这样的时效）。

图 10-33 国内配送

b. 国际配送：指配送到美国以外的地区。

系统内目前产生的订单买家，除了美国买家还会有其他国家的买家，因此需要对其他国家进行配送设置，否则别的国家的买家无法下单，会造成订单丢失。同样，设置“标准配送”就可以了。

点击“添加新配送规则”，如图 10-34 所示。

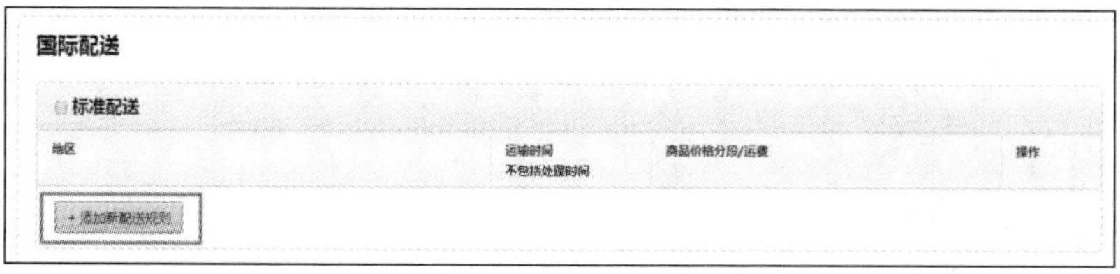

图 10-34 国际配送

可以一次性选择所有国家，统一设置运费，也可以一次只添加单个国家，分别进行具体设置（因为运到每个国家的运费差别很大，建议采用后者），如图 10-35、图 10-36 所示。

图 10-35　选择配送国家

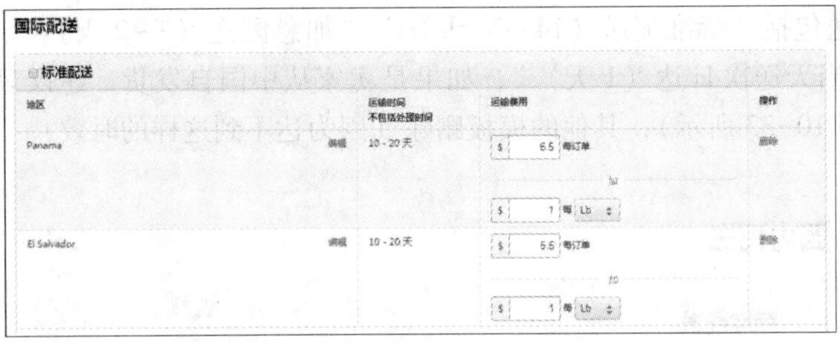

图 10-36　运输时间及费用

国内配送和国际配送都设置完成后，点击“保存”即可。针对不同种类、运费差别较大的商品，可以分别设置多个配送模板。

10.2.3.2　添加新商品

一个好的产品信息，能够更好地提升产品的可成交性，加快买家的下单决定。因此，好的产品描述应该做到标题专业、图片丰富、描述详尽、属性完整、价格合理、免运费和备货及时等。

操作步骤：进入卖家亚马逊后台→库存→添加新商品，如图 10-37 所示。

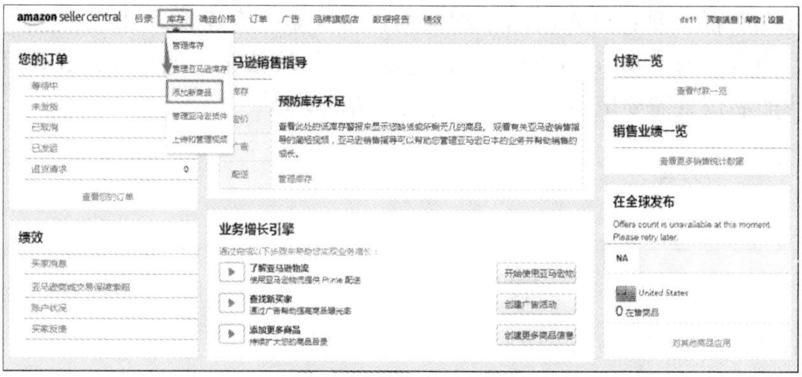

图 10-37　添加新商品

（1）新商品分类：点击“创建新商品信息”，如图 10-38 所示。

图 10-38　创建新商品信息

在所有商品分类列表中选择商品详细品类，也可以在搜索框里输入关键字搜索品类，找到之后点击“选择”，进入添加商品页面。请注意一定要根据自己产品所属的实际类目进行选择，方便买家更加快速地找到你的产品，如图 10-39 所示。

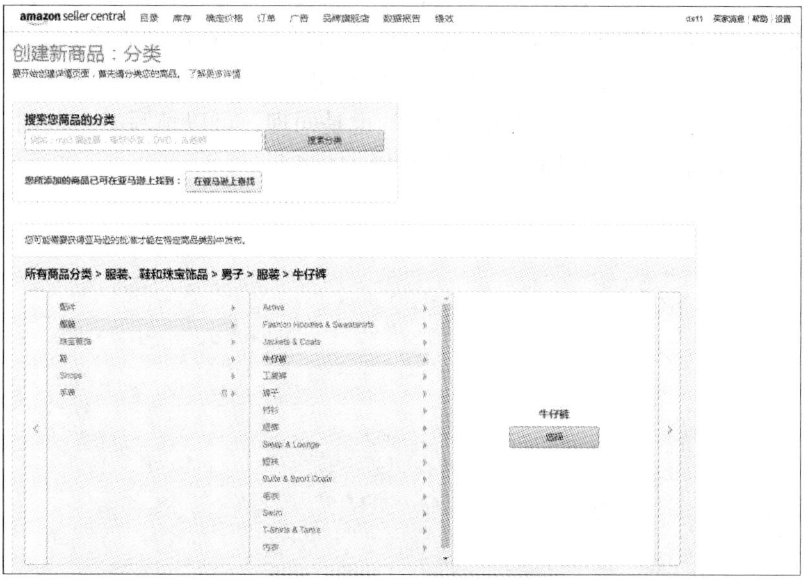

图 10-39　创建分类

（2）填写产品信息：进入商品添加页面，一开始只有 4 栏，如图 10-40 所示。这时你要先看到右侧的“Advanced View”，这是一个滑块按钮，把它点开成开启状态，就会出现 8 块产品信息需要填写，其中标红色三角的必填。

图 10-40　商品添加页面

第 1 部分是“Vital info”，带红星的是必填信息。

Product ID：产品标识，相当于产品的一个身份。一般选择 UPC 码，然后在左边填写 12 位数字号码（系统里号码自行编写）。

Product Number：这里的编号与 1688 网中的商品编号一致。

Product Name：产品标题，是买家搜索到你的商品并点击进入你的商品详情页面的重要因素。字数不应太多，尽量准确、完整、简洁。一个好的标题可以包含产品的名称、核心词和重要属性。例如：Baby Girl amice blouse Pink amice Coat With Black Lace / Suit Must Have Age

Baby：1-6 Month Sample Support

Brand Name：品牌名，自行填写。

Manufacturer：制造商名称，可填自己店铺的名字。

Manufacturer Part Number（型号）、Size（尺码）、Color（颜色）等：根据 1688 网中的产品资料填写（如有部分属性找不到相关内容，可自行发挥）。

Color Map（色系）、Size Map（尺码范围）等：非必填栏位，可以不填。它们的作用是什么呢？在实际售卖的产品中，有很多奇奇怪怪的颜色，说法也不一致。例如，青绿色究竟是什么颜色呢？有的人叫绿色，有些人会叫青绿色，甚至有人会叫嫩芽色，这个颜色是我们可以在填写 Color 这个值时自定义的。为了帮助消费者更好地理解这个颜色，我们可以把它放到某个最接近的颜色范畴里面去，在“Color Map”中填写“Green”，把它定义为绿色色系。“Size Map”也是同理，可以填写一个范围，例如大、中、小，也可以自定义，商品详情填写如图 10-41 所示。

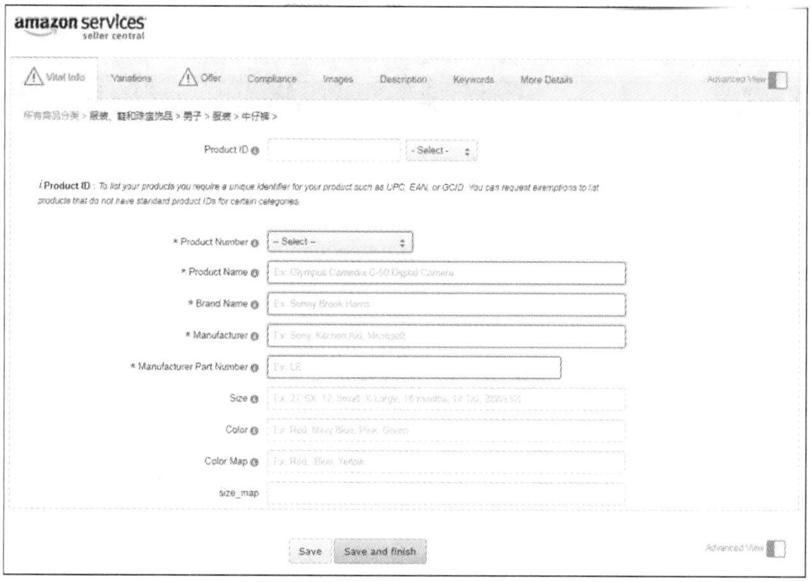

图 10-41　商品详情填写

第 2 部分是“Variations”，如果你发布的产品有一些不同的颜色、尺码等，可以在这里添加，如果没有也可以不填。

例如：商品为男士牛仔裤，颜色为蓝色，尺码包括 30、32、34、36、38。先选择变体类型为“Color-Size”，然后分别设置下面的“Color”和“Size”（如图 10-42 所示），设置完成后点击“Add variations”。

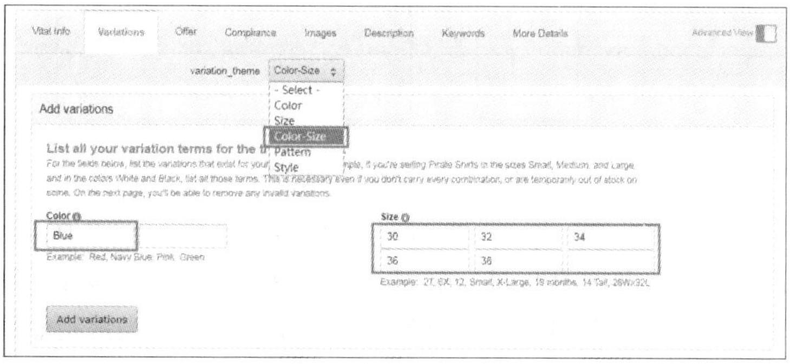

图 10-42　商品添加详情

添加后可以看到对应的尺码和颜色变体展示在下方，需要分别设置它们的 Color Map、SizeMap、SKU 号、Product ID、Product ID Type，以及价格和可销售数量等。其中，SKU 建议按照商品的颜色和尺码数值来编写，例如“Blue_30”，方便后面在商品列表中快速识别。

有些内容可以进行批量设置。在灰色区域内输入后，点击上方“Apply Changes”按钮，自动应用到下方列表中，如图 10-43 所示。不能批量输入的内容，则只能逐项填写，然后点击右侧“Save”按钮进行保存。

图 10-43　商品细节设置

右侧上方还有两个按钮，点击“Offer Condition Note（提供商品状况的具体说明）”，会在下方增加一列供填写。点击“Minimum Advertised Price（最低促销价格）”，则会在下方增加 3 列（促销价及起止时间）。

“Your price”和“Minimum Advertised Price”的关系相当于“原价”和“折扣价”，如果仅设置了“Your price”，就以此为商品售价，如果增加了“Minimum Advertised Price”，则以“Minimum Advertised Price”为商品售价，如图 10-44 所示。

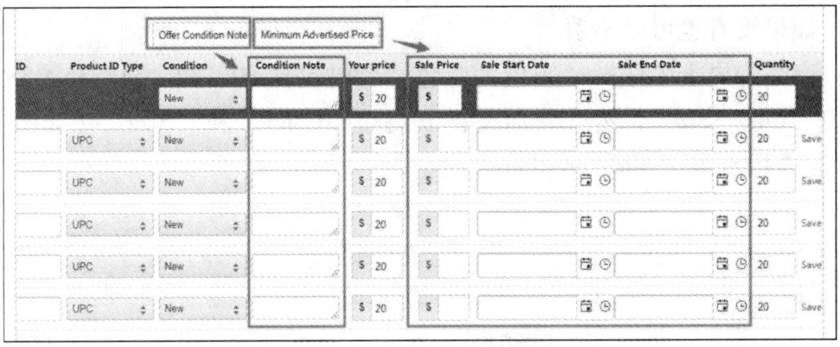

图 10-44　商品售价设置

第 3 部分是“Offer”，带红色“＊”的是必填信息，如图 10-45 所示。

Max Order Quantity：最大订货量，限制一个客户一次能买多少个上限，一般设 5 件。这个设置的好处是，当你做活动的时候可避免竞争对手恶意占用你的库存。比如你只有 30 个库存，如果你没有设置这个上限的数量，对方会通过 1 个买家账号就把你的全部库存买了（这个不是正常销售，对方会在活动结束后全部申请退款），那么你就没有库存，商品处于缺货状态不可售。

Shipping-Template：选择之前已保存过的配送设置。

Your price：标准价格，相当于商品原价，一般填写比下面的实际售价高一些。

Seller SKU：是展示在后台，来标识产品的身份，可以自己填写。如果没有填写，系统会随机给一个编码。

Sale Price：销售价格，就是实际售卖的价格。价格的计算方法可参考产品定价。

Sale Start Date、Sale End Date：开始销售日期和结束销售日期，自行设置。

Condition：商品状况，如果是全新商品就选择“New”。

Quantity：库存数量，自行设置。

本页其他非必填信息可根据情况填写。

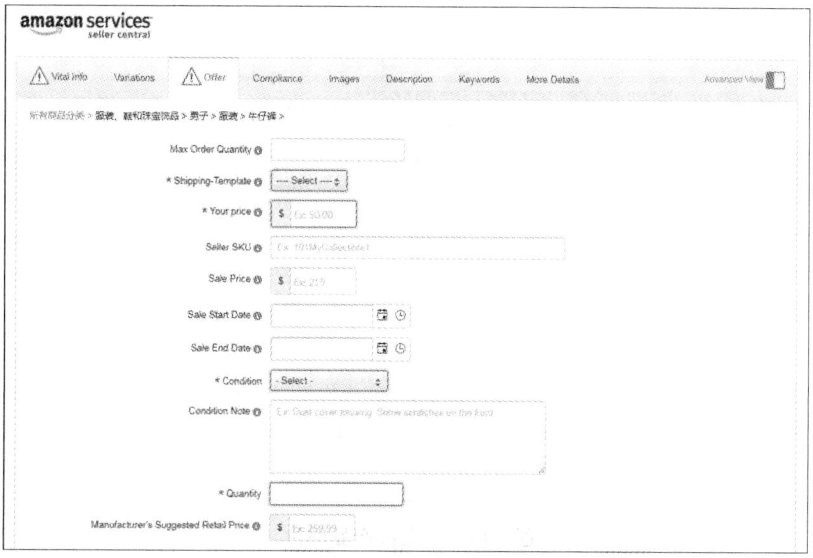

图 10-45　商品其他信息

第 4 部分“Compliance”是填写一些电池信息等的。如果产品没有带电子电池，就不需要填写这里面的内容。

第 5 部分“Images”是上传产品图片（如图 10-46 所示），这里上传的图片有具体的要求：

商品必须占据图片的 85%，不能包含水印、文本等。

图片的尺寸不低于 1 000px×1 000px，建议主图（第一个图）1 500px×1 500px，其他图片只要是 1 001px×1 001px 就有图片的缩放效果（客户浏览停留的时候），以便使用图片缩放功能（图片缩放功能可以增加销售量）。

图片格式可以是 GIF、TIFF、JPEG（建议选择 JPEG，因为这个格式上传图片更快）。

主图片的背景建议为纯白色。

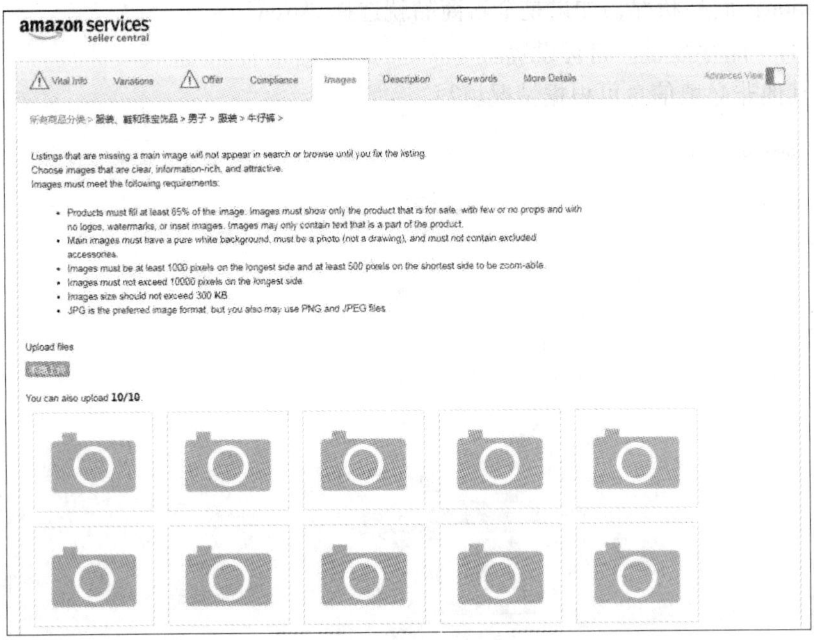
amazon services
seller central
Vital Info
Variations
Offer
Compliance
Images
Description
Keywords
More Details
Advanced View
所有商品分类 > 服装、鞋和珠宝饰品 > 男子 > 服装 > 牛仔裤 >
Listings that are missing a main image will not appear in search or browse until you fix the listing.
Choose images that are clear, information-rich, and attractive.
Images must meet the following requirements:
Products must fill at least 85% of the image. Images must show only the product that is for sale, with few or no props and with no logos, watermarks, or inset images. Images may only contain text that is a part of the product.
Main images must have a pure white background, must be a photo (not a drawing), and must not contain excluded accessories.
Images must be at least 1000 pixels on the longest side and at least 500 pixels on the shortest side to be zoom-able.
Images must not exceed 10000 pixels on the longest side.
Images size should not exceed 300 KB.
JPG is the preferred image format, but you also may use PNG and JPEG files.
Upload files
You can also upload 10/10.

图 10-46　上传产品图片

第 6 部分是“Description”，填写产品详细描述，如图 10-47 所示。

Product Description：产品的详细描述是让买家全方面了解商品并有意向下单的重要因素。这里可以用来描述你的产品的用途和规格等你想表达的信息，有字符限制。

Key Product Features：这里用来填写产品的五点描述，这个很重要。展现的位置是前台标题下面，是产品的卖点。五点描述是亚马逊跟其他平台区别最大的地方，只有亚马逊才有五点描述。一般情况下，编辑新产品信息时，“Key Product Features”只有一个选项，这时候，就需要你点击下方的蓝色字“Add More”（点击四下，五点描述的选项才会全部显示出来）。

如果没有警告注意事项的话，其他两项内容可以不填。

amazon services
seller central
Vital Info
Variations
Offer
Compliance
Images
Description
Keywords
More Details
Advanced View
所有商品分类 > 服装、鞋和珠宝饰品 > 男子 > 服装 > 牛仔裤 >
Product Description
Key Product Features
Add More Remove Last
Cpsia Warning
-- Select --
Add More Remove Last
CPSIA Warning Description
Save
Save and finish
Advanced View

图 10-47　产品详细描述

第 7 部分是“Key words”，即产品关键词，如图 10-48 所示。关键词的作用很大，也很重要。建议填写主要关键词、出单关键词、第二大关键词。客户通过搜索你填的这些词，就能匹配到你的产品。

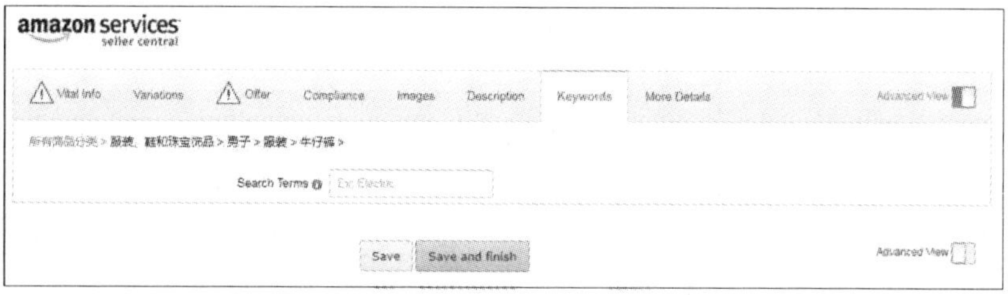

图 10-48　产品关键词

第 8 部分是“More Details”，可以根据 1688 网中产品的具体属性填写。主要是填写产品包装信息、产品重量和尺寸等，如图 10-49 所示。

图 10-49　其他信息

在你编辑完产品之后，点击“Save and finish”，产品会进入审核阶段，审核通过后，买家就可以找到你的产品。

注意：如果仅点击“Save”按钮，则只保存草稿而并没有正式发布。草稿可以在首页菜单“目录→补全您的草稿”下查看，如图 10-50 所示。

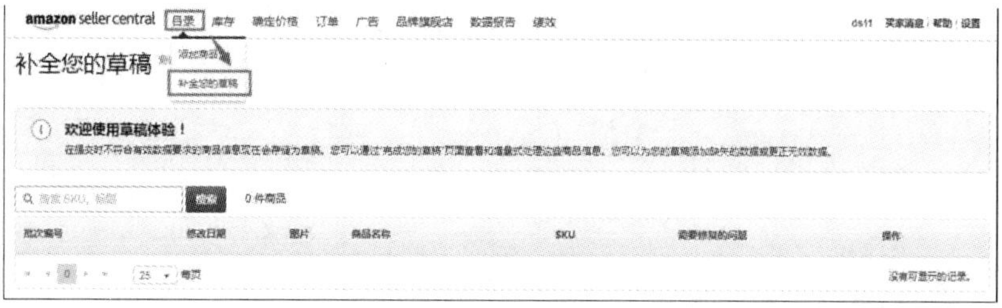

图 10-50　保存草稿

10.2.3.3 跟卖商品

除了使用“添加新商品”功能发布自己的商品，我们还可以通过“跟卖”功能去销售商品。亚马逊跟卖就是在别人创建的产品页面下销售同样的产品。跟卖实质上是通过共享“listing（清单）”，经亚马逊平台允许的一种销售方式，英文名称是 sell yours on Amazon。

举个例子，卖家 A 创建了一个产品页面，其他卖家发现这个产品销量很好，于是也跟卖这个产品。于是出现了不同卖家之间的同款产品共用同一个详情页面的情况，这就是跟卖。它要求跟卖方的跟卖产品必须与被跟卖方的产品一模一样，包括产品的品牌、外观、包装、功能、颜色、大小等。亚马逊设定跟卖这个游戏规则，与它重产品、轻店铺的运营理念有关。不同卖家之间的同款产品共同用一个详情页面，可以避免出现大量重复的商品和页面，给买家带来良好的购物体验，也促成卖家之间的良性竞争。

操作步骤：

如果想跟卖其他卖家发布的产品，建议先以买家身份去页面上查看（跟卖自己的产品则无需此步骤）。在买家首页上点击“亚马逊购物”（需要先完成买家填写个人资料和注册亚马逊步骤），如图 10-51 所示。

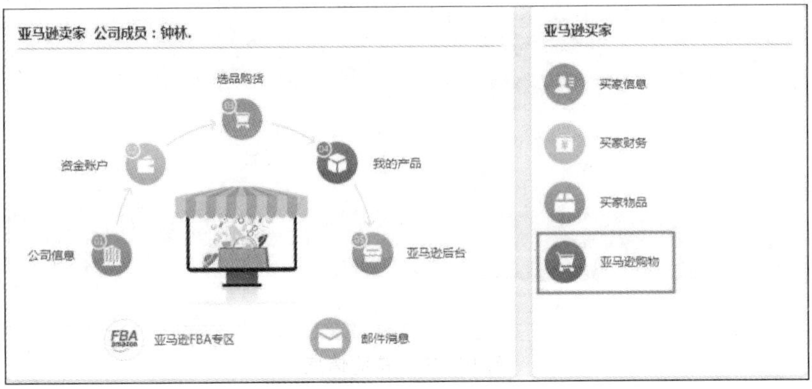

图 10-51 买家注册

在购物页面上查看所有已被卖家发布的商品，也可以使用搜索功能，找到自己想跟卖的商品，并记下它的名称，如图 10-52 所示。

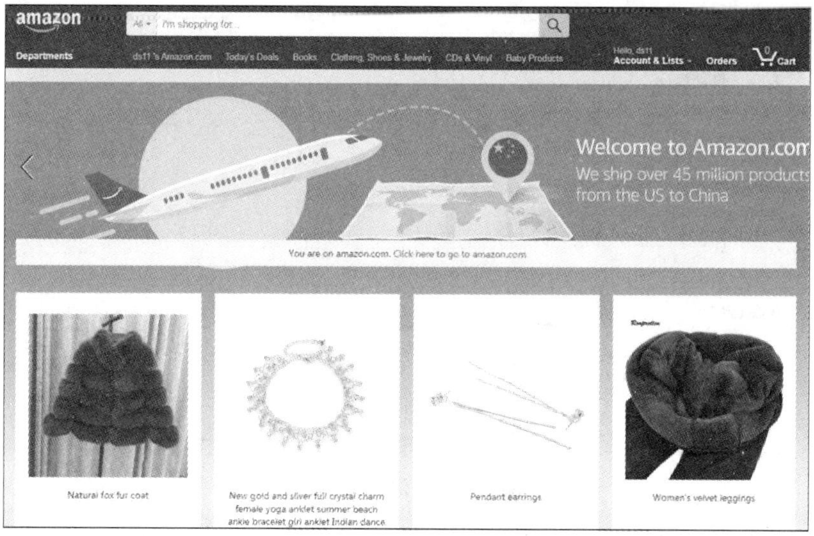

图 10-52　购物页面

然后回到实训首页，进入卖家亚马逊后台→库存→添加新商品，如图 10-53 所示。

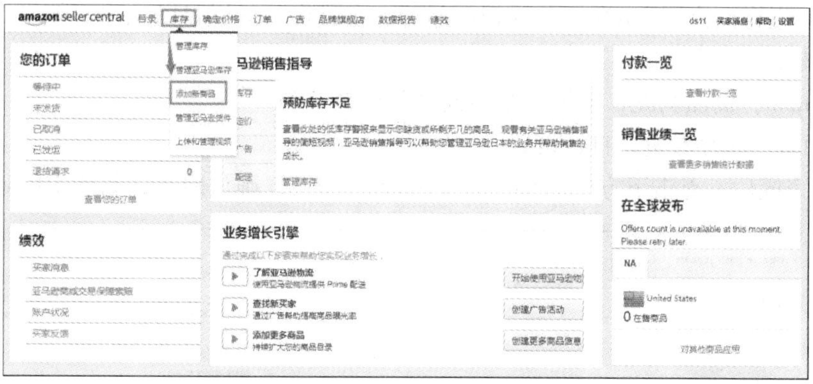

图 10-53　添加新商品

在搜索框内输入商品名称，再点击搜索按钮，如图 10-54 所示。

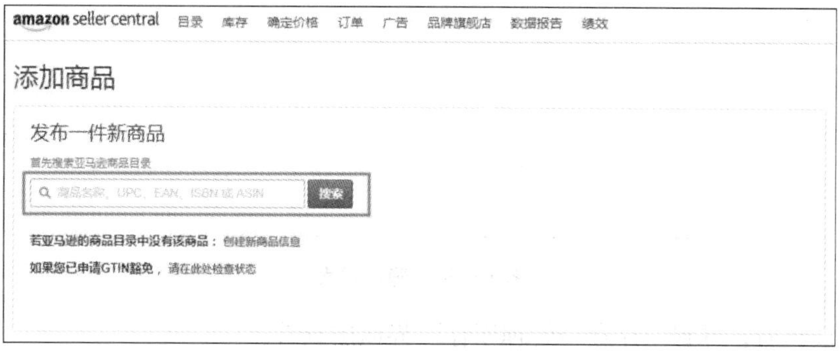

图 10-54　搜索跟卖品

找到该商品后，点击其对应的“出售您的”按钮，如图 10-55 所示。

图 10-55　添加跟卖品

商品的属性均不能更改，只能修改下方的 OFFER（报价）信息。

Shipping-Template：选择之前已保存过的配送设置。

Your price：销售价格，就是实际售卖的价格。价格的计算方法可参考产品定价。

Seller SKU：用于展示在后台标识产品的一个身份，可以自己填写。如果没有填写，系统会随机给一个编码。

Condition：商品状况，如果是全新商品就选择“New”。

Quantity：库存数量，自行设置。

输入完成后，点击下方的“Save and finish”按钮，确认跟卖，如图 10-56 所示。

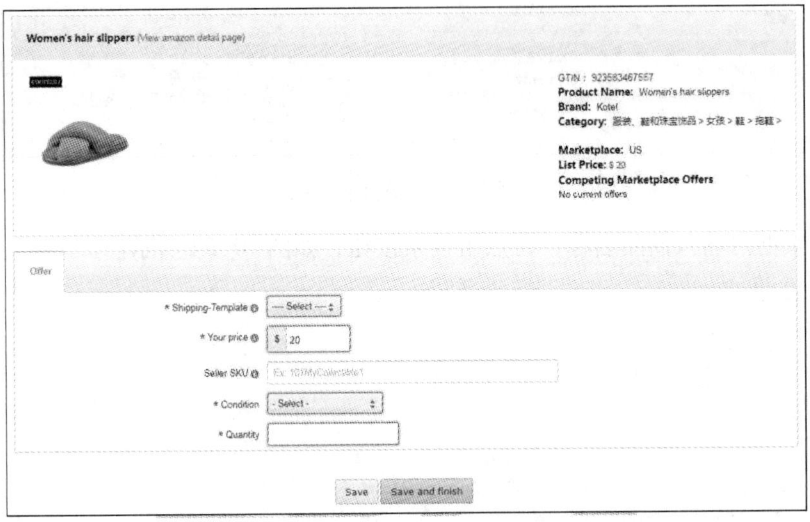

图 10-56　确认跟卖

跟卖成功后，可到“库存→管理库存”界面中查看。

10.2.4 库存处理

10.2.4.1 管理库存

这里的“管理库存”其实就是指管理已发布商品。商品发布成功后，会显示在“管理库存”页面中，我们可以对其进行修改、转换发货方式等。

操作步骤：进入卖家亚马逊后台→库存→管理库存。

在这里可以看到所有在售、不可售及所有配送类型（亚马逊 FBA 配送、卖家自配送）的产品。如果商品设置了不同的 Variations（变体），可点击“状态”栏中的“变体”字样展开，如图 10-57 所示。

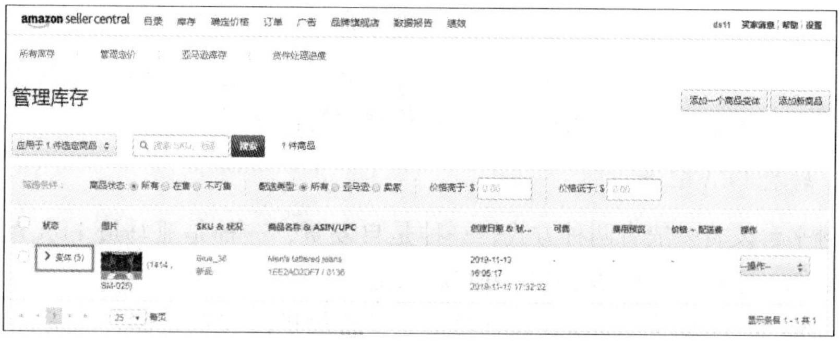

图 10-57 管理库存

展开后，能看到每个变体对应的相关信息，可直接在界面上修改它们的“可售数量”和“价格”，也可以点击右侧的“操作”按钮，进行编辑、管理图片、复制、转换为亚马逊配送、停售、删除及进入广告列表功能，如图 10-58 所示。

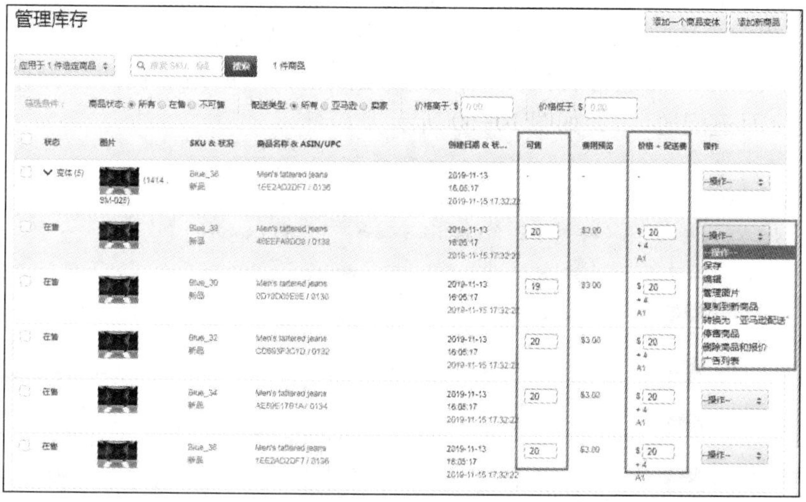

图 10-58 变体展开

也可以同时选中多个变体进行批量操作，如图 10-59 所示。

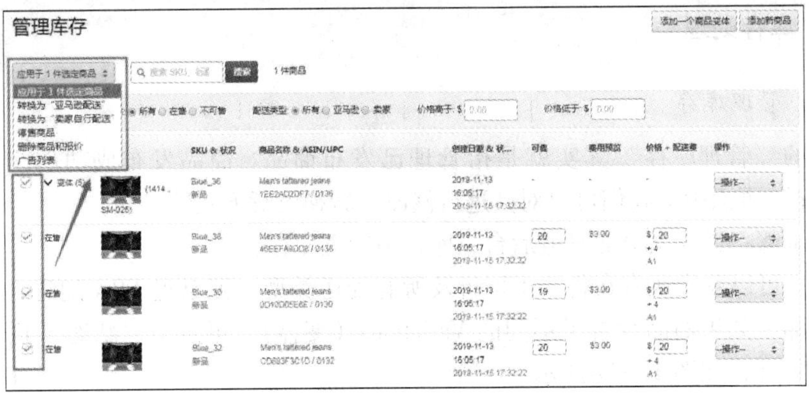

图 10-59　批量操作

注意：添加新商品时，配送类型默认都是“卖家自发货”，如果需要转换为“亚马逊 FBA 配送”，须在此处进行操作（具体操作步骤我们在下一节详解）。

10.2.4.2　转换 FBA 配送

亚马逊平台发货一般有两种方式，一种是自发货，一种是亚马逊 FBA 配送。默认为“自发货”，卖家可以手动将其转为 FBA 配送。

FBA 全称 fulfilment by Amazon，它是由亚马逊提供的包括仓储、拣货打包、派送、收款、客服与退货处理的一条龙式的物流服务，但不负责清关和中国派送至亚马逊仓库的服务。通俗来说就是，亚马逊卖家可以将库存放在亚马逊 FBA 仓，由亚马逊负责发货和售后。

操作步骤：进入卖家亚马逊后台→库存→管理库存，找到要转换为 FBA 配送的产品。注意：FBA 配送只适用于对美国的买家。如果一个产品既想做自发货又想做 FBA 配送，可以先跟卖该产品，然后将其中一个转换为 FBA 配送。

如果只对单个产品进行转换 FBA，就直接点击该产品最右侧的“操作”里面的“转换为‘亚马逊配送’”，如图 10-60 所示。

图 10-60　转换为亚马逊配送

如果是多个产品都要转换为 FBA 发货的，则在“状态”处打“√”，即全选，然后在“应用选定商品”下拉菜单选择“转换为‘亚马逊配送’”，如图 10-61 所示。

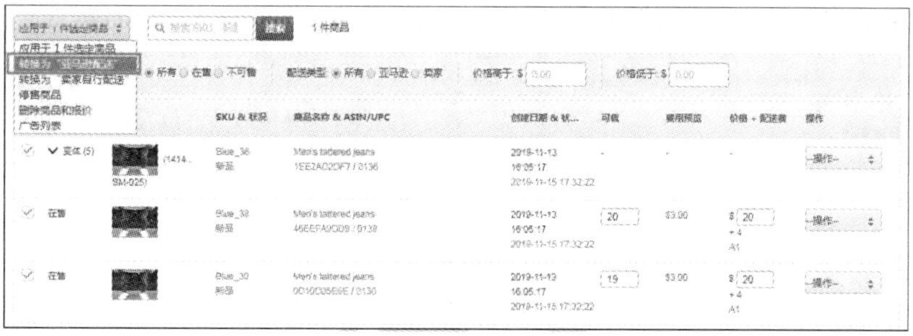

图 10-61　选择商品转换

接下来会跳到以下页面，点击“转换并发送库存”确认转换 FBA 发货。如果点击“只转换”，则需要后期补发货，如图 10-62 所示。

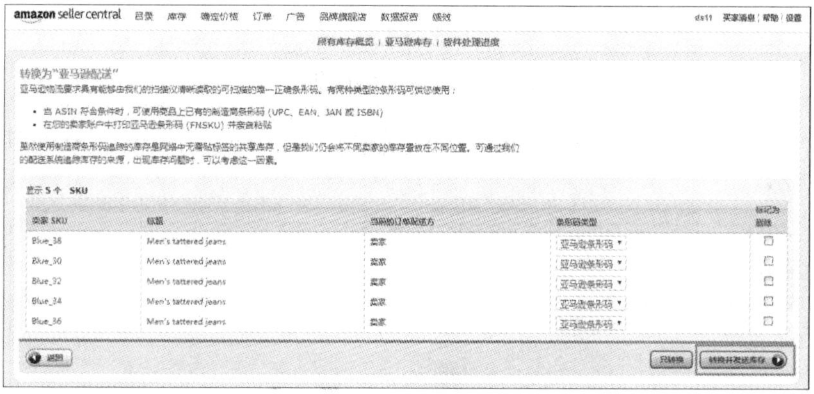

图 10-62　转换及库存

进入“发/补货”页面，一般情况下，选默认的“创建新的入库计划”，然后点击“添加地址发货”，如图 10-63 所示。

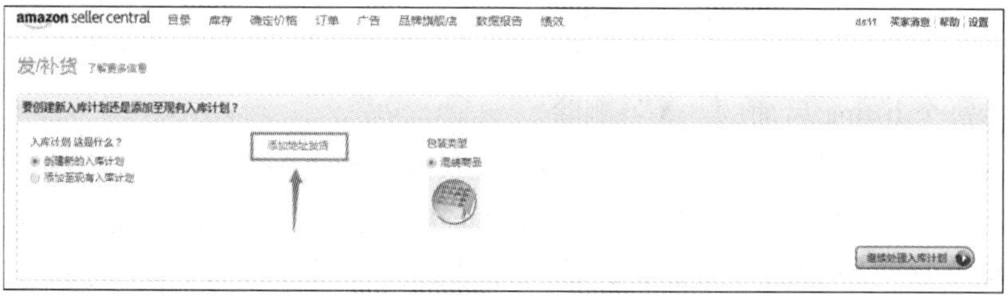

图 10-63　发/补货

第一次转换需要填写一个发货地址，即起运地，公司地址或者工厂地址都行。有需要的话也可以修改发货地址，填写时可以参考公司资料里的信息。带“ * ”内容是必填的。输入完成后点击“从该地址发货”，如图 10-64 所示。

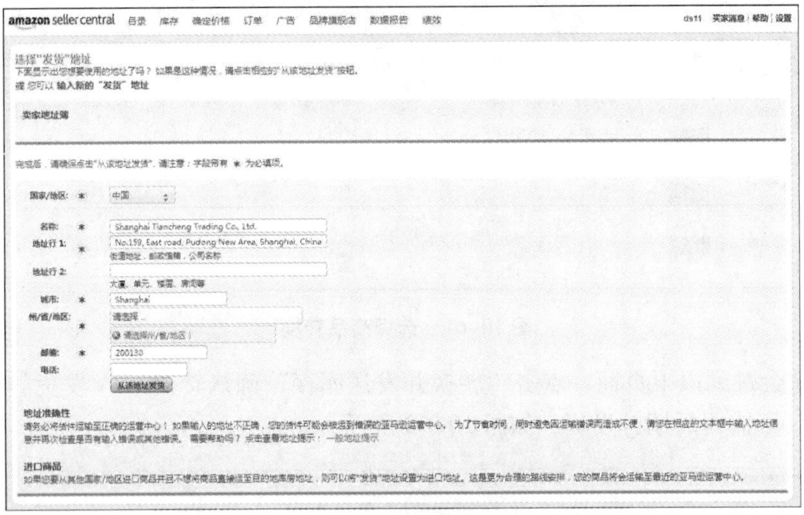

图 10-64 发货地址选择

回到刚才的画面，确定起运地、包装类型后，点击“继续处理入库计划”，如图 10-65所示。

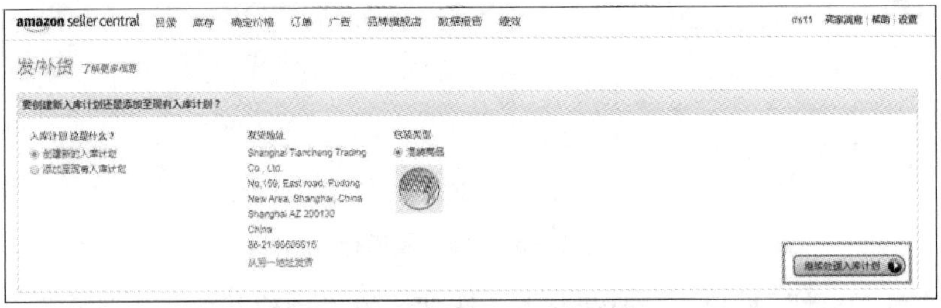

图 10-65 继续处理入库计划

点击后，下半页原来为灰色的界面会正常显示。这里“所有商品”会显示选为 FBA 发货的产品信息，如果卖家还需要新增 SKU，可点击“添加商品”；如果需要删除，则点击每个 listing 后面的“X”删除。

这里需要填写商品的数量以及商品的包装尺寸。所有发到 FBA 仓库的商品，都需要说明整个商品的包装尺寸。因为 FBA 入库的各项费用都是以商品包装的尺寸来收费的。可以参考 1688 网中的产品资料，输入产品的包装尺寸（长、宽、高）、包装重量和数量（这里的数量由卖家自行决定），全部输入完成后点击右下角的“继续”，如图 10-66 所示。

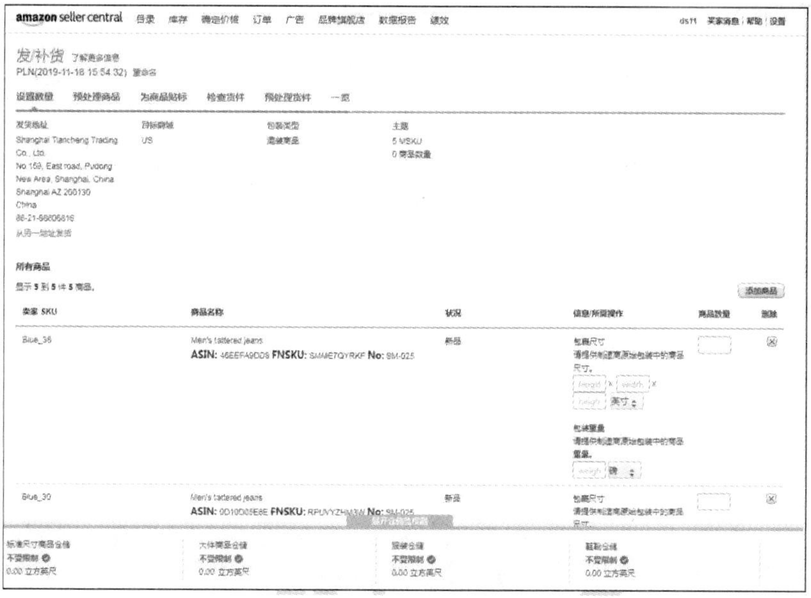

图 10-66　发/补货产品信息

接下来的步骤就是检查一下商品是否需要预处理。什么叫预处理呢？就是对于一些特别的商品，亚马逊要求这些商品在入库的时候需要进行一些特别的包装。这个页面告诉我们需要对哪些商品进行预处理。预处理商品主要包括：易碎品/玻璃，液体，服装、面料、毛绒玩具和纺织品，母婴用品，尖利物等。这些商品的特别的包装也可以选择让亚马逊为我们处理，但是会收取一定的费用。建议需要预处理的产品入库 FBA 前先做好预处理。确认后点击右下角“继续”，如图 10-67 所示。

图 10-67　预处理

下一个步骤就是打印标签：可以选择由亚马逊为我们打印标签还是自己打印标签。如果选择亚马逊，每一个商品需要额外支付 0.2 美元。所以一般建议卖家选择自己打印标签。选择完贴标方后，点击下方的“为此页面打印标签”，然后再点击“继续”，如图 10-68 所示。

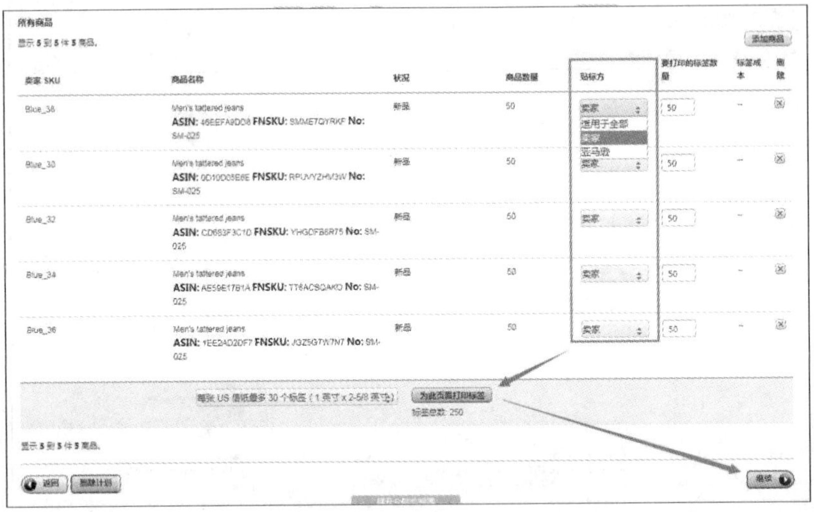

图 10-68　打印标签

接下来是检查货件环节。在这一环节，卖家应检查货件的起运地、包装类型、包含商品，商品准备费等信息。在这个页面，亚马逊也会有提示："您发往亚马逊的库存可能会根据卖家 SKU 被分成多个货件，我们将根据多种因素为每个货件分配运营中心，包括商品的尺寸和分类、您的地址等多种因素。"也就是说，卖家创建的产品可能会被分配到不同的 FBA 仓库，也有可能是全部发到一个 FBA 仓库，总之是亚马逊系统自动分配的。如果卖家不想分仓，可以提前在后台右上角"设置→亚马逊物流"的"库存配置选项"中设置合仓（合仓需要另外收取费用）。确认信息无误后，卖家也可以看到"目的地"，即 FBA 仓的地址。没问题的话，继续点击"确认货件"，如图 10-69 所示。

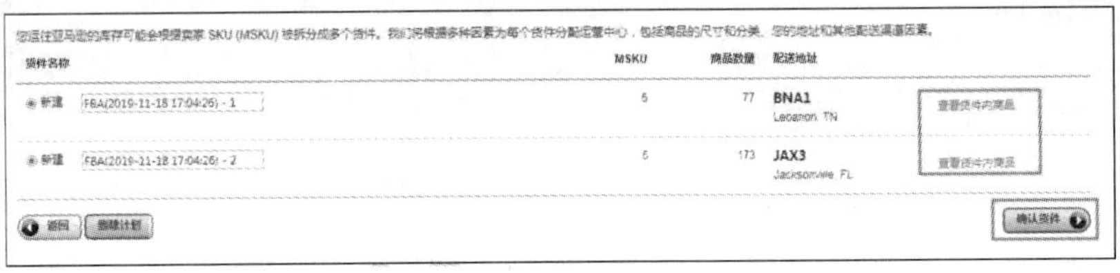

图 10-69　确认货件

下一步是处理货件，点击"处理货件"按钮，如图 10-70 所示。

图 10-70　处理货件

首先，检查货件中的商品。

此页面亚马逊有提示：卖家要确保发货实物的 SKU 和数量完全与创建时填写的一致。即卖家要对 SKU 品种和数量进行核对，保证不会选错和发错产品。

其次，选择配送服务。

运输方式分为小包裹快递（SPD）和汽运零担或整车运输（LTL/FTL）两种方式，一般是默认选择“小包裹快递”。

在右侧“其他承运人”下拉菜单中可选择头程发货的物流公司（分海运和空运两种），每家公司收费不同，具体可点击“查看 FBA 头程运输费用”，在其中查看详细收费标准，如图 10-71、图 10-72 所示。

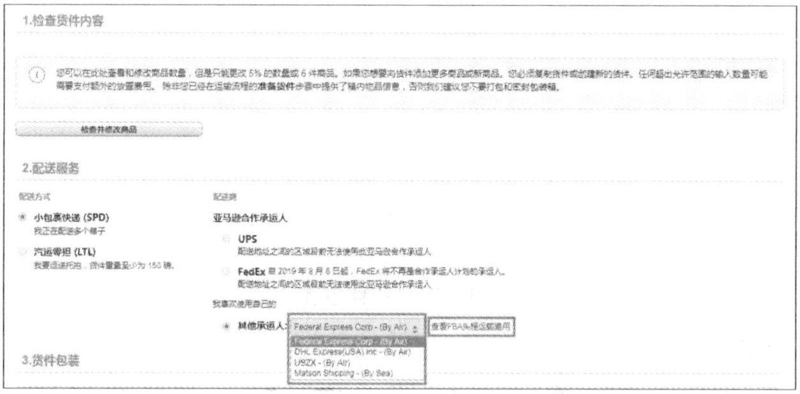

图 10-71　配送服务

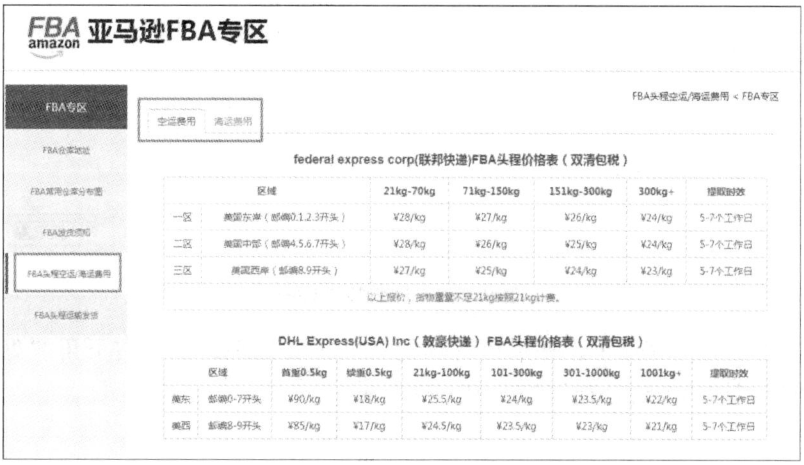

图 10-72　配送费用

再次，包装货件。

这里填写箱子的重量和尺寸，需参照 1688 网中的商品资料计算。

例如：某商品在 1688 网中查到包装重量为：0.55kg（1.21lb.），包装尺寸为 35cm×30cm×5cm（13.78in×11.81in×1.97in）。该箱子内货件数量一共为 77 件，则箱子重量应填写为：

1.21×77=93.17（lb.），箱子尺寸可填写为：13.78×11.81×151.69（或 151.58×82.67×1.97 或 13.78×129.91×13.79 等），只要保证箱子的体积=单件包装体积×货件数量即可。

填写完成之后，点击右下角“确认”按钮，如图 10-73 所示。

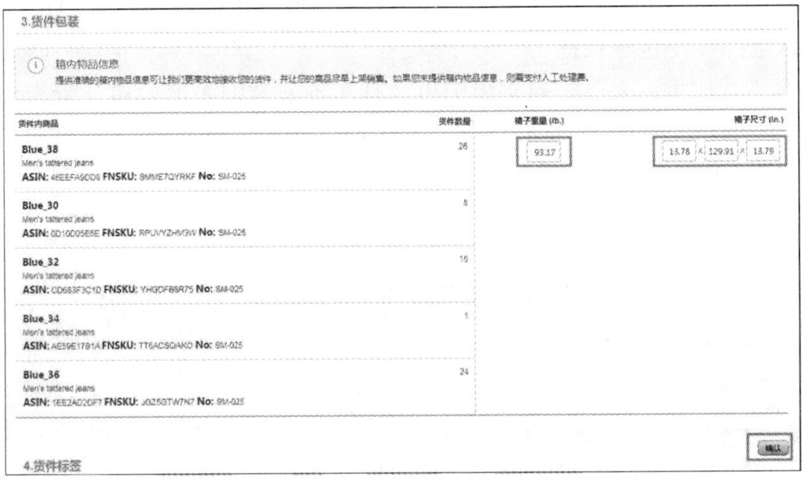

图 10-73　货件包装

最后，打印货件标签。

点击“打印箱子标签”，然后点击右下角“完成货件”，如图 10-74 所示。

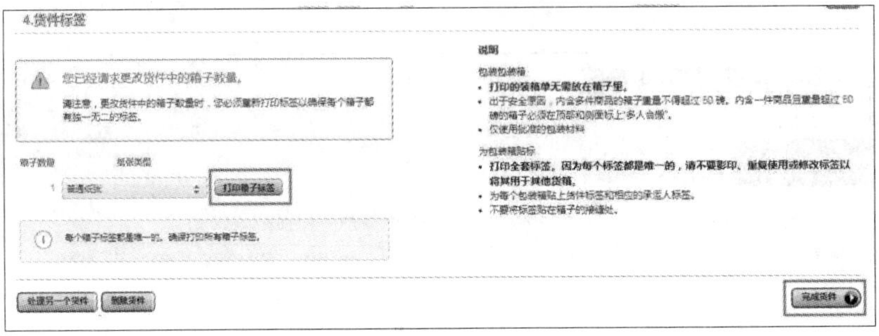

图 10-74　打印货件标签

该批货件就处理完成了，如果还有别的货件需要处理，点击右下角“处理另一个货件”，再以同样的方法处理，如图 10-75 所示。

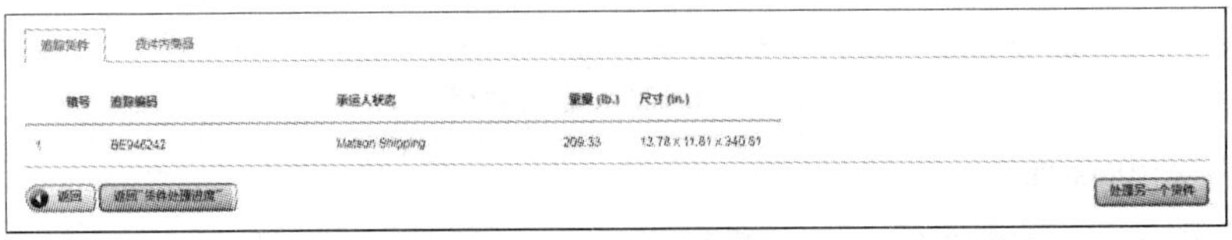

图 10-75　处理另一个货件

货件处理完成后，可以在库存→管理亚马逊货件页面中查看货件处理进度，如图 10-76所示。

图 10-76　货件处理进度

接下来，还需要进行 FBA 头程发货。

10. 2. 4. 3　FBA 头程发货

在前面的步骤中，如果将商品转换为 FBA 发货并完成了货件处理，这只是相当于提交了亚马逊 FBA 仓库的入仓计划，接下来还需要进行实际的头程发货操作，将货物先运输至亚马逊 FBA 仓库。这样等买家通过 FBA 下单后，FBA 才能代发货。

操作步骤：

发货之前，卖家需先采购货物。采购完成后，才能进行头程发货，具体步骤如下。

在实训首页上点击“亚马逊 FBA 专区”字样，如图 10-77 所示。

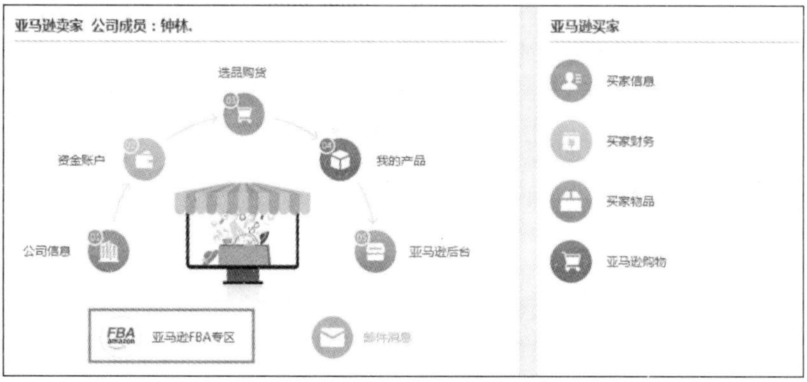

图 10-77　亚马逊 FBA 专区

在左侧菜单中点击“FBA 头程运输发货”，可以看到已完成入仓计划的列表，点击其对应的“发货”按钮，如图 10-78 所示。

图 10-78　亚马逊 FBA 专区

进入发货页面，首先需要分别填写发票范本、销售确认书、代理报关委托书及代理报检委托书。点击单据上的“修改”按钮，打开单据，按照下方的填写说明进行填写，填写过程中可使用左侧的辅助工具按钮，如图 10-79、图 10-80 所示。

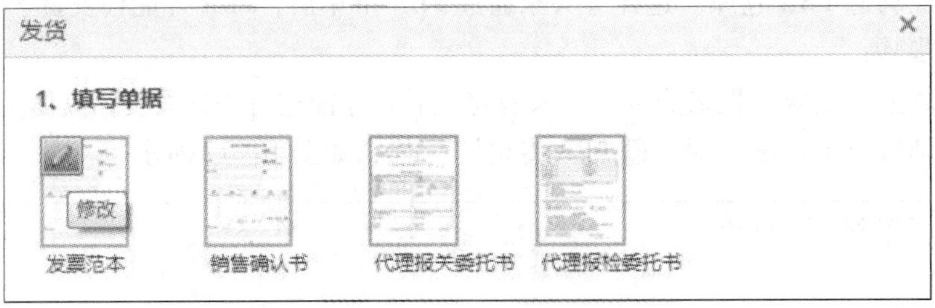

图 10-79　填写单据

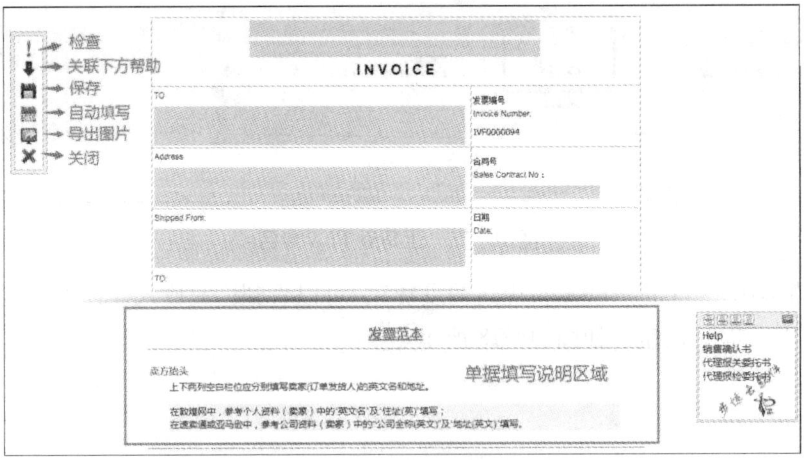

图 10-80　填写操作按钮

单据填写完成后，选择运输方式（应与处理入仓计划时选择的承运人一致），如果选择海运，还需要选择是整箱还是拼箱（可事先查询头程运输费用，计算后选择最划算的方式），然后点击“查看费用”，系统会自动显示本次运输费用。确认无误后再点击“确认发货”，如图 10-81 所示。

图 10-81 确认发货

发货完成。等待一段时间后，货物将进入亚马逊 FBA 仓库，可在亚马逊卖家后台的“库存-管理亚马逊货件”中查看发货状态。货物发到 FBA 仓库后，如果有买家下单，则由 FBA 自动配送，卖家无须再行发货。

10.2.5 广告营销

10.2.5.1 品牌注册/A+

所谓 A+页面就是图文版商品详情页面，通过它你可以使用额外的图片和文本进一步完善商品描述部分。换句话说，如果你已经成功通过了 Amazon 的品牌注册，你就可以在你的产品描述页面添加图片和文字信息了。

在这里我们分两部分来说明：品牌注册和亚马逊 A+。点击下面的菜单分别查看其说明。

（1）品牌注册

要想制作 A+页面，需要先完成品牌注册。

操作步骤：进入卖家亚马逊后台→广告→A+页面，如图 10-82 所示。

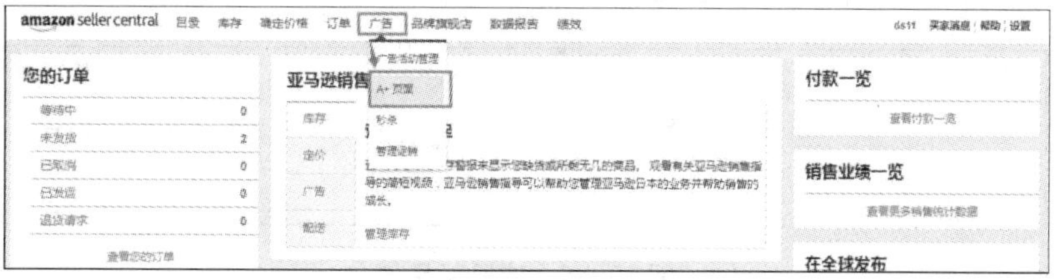

图 10-82 A+页面

进入页面后，点击“开始注册您的品牌”，如图 10-83 所示。

图 10-83　注册品牌

根据公司资料录入各项信息，然后点击最下方的“创建账户”，如图 10-84 所示。

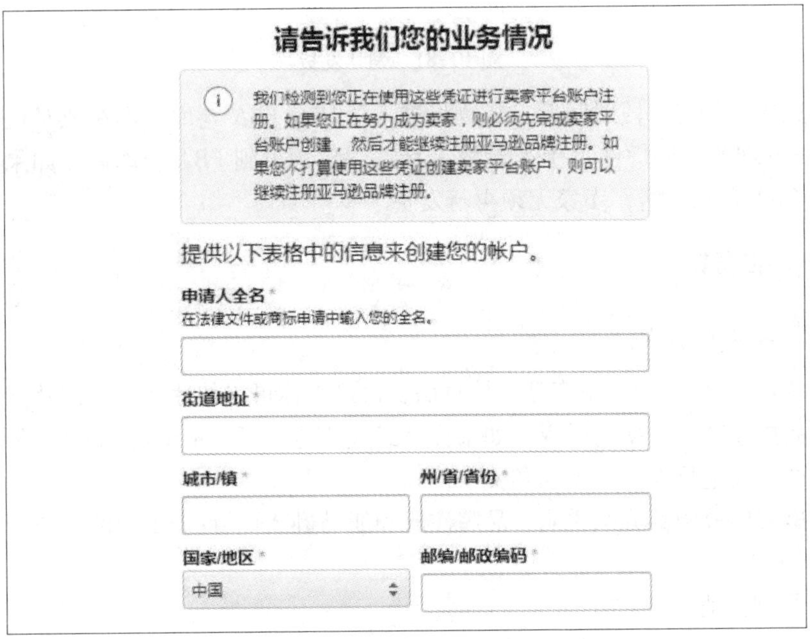

图 10-84　创建账户

接下来点击“注册新品牌”，如图 10-85 所示。

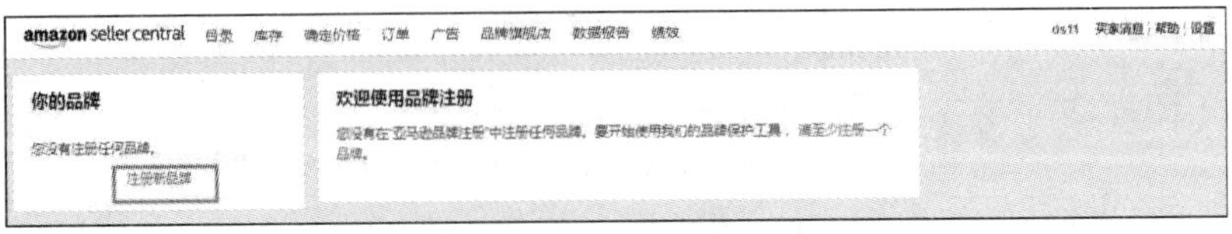

图 10-85　注册新品牌

输入品牌名称，再点击“下一页”，如图 10-86 所示。

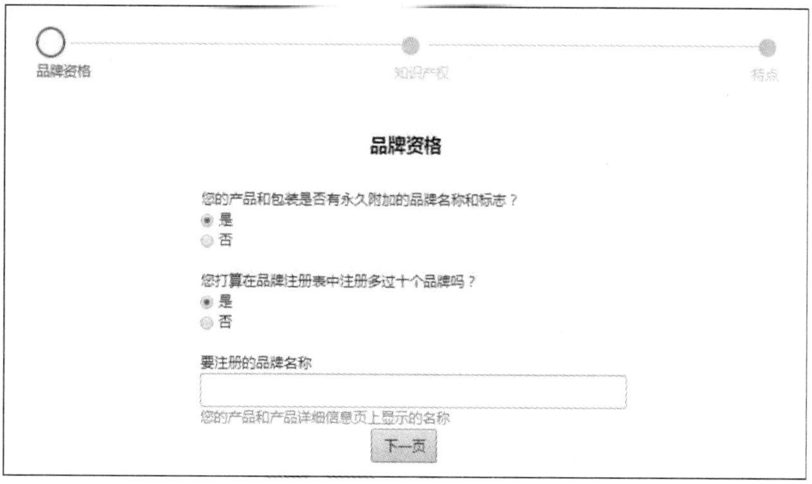

图 10-86 输入品牌名称

输入知识产权信息，再点击“下一页”，如图 10-87 所示。

图 10-87 输入知识产权信息

填写更多完整信息，最后点击“提交申请表”，如图 10-88 所示。

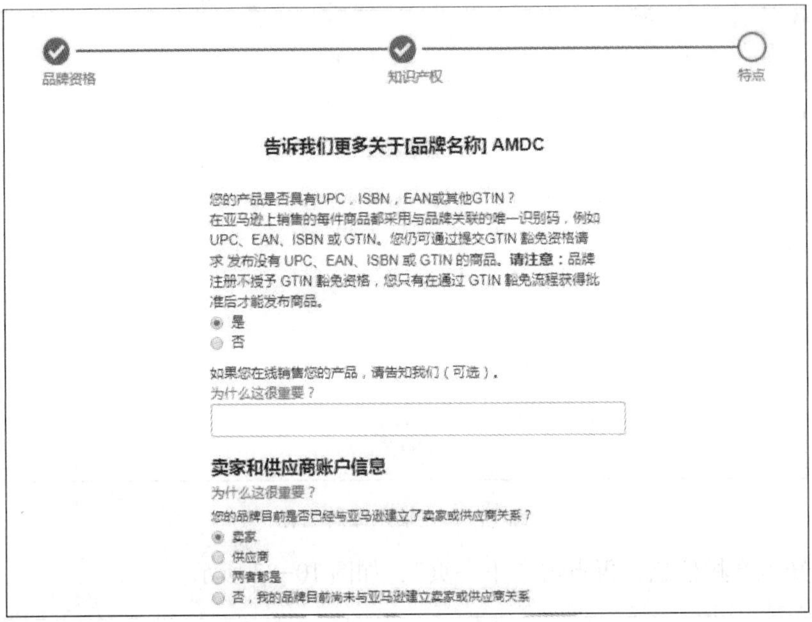
品牌资格
知识产权
特点
告诉我们更多关于[品牌名称] AMDC
您的产品是否具有UPC，ISBN，EAN或其他GTIN？
在亚马逊上销售的每件商品都采用与品牌关联的唯一识别码，例如UPC、EAN、ISBN 或 GTIN。您仍可通过提交GTIN 豁免资格请求 发布没有 UPC、EAN、ISBN 或 GTIN 的商品。请注意：品牌注册不授予 GTIN 豁免资格，您只有在通过 GTIN 豁免流程获得批准后才能发布商品。
是
否
如果您在线销售您的产品，请告知我们（可选）。
为什么这很重要？
卖家和供应商账户信息
为什么这很重要？
您的品牌目前是否已经与亚马逊建立了卖家或供应商关系？
卖家
供应商
两者都是
否，我的品牌目前尚未与亚马逊建立卖家或供应商关系

图 10-88　提交申请

申请成功，如果还要注册其他品牌，可继续申请。

（2）亚马逊 A+

品牌注册完成后，再次进入卖家亚马逊后台→广告→A+页面，输入要创建图文版商品描述的商品的父 SKU（可在“管理库存”界面中查看），点击“开始”搜索到相应商品后，再点击“Create Enhanced Product Description”（创建进一步的产品描述）按钮，如图 10-89 所示。

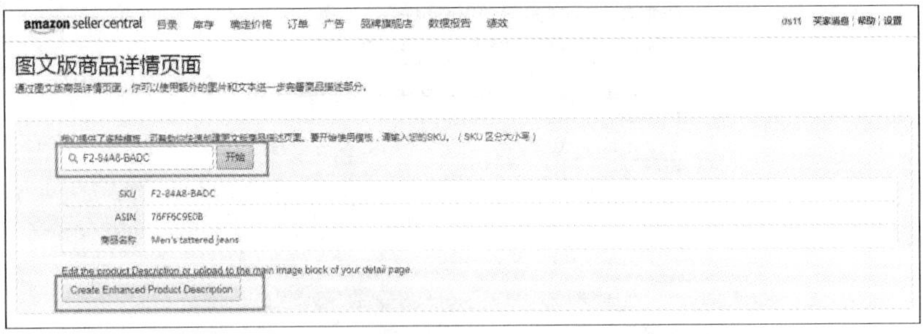
amazon seller central
图文版商品详情页面
F2-84A8-BADC
开始
SKU F2-84A8-BADC
ASIN 76FF6C9E0B
Men's tattered jeans
Create Enhanced Product Description

图 10-89　图文版商品详情页面

第一步，选择想要的模板，再点击“下一步”，如图 10-90 所示。

图 10-90　选择模板

第二步，编辑内容，可自由上传图片与商品描述（英文），编辑完成后再点击“提交并保存”，如图 10-91 所示。

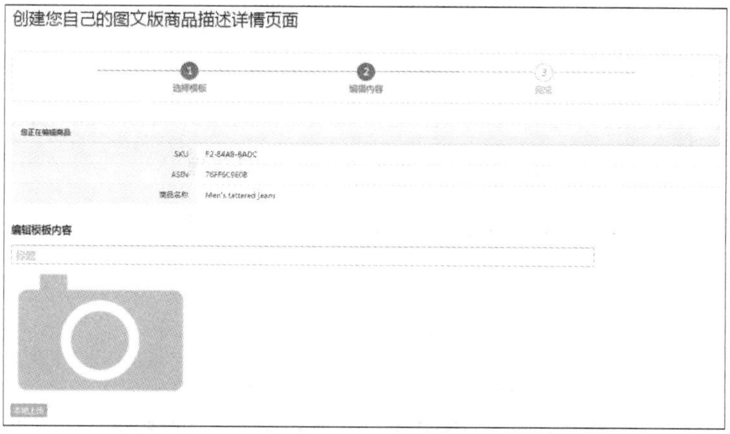

图 10-91　编辑内容

提交后，该模板会显示在 A+列表中，可再次编辑，也可再创建其他商品的 A+页面，如图 10-92 所示。

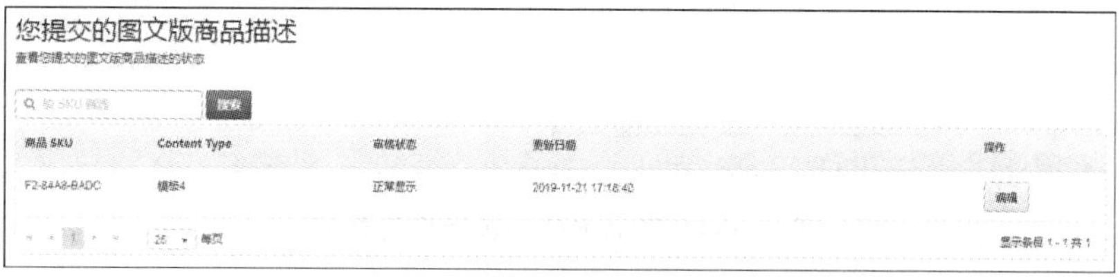

图 10-92　创建其他商品

10.2.5.2 广告活动

通过亚马逊推广商品可以帮助你提高品牌知名度，并吸引到搜索的商品与你的商品类似的买家。使用按点击量付费的广告时，你可以使用广告活动管理工具和报告管理你的广告活动。你可以查看自己支付的广告点击费用、定位买家使用的关键词，并衡量广告活动的影响；可以随时调整预算和竞价，以便测试怎样做效果最好，并测试新的关键词。

广告活动主要包含商品推广和品牌推广。

（1）商品推广

商品推广用于推广在亚马逊上销售的单个商品。需要选择要推广的商品、指定要定位的关键词或商品属性，并输入每次点击费用金额。当买家搜索一个或多个卖家定位的目标时，该广告就会显示。当买家点击商品推广广告时，他们会进入推广的商品的详情页面。

操作步骤：进入卖家亚马逊后台→广告→广告活动管理，点击“创建广告活动”，如图 10-93 所示。

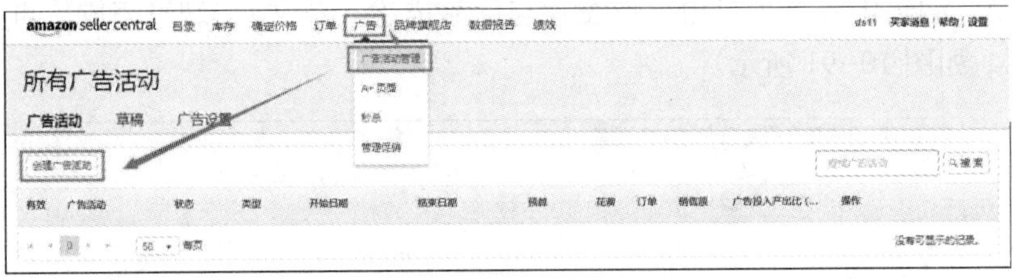

图 10-93　商品推广→广告活动管理

选择“商品推广”，点击“继续”按钮，如图 10-94 所示。

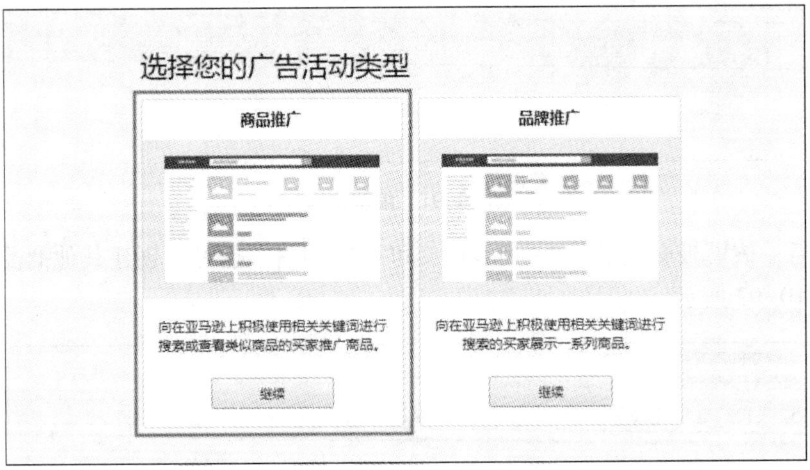

图 10-94　商品推广→选择广告类型

设置活动名称、时间、预算及竞价策略，选择要加入推广的商品，输入关键词，最后点击右下方“启动广告活动”按钮，如图 10-95 所示。

图 10-95　**商品推广→创建广告活动**

创建成功。商品推广过程中，相关费用会自动从你的信用卡账户中扣除。

（2）品牌推广

品牌推广可以提高商品的知名度。卖家制作的广告素材包括头条、徽标和商品图片。当买家点击你的品牌推广广告时，你可以指定将他们转到你的亚马逊品牌旗舰店，或者转到亚马逊上显示你的商品的任何页面。

操作步骤：进入卖家亚马逊后台→广告→广告活动管理，点击“创建广告活动”，如图 10-96 所示。

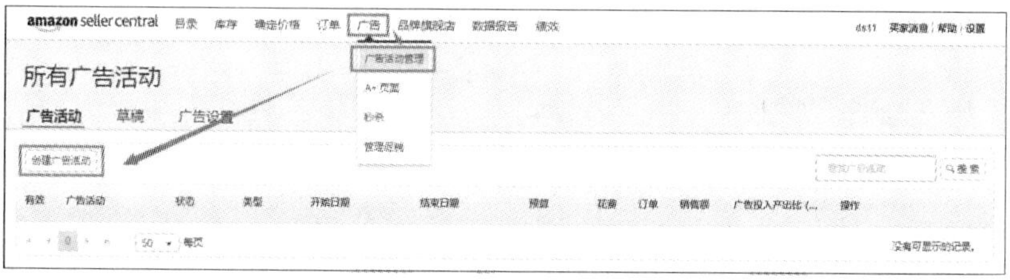

图 10-96　**品牌推广→广告活动管理**

选择品牌推广，点击“继续”按钮，如图 10-97 所示。

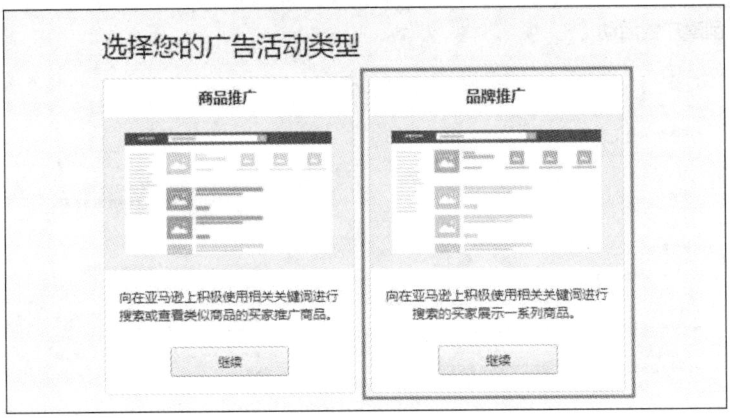

图 10-97 品牌推广→选择广告类型

设置活动名称、时间、预算及竞价策略，输入品牌信息，选择要加入推广的商品，输入关键词，最后点击右下方“启动广告活动”按钮，如图 10-98 所示。

图 10-98 品牌推广→创建广告活动

创建成功。品牌推广过程中，相关费用会自动从你的信用卡账户中扣除。

10.2.5.3 秒杀/促销

促销活动：平台为了促进卖家成长，增加更多的曝光及交易机会，定期或不定期地组织卖家发起不同于日常销售的特殊销售行为及活动。促销活动包括多种方式，卖家可根据需要选用。

以下分别介绍秒杀、免运费、购买折扣及买一赠一活动。点击下面的菜单分别查看其说明。

（1）秒杀

操作步骤：进入卖家亚马逊后台→广告→秒杀，点击“创建新秒杀”，如图 10-99 所示。

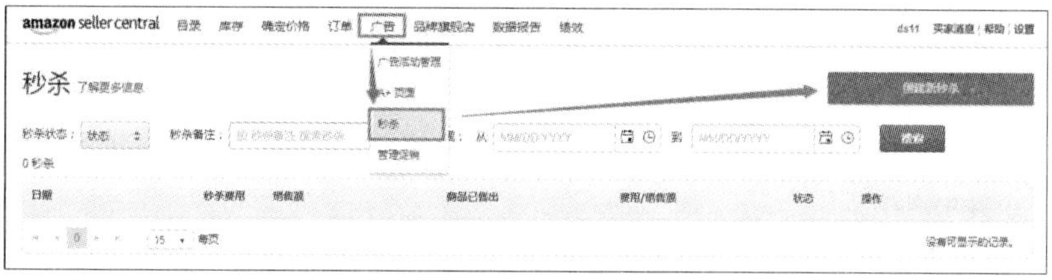

图 10-99 创建新秒杀

选择要设置秒杀活动的商品，点击其对应的“高级编辑”按钮，如图 10-100 所示。

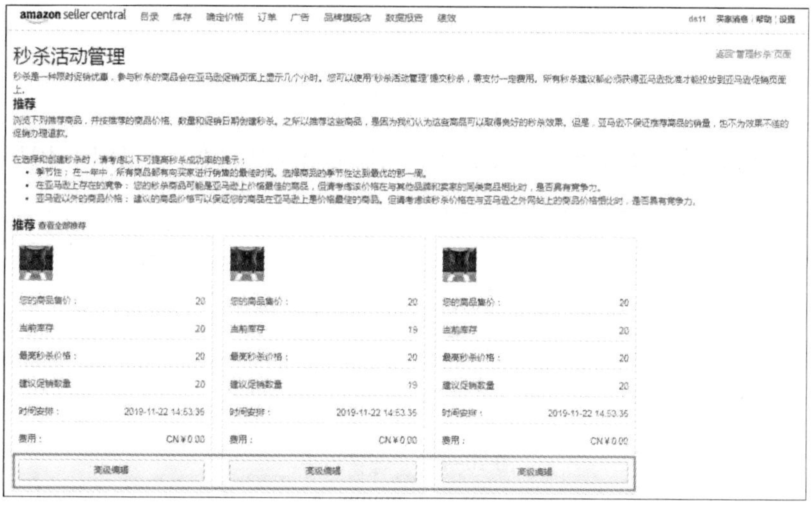

图 10-100 编辑秒杀

输入秒杀备注、时间安排、促销价格及促销数量，然后点击“提交”按钮，如图 10-101所示。

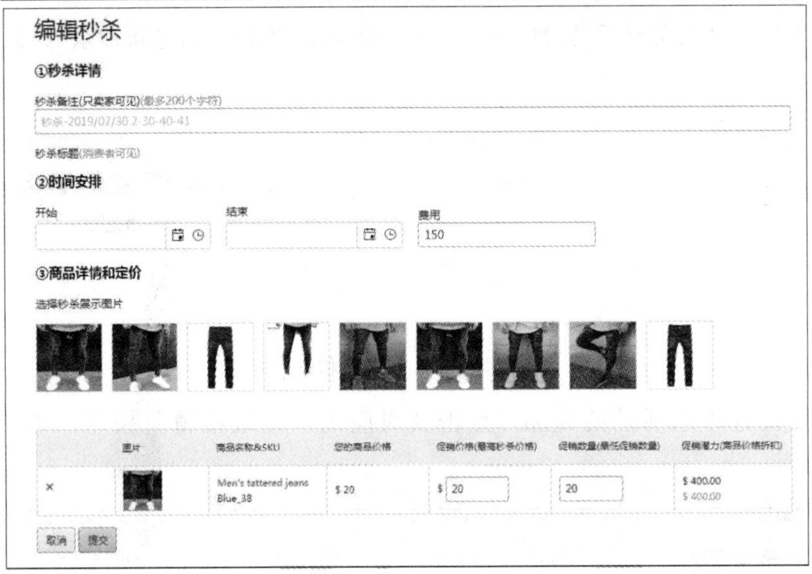

图 10-101　提交秒杀

提交成功后，可在秒杀页面列表中查看该条记录及其状态，如图 10-102 所示。

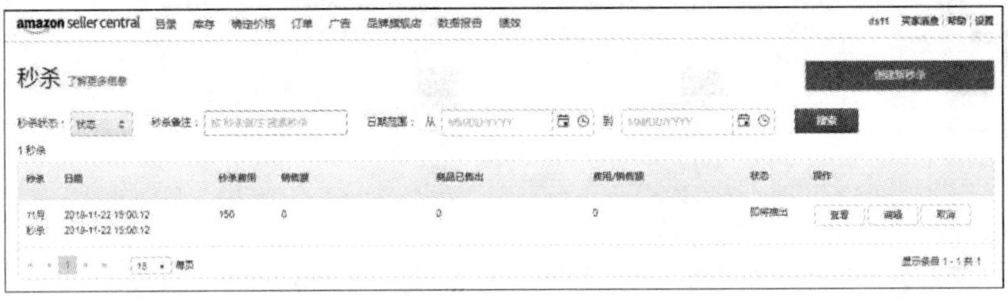

图 10-102　查看秒杀

（2）免运费

操作步骤：进入卖家亚马逊后台→广告→管理促销，点击“免运费”项对应的“创建”按钮，如图 10-103 所示。

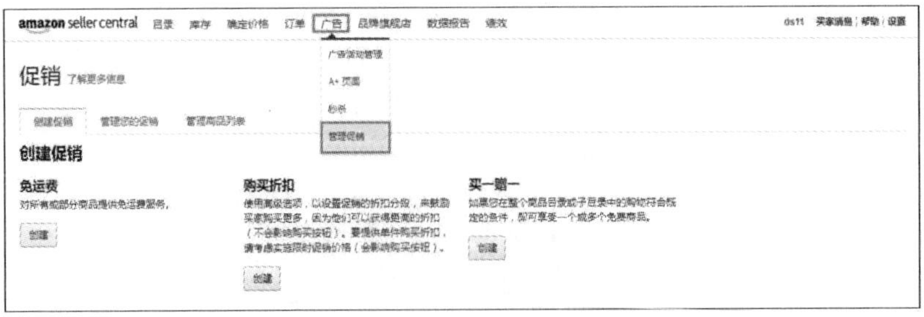

图 10-103　创建免运费

选择促销条件，设置促销时间，然后点击“保存”按钮，如图 10-104 所示。

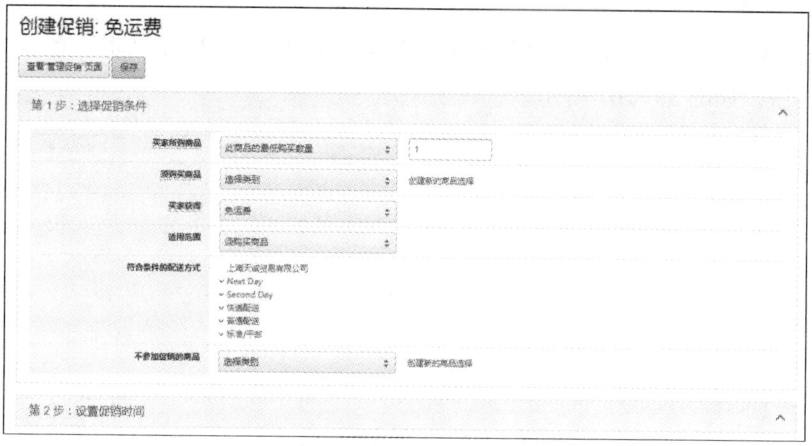

图 10-104　编辑免运费

（3）购买折扣

操作步骤：进入卖家亚马逊后台→广告→管理促销，点击“购买折扣”对应的“创建”按钮，如图 10-105 所示。

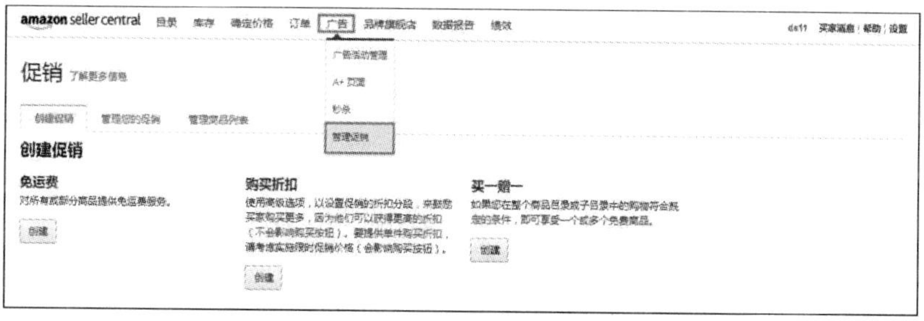

图 10-105　创建购买折扣

选择促销条件，设置促销时间，然后点击“保存”按钮，如图 10-106 所示。

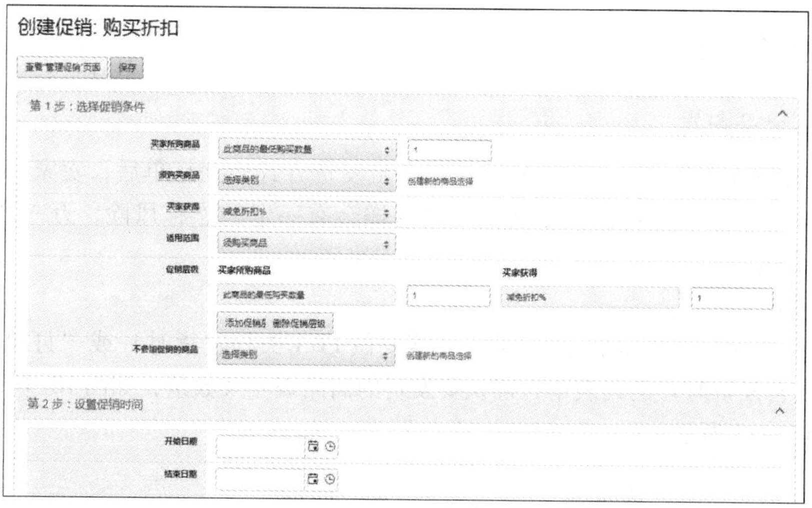

图 10-106　编辑免运费

（4）买一赠一

操作步骤：进入卖家亚马逊后台→广告→管理促销，点击“买一赠一”对应的“创建”按钮，如图 10-107 所示。

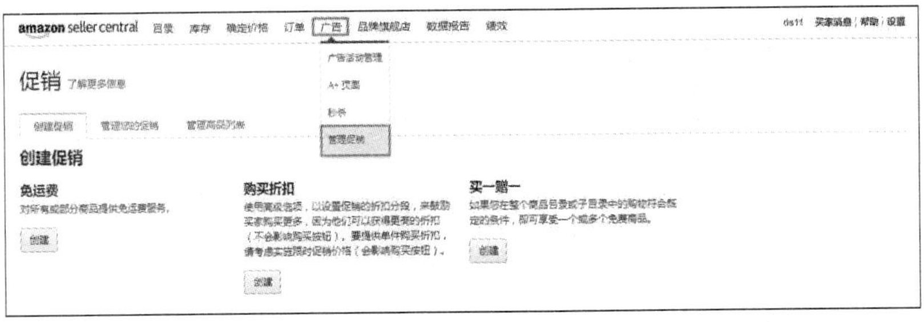

图 10-107　创建买一赠一

选择促销条件，设置促销时间，然后点击“保存”按钮，如图 10-108 所示。

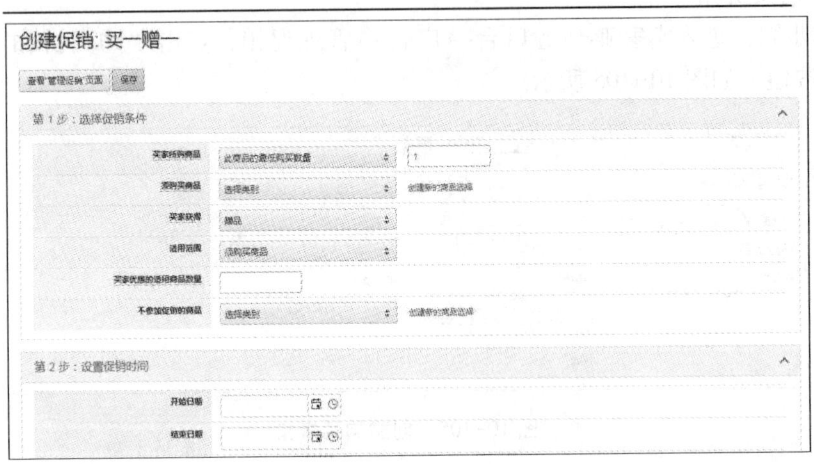

图 10-108　编辑买一赠一

10.2.6　处理订单

10.2.6.1　产品备货

当采用 FBA 配送需要头程发货时，或者自发货方式接到订单后，卖家都需要进行备货。当然，卖家也可以提前备货，不过这样会有一定的库存风险，万一产品滞销，可能会造成损失。

操作步骤：

首先在“库存→管理亚马逊货件”（需要做 FBA 头程发货时）或“订单→管理订单”（需要自发货时）的列表中，确认要发货的商品编号及数量，如图 10-109、图 10-110、图 10-111 所示。

图 10-109　管理亚马逊货件

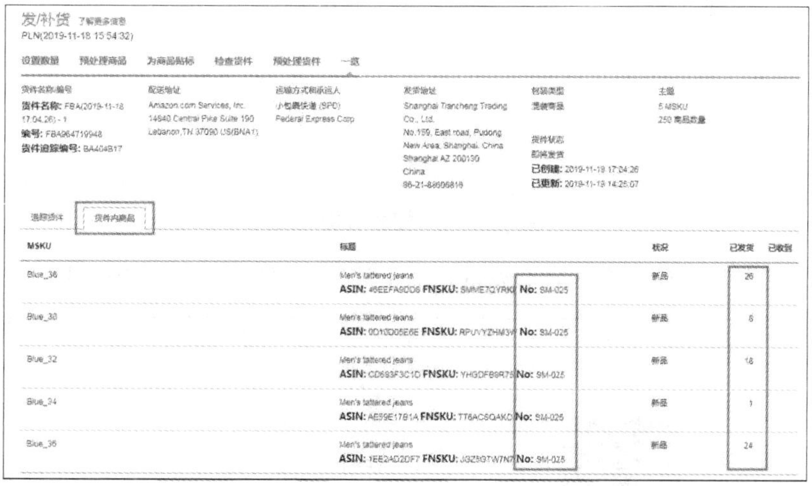

图 10-110　管理商品

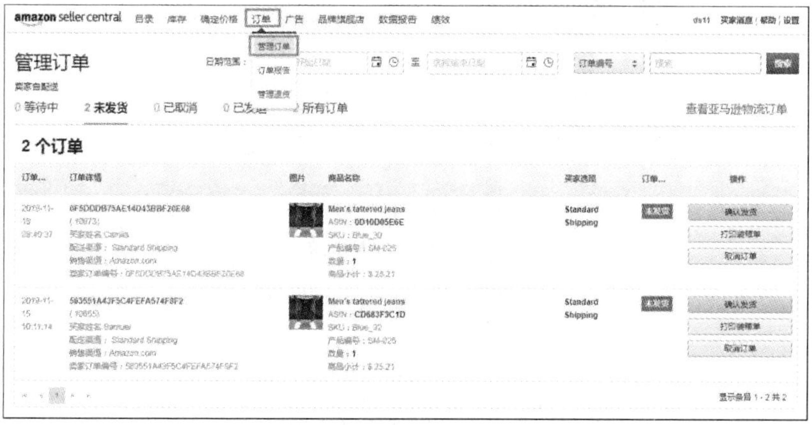

图 10-111　确认发货

然后回到实训首页，点击“选品购货”字样，进入 1688 网首页，直接在上方搜索框中输入产品编号进行搜索，如图 10-112 所示。

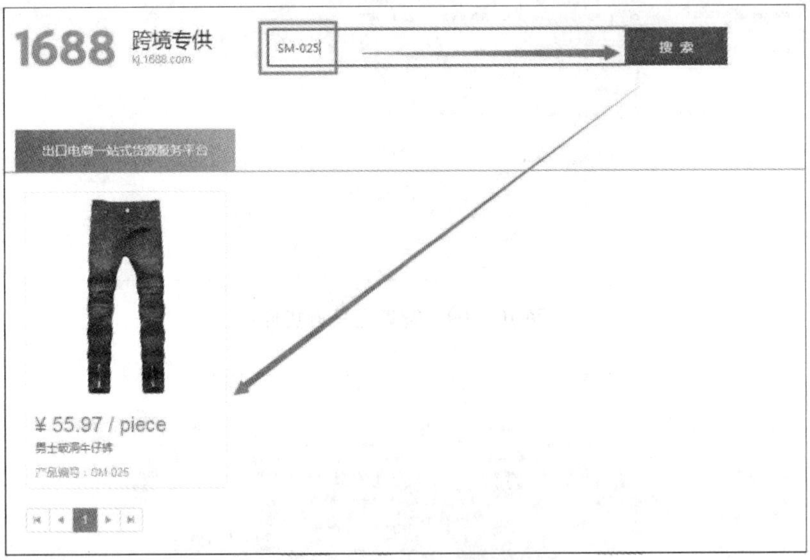

图 10-112　搜索订货商品

找到要购买的产品，输入订购数量，点击“立即订购”，如图 10-113 所示。

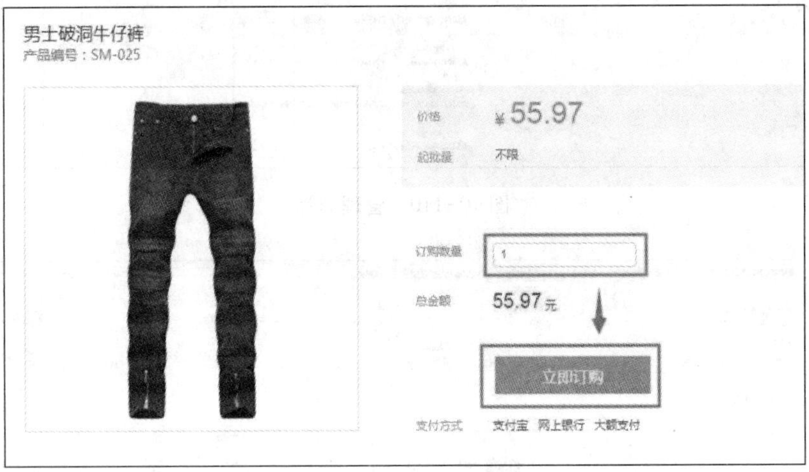

图 10-113　订购商品

选择支付方式（默认），再点击“立即支付”，如图 10-114 所示。

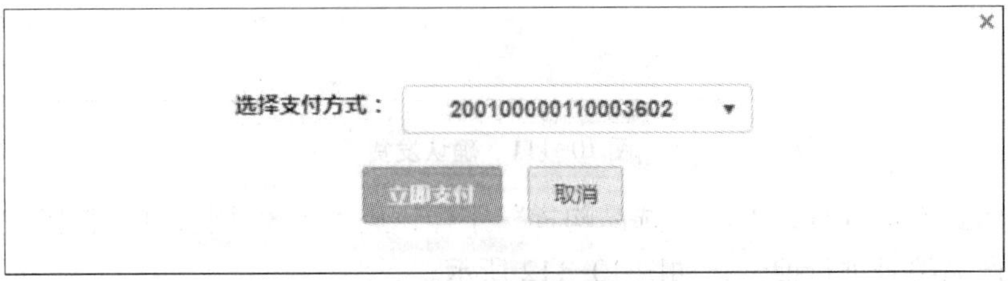

图 10-114　支付购买

订货成功之后，可回到首页进入“我的产品”（库存）页面查看库存情况，也可进入“资金账户”界面查看费用支出。

10.2.6.2　卖家自发货

卖家接到买家已付款的订单，且在库存中备好货物以后，就可以准备发货。

操作步骤：

进入卖家亚马逊后台→交易→管理订单，找到“未发货”项下的订单，如图 10-115 所示。

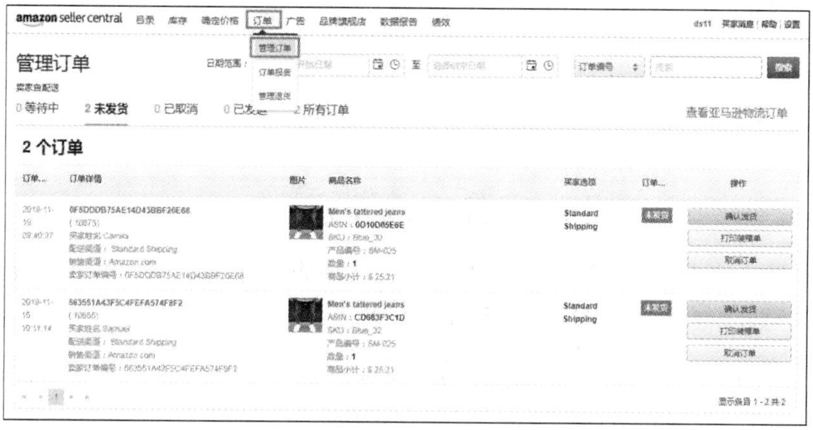

图 10-115　管理未发货订单

点击订单标题蓝色字体，进入订单详情页，可以查看买家的地址信息、成交价格等，还可以写备注（仅供卖家自己查看），如图 10-116 所示。

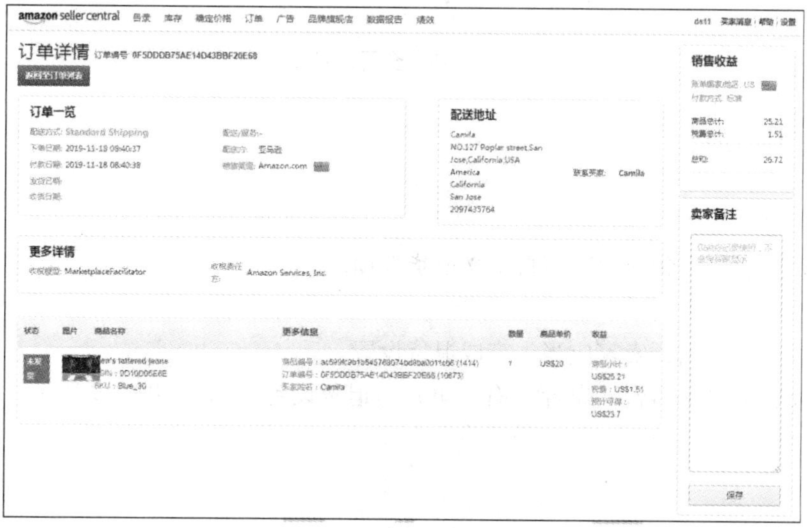

图 10-116　订单详情

确认订单信息后，回到管理订单页面，点击订单对应的“确认发货”按钮，进入发货页面。选择承运人（不同承运人运费不同，可先点击“下载线下物流报价”查看运费），输入配送服务和快递运单号（自行填写），然后点击“确认发货”按钮，如图

10-117 所示。

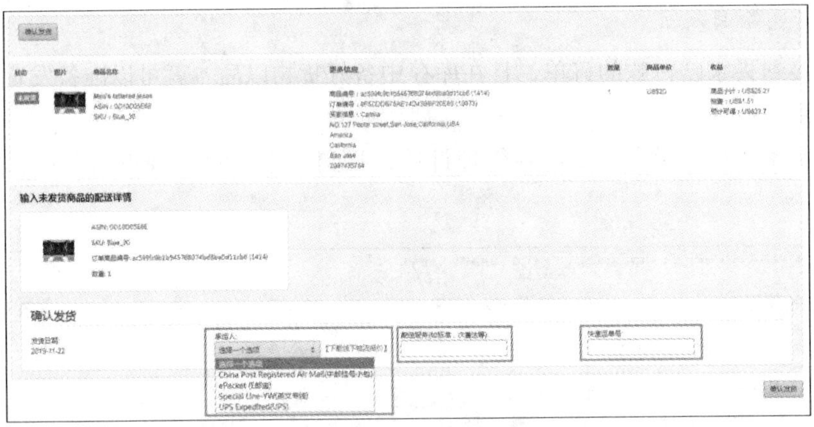

图 10-117　**确认发货**

发货成功，可在“订单管理→已发运”列表中查看相关状态。另外系统自动收取运费，可在财务中查看，如图 10-118 所示。

图 10-118　**查看已发货**

10. 2. 7　管理退货

10. 2. 7. 1　退货设置

卖家可以通过退货设置页面自定义退货选项。

操作步骤：

在产生订单之前，卖家应当先完成退货设置。

进入卖家亚马逊后台→设置（右上角）→退货设置，如图 10-119 所示。

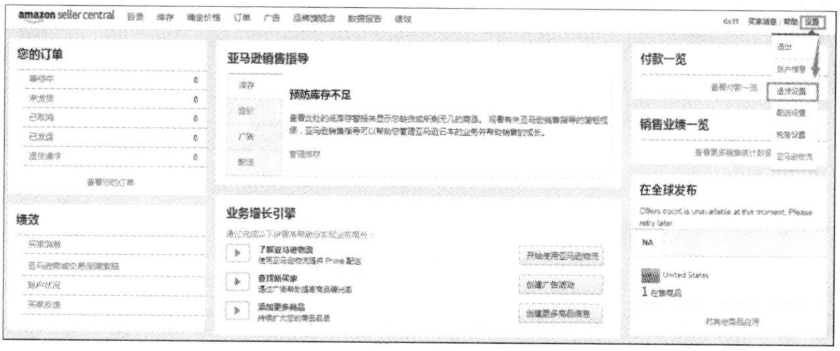

图 10-119　点击退货设置

很多卖家一般都有 FBA 和 FBM 两种渠道发货，但都会遇到同样的问题，那就是买家对商品不满意，要求退货。

由于 FBA 都是由亚马逊物流直接负责，因此该种渠道的买家退货都是退回亚马逊仓库，无须卖家负责。但 FBM 是由卖家自己发货，退货的问题也须由卖家自己解决。很多低货值产品卖家可能就直接送给客户了，一般都是退款了之。但是货值高的产品，卖家一般还是会选择让客户退货，不然亏损会比较大。

退货设置包括常规设置、无法退还商品的退款及退货地址设置三个部分，如图 10-120 所示。卖家可以根据自己的需要进行设置。

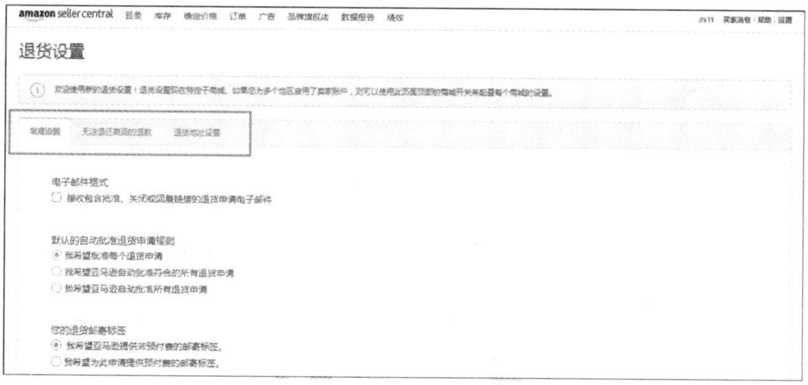

图 10-120　退货设置

10.2.7.2　管理退货

如果是卖家自发货的订单，当卖家发货后，买家申请退货，卖家就需要进行处理（FBA 配送订单无须处理退货，由 FBA 仓库自动处理）。

操作步骤：

进入卖家亚马逊后台→订单→管理退货，在“需要授权”菜单中找到需要处理的退货申请，点击其对应的“授权请求”按钮，如图 10-121 所示。

图 10-121　授权请求

确认退货地址（可事先在“退货设置”中进行编辑），然后点击“批准请求”，如图 10-122 所示。

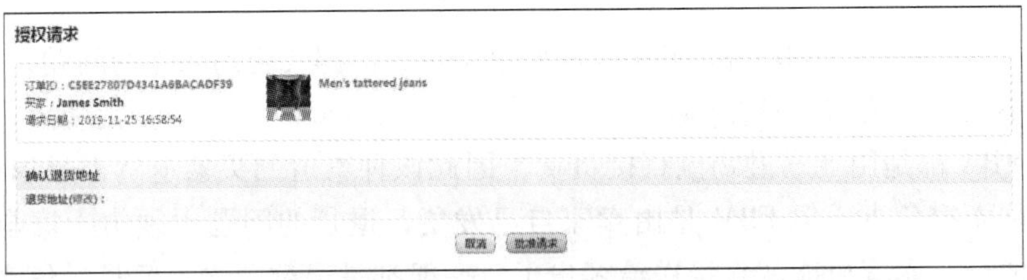

图 10-122　批准请求

回到管理退货页面，接下来点击“同意退款”按钮，如图 10-123 所示。

图 10-123　同意退款

选择“全部退款”或“部分退款”，输入退款金额及退款理由，接下来点击提交按钮，如图 10-124 所示。

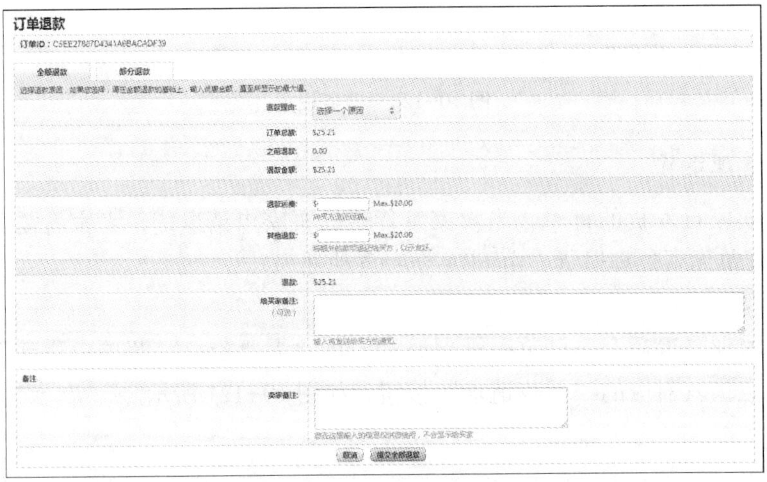

图 10-124　提交退款

退款成功，可在“已完成”列表中查看，系统将自动把货物退回卖家。

10.3　买家操作步骤

10.3.1　注册认证

10.3.1.1　填写个人资料

实训中，每个学生不仅拥有卖家身份（公司），而且拥有一个买家身份（个人）。在担任买家进行实训之前，学生需要先填写一些个人资料，如买家收货地址等，然后才能进入亚马逊买家中心进行操作。

操作步骤：

在实训首页上的亚马逊买家中心点击“买家信息”字样，进入填写个人资料的界面，如图 10-125 所示。

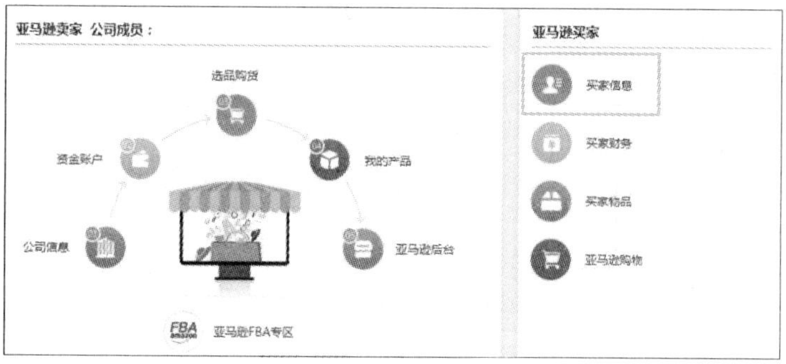

图 10-125　买家信息

系统提供了近 50 个国家供买家选择，相关的地址、城市等资料也应该根据国家来填写，填写完成后点击“提交”，如图 10-126 所示。

图 10-126　个人资料填写

提交后，相关资料不可再修改。

10.3.1.2　申请信用卡

在模拟实训过程中，学生以买家身份（个人）进行订单支付时，均使用信用卡进行结算。因此，买家需要先申请信用卡才能进行支付订单等操作。

操作步骤：

在实训首页上的“亚马逊买家中心”点击“买家财务”字样，进入财务页面，点击左侧“填写信用卡申请表”，如图 10-127 所示。

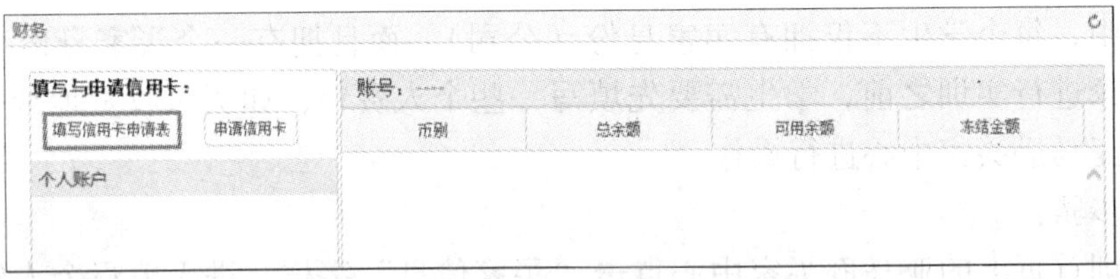

图 10-127　申请信用卡

在弹出页面中点击“添加”按钮，添加一张信用卡申请表，再打开进行填写，如图 10-128 所示。

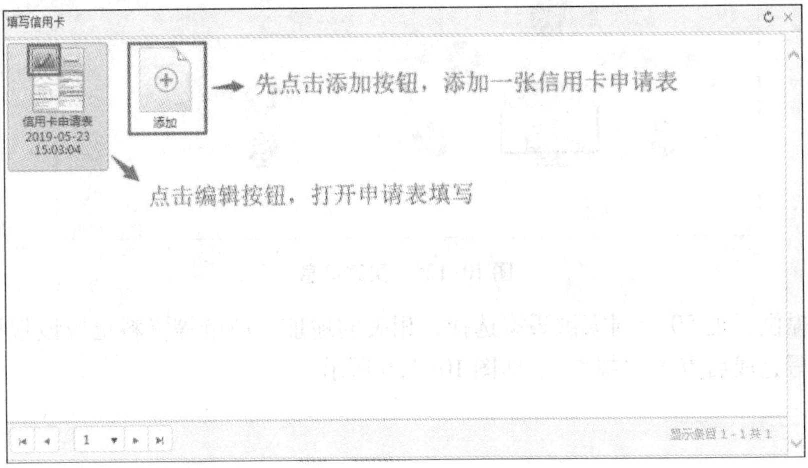

图 10-128　添加申请表

填写完成后点击左边“！”检查（如图 10-129 所示），如果单据标题处打上绿色的“√”，说明填写通过可以使用。

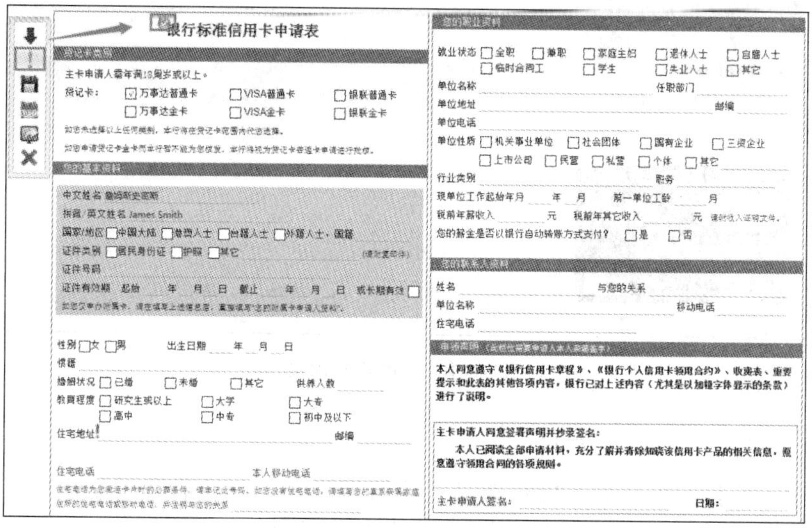

图 10-129　**填写申请表**

填写通过后，回到财务页面，再点击“申请信用卡”，点击单据上的“+”，将信用卡申请表添加到右侧“已选择的单据”中，然后再点击右下方“确定”进行提交，如图 10-130 所示。

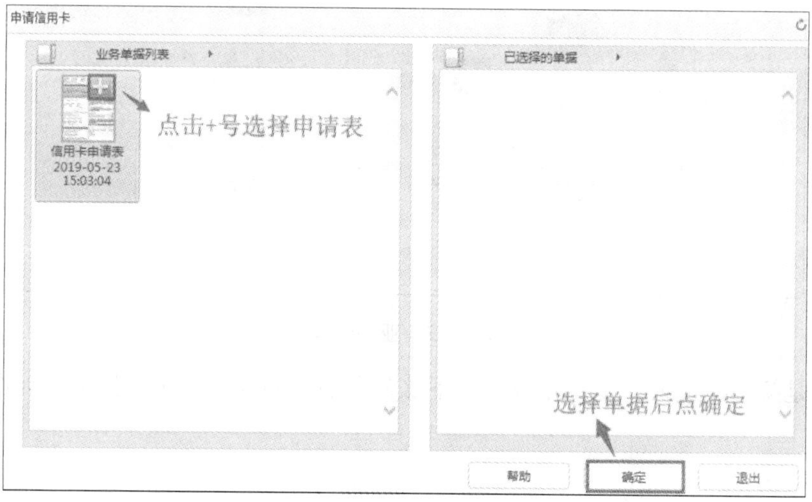

图 10-130　**提交申请**

信用卡申请成功后，回到“财务”页面（需刷新），即可看到个人账户中的信用卡，点击信用卡可查询卡内可用余额，如图 10-131 所示。

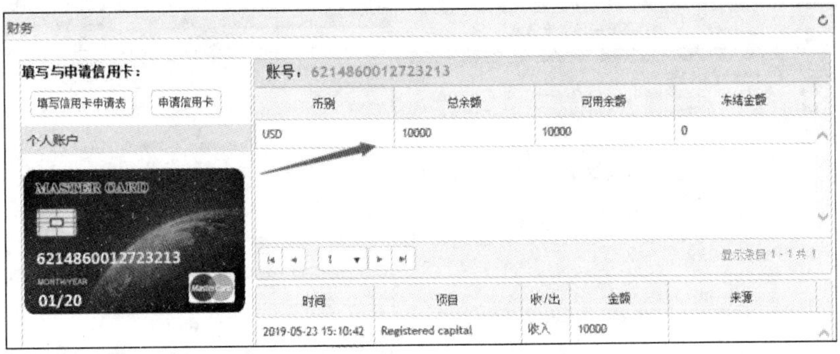

图 10-131　查看信用卡

10.3.1.3　注册亚马逊（买家）

完成个人资料的填写后，可在亚马逊注册买家账户。注册完买家账户以后，买家就可以自由浏览卖家发布的产品，并且对心仪的产品进行下单购买了。

操作步骤：

在实训首页上点击亚马逊买家中心的“亚马逊购物”字样，如图 10-132 所示。

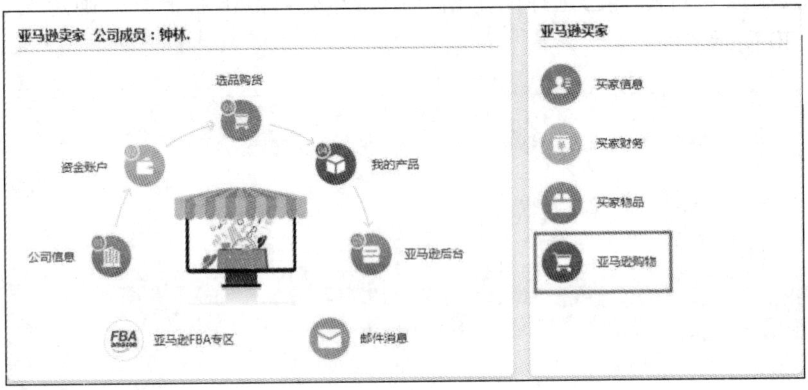

图 10-132　亚马逊购物

如果是第一次进入，需要先填写以下账号信息，点击“Join”提交，如图 10-133 所示。

图 10-133　创建账户

10.3.2　买家下单及取消订单

10.3.2.1　买家下单

买家找到心仪的产品，并与卖家就各项条件沟通完毕达成一致后，就可以下单了。

操作步骤：

在实训首页上点击亚马逊买家中心的“亚马逊购物”字样，在购物主页上，买家可以直接浏览卖家发布的产品，也可以通过产品分类进行查看，或者是直接在搜索框内输入关键词搜索，找到自己心仪的产品，如图 10-134 所示。

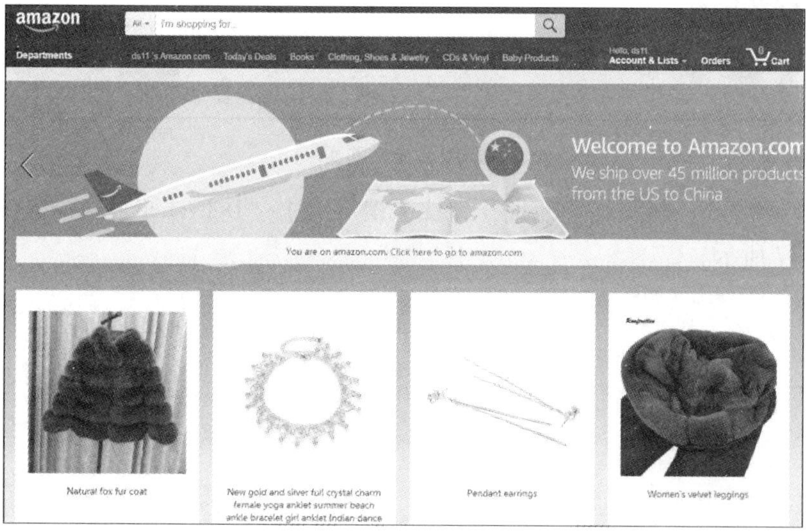

图 10-134　购物主页

找到有购买意向的商品后，可仔细浏览其各项属性，包括售价、运费、详情、买家评价等。确定要购买后，选择相应的尺码、颜色，右侧选择购买数量，然后点击“Buy Now”立即购买；或点击“Add to Cart”加入购物车，如图 10-135 所示。

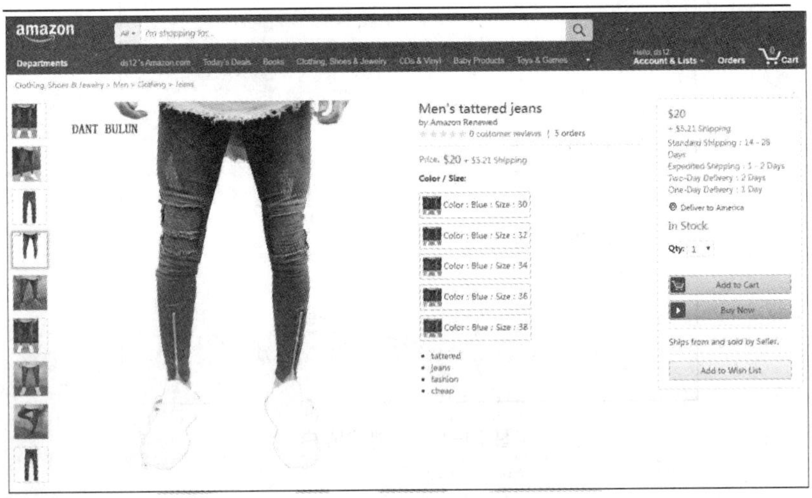

图 10-135　购买或加入购物车

如果是加入了购物车，可以再选择其他的产品，一并加入购物车后，点击进入购物车，再次确认产品的相关信息，无误后点击“Proceed to checkout”进行购买，如图 10-136 所示。

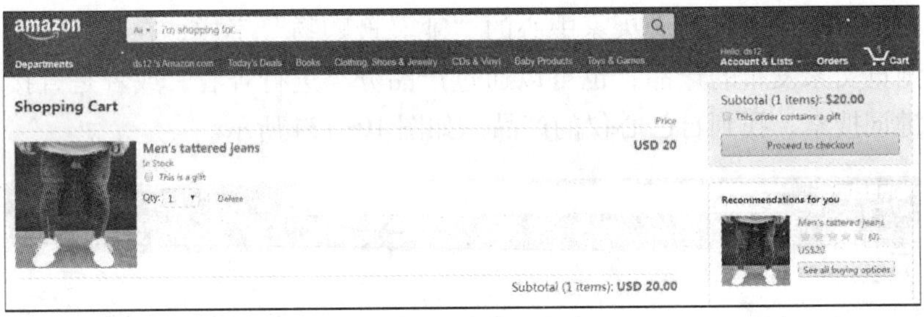

图 10-136　购买

进入下单界面，确认收货地址，确认无误后点击“Deliver to this address”按钮，如图 10-137 所示。

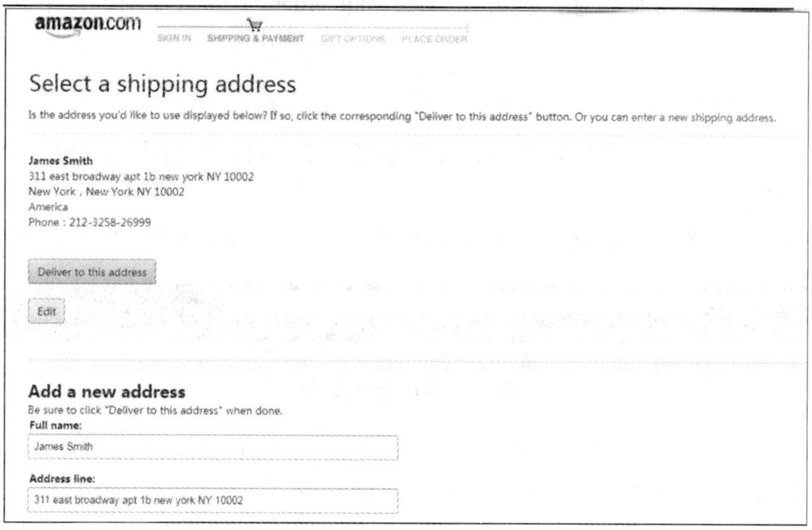

图 10-137 确认收货地址

接下来需要付款，输入持卡人姓名、信用卡号、到期日等信息（参照“买家财务”中的信用卡信息填写），确认无误后点击“Continue”按钮，如图 10-138 所示。

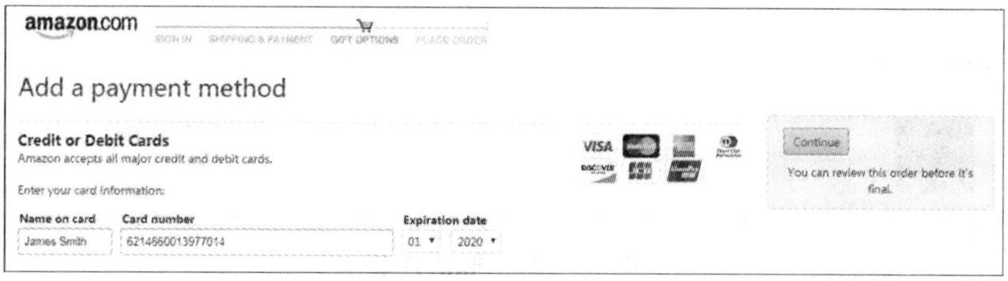

图 10-138 付款

按自己的需要选择礼品选项，是否需要礼品包装、备注等，然后点击“Save gift options”，如图 10-139 所示。

图 10-139 选择礼品

最后再浏览一次所有信息，点击“Place your order”。支付成功，接下来就等待卖家发货了。

10.3.2.2 取消订单

买家下单成功后，在卖家发货前，如果不想买了，可以申请取消订单。

操作步骤：

买家进入亚马逊购物首页，点击右上角“Orders”菜单，如图 10-140 所示。

图 10-140　我的订单

进入订单列表，找到相应商品，点击其对应的“Request cancellation”（注：如果此时卖家尚未发货，才可以点此按钮，否则只能“退货”），如图 10-141 所示。

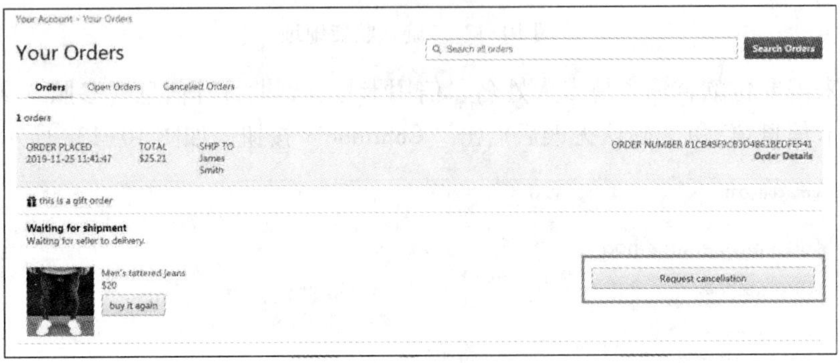

图 10-141　撤销订单

进入取消订单页，选择退货原因，然后点击“Request cancellation”，如图 10-142 所示。取消成功，买家可以再下单购买其他商品。

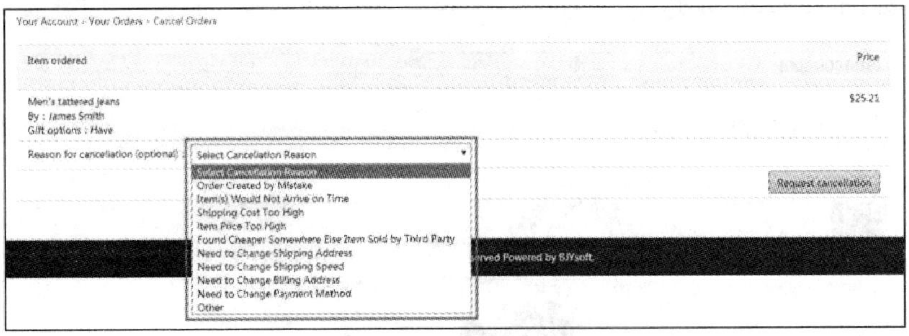

图 10-142　退货原因

10.3.3 买家收货

10.3.3.1 订单评价

卖家完成发货，买家收到货物后，可以给予卖家关于产品质量、服务等方面的评价。

操作步骤：

买家进入亚马逊购物首页，点击右上角“Orders”菜单。进入订单列表，找到要评价的商品，点击其对应的“Leave seller feedback”按钮，对商品打分，输入评价内容，最后点击“Submit Feedback”提交，如图 10-143 所示。

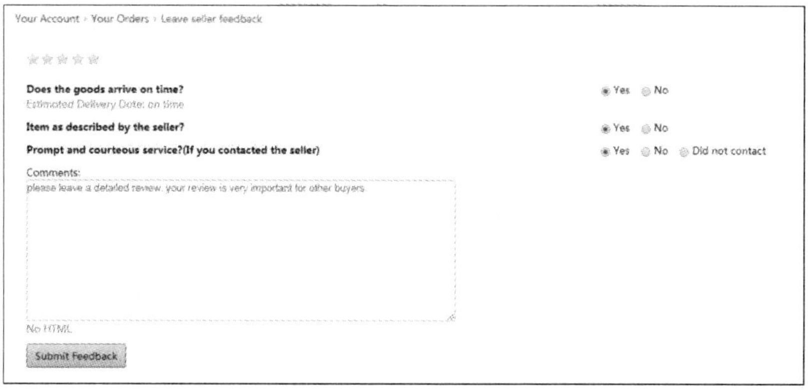

图 10-143 买家评价

10.3.3.2 申请退货

买家收到货物后，如果不满意，可以申请退货。

操作步骤：

买家进入亚马逊购物首页，点击右上角“Orders”菜单。

进入订单列表，找到要退货的商品，点击其对应的“Return item”（注：如果此时卖家尚未发货，不会显示退货按钮，可以直接“取消订单”）。

选择退货原因并输入具体文字描述，再点击右下角“Submit Return Request”按钮，完成退货申请，如图 10-144 所示。

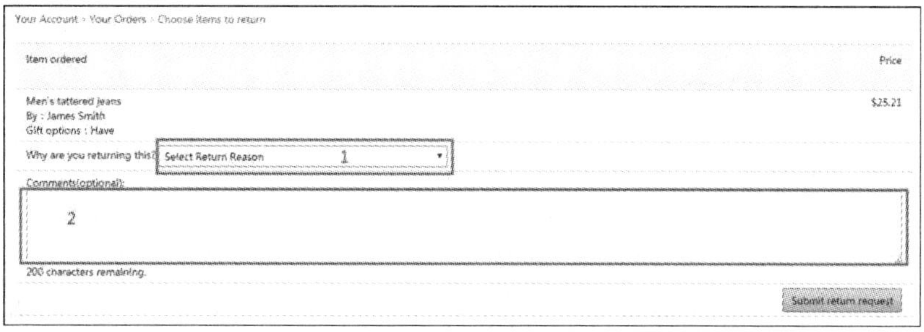

图 10-144 退货申请

接下来需要等待卖家处理退货，如果卖家同意，货物将自动退还给卖家，买家收到退款。

参考文献

[1] 董荟琪. 我国跨境电子商务进口平台发展研究 [D]. 天津：天津商业大学，2016.

[2] 方贵仁. 关于跨境电商的营销模式的探讨 [J]. 电子商务，2017 (4)：47-48.

[3] 龚裕富. 跨境电商 B2B 出口业务发展研究 [D]. 杭州：浙江大学，2017.

[4] 何叶. 国内外跨境电商运营模式和法律法规 [J]. 通信企业管理，2015 (11)：14-17.

[5] 贺正楚，潘红玉. 中国制造业跨境电商发展面临的问题及对策 [J]. 求索，2017 (6)：127-135.

[6] 赫永军. 我国跨境电商的发展现状及问题研究 [D]. 长春：东北师范大学，2017.

[7] 胡英华. 跨境电商背景下的国际结算方式研究 [J]. 中国市场，2017 (12)：273-274.

[8] 黄彬，王磬. 大型电子商务企业物流管理现状分析与对策：以兰亭集势公司为例 [J]. 技术与市场，2016，23 (11)：150.

[9] 黄玉珊. 跨境电商企业的自主品牌营销策略探讨 [J]. 电子商务，2016 (5)：51-52.

[10] 李杨纯子. 跨境物流新模式：海外仓选址研究 [D]. 杭州：浙江大学，2017.

[11] 李月乔. 我国中小外贸企业开展跨境电商面临的机遇与挑战 [D]. 石家庄：河北经贸大学，2016.

[12] 李栅淳. 中国跨境电子商务发展现状、问题及对策研究 [D]. 长春：吉林大学，2017.

[13] 马娆. 转型升级背景下跨境电商发展问题及对策 [J]. 中国商论，2017 (6)：75-77.

[14] 平萍. 跨境电商的外贸人才培养模式研究 [J]. 对外经贸，2016 (12)：144-145.

[15] 强蔚蔚. 中国跨境电商现状及对策的研究 [D]. 昆明：云南师范大学，2016.

[16] 秦娟. 中国 (重庆) 跨境电子商务综合试验区的机遇与挑战 [J]. 时代金融，2017 (12)：84-85.

[17] 上海市工商局课题组. 我国跨境电子商务发展现状与监管对策研究 [J]. 中国工商管理研究, 2015 (10): 38-42.

[18] 谭文婷. 跨境电商自营模式研究: 以兰亭集势为例 [J]. 江苏商论, 2017 (1): 26-28.

[19] 王芳. 3BC, 大龙网的优势与尴尬 [J]. 企业管理, 2017 (8): 67-71.

[20] 王丰. 跨境电子商务环境下关税法律问题研究 [D]. 大连: 大连海事大学, 2017.

[21] 王洁. 我国跨境电子商务平台经营影响因素研究: 基于速卖通和敦煌网的案例分析 [D]. 蚌埠: 安徽财经大学, 2016.

[22] 王秋霞, 杨药. 我国跨境电商主要支付方式初探 [J]. 商场现代化, 2017 (12): 90-91.

[23] 王帅. 速卖通和亚马逊跨境电子商务支付的对比研究 [D]. 北京: 北京化工大学, 2015.

[24] 王筱敏. 跨境电商平台商业模式创新研究 [D]. 杭州: 浙江工业大学, 2016.

[25] 徐传正. 我国 B2B 出口电商平台 2.0 版商业模式研究 [D]. 北京: 北京林业大学, 2016.

[26] 徐萌萌. 中国跨境电商发展的现状及问题研究 [D]. 合肥: 安徽大学, 2016.

[27] 徐世海. 跨境电子商务人才培养的必要性及对策研究 [J]. 湖北经济学院学报 (人文社会科学版), 2016, 13 (10): 76-77.

[28] 许馨月. 我国跨境电子商务发展现状及推进政策研究 [J]. 对外经贸, 2017 (3): 80-83.

[29] 张莉. "1+12" 个跨境电商综合试验区意味着什么 [EB/OL]. (2016-03-29) [2018-06-23]. http://www.chinatoday.com.cn/chinese/economy/fxb/201603/t20160329_800053380.html.

[30] 张夏恒. 跨境电商类型与运作模式 [J]. 中国流通经济, 2017, 31 (1): 76-83.

[31] 张晓燕. 我国跨境物流海外仓发展存在的问题及完善对策 [J]. 对外经贸实务, 2017 (1): 84-87.

[32] 张志勤. 兰亭集势跨境电商运营模式问题研究 [D]. 南昌: 江西财经大学, 2016.

[33] 祝梦瑶. 我国跨境电子商务法律制度的困境及完善 [D]. 杭州: 浙江大学, 2017.

[34] 邹威. 京东跨境电子商务物流发展对策研究 [J]. 物流科技, 2016, 39 (6): 72-74.